SOUVENIRS DE VOYAGE

ou

LES VACANCES

EN AUVERGNE

SOUVENIRS DE VOYAGE

ou

LES VACANCES

EN AUVERGNE

—◁▷—

ITINÉRAIRE DU PUY-DE-DOME

RENFERMANT

L'Histoire, la Description des principaux Monuments anciens et modernes, des Villes, Bourgs, Hameaux, Sites et Châteaux, les Curiosités naturelles et les Événements les plus intéressants de la Province;

Par l'Abbé E.-J. C***

L'Auvergne est le plus beau pays du monde.
CHATEAUBRIAND

CLERMONT-FERRAND,

IMPRIMERIE DE FERDINAND THIBAUD, LIBRAIRE,
Rue Saint-Genès, 10.

1857

APPROBATION.

Nous Vicaire-Général de Monseigneur l'Évêque de Clermont, avons lu avec attention le livre intitulé : *Souvenirs de voyage, ou les Vacances en Auvergne;* nous l'approuvons volontiers. Cet ouvrage peut être lu, non-seulement sans danger, mais encore avec fruit, par la jeunesse et par tous ceux qui voudraient se familiariser avec ce pays. La lecture en est agréable et donne des notions intéressantes sur l'histoire civile et religieuse, sur les habitants, les mœurs, les coutumes et les pieuses légendes qu'on y a conservées.

Clermont, 6 mai 1857.

MERCIER, *Vic.-Gén..*

AVANT-PROPOS.

Voici encore un livre à propos duquel on dira peut-être comme on dit de beaucoup d'ouvrages : à quoi sert-il ? Il sert à surmonter bien des ennuis, bien des dégoûts au jeune homme qui veut connaître l'histoire de l'Auvergne ; il sert à lui épargner bien des recherches qu'on ne trouve que péniblement disséminées çà et là ; il sert à lui apprendre bien des choses qu'on aime à savoir à cet âge si avide de connaître. Ce n'est pas que les livres manquent à la jeunesse, il y en a à foison ; les uns apprennent peu, d'autres n'apprennent rien ; le plus grand nombre faussent le jugement, gâtent le cœur, et inoculent le mal sous les plus attrayantes couleurs. Les progrès de la typographie et du dessin sont venus de plus ajouter leur concours aux mauvais livres qui sont livrés à vil prix, sous forme de brochures, de livraisons, de feuilletons. Le génie du mal, non content de corrompre la jeunesse des villes, a envahi les familles paisibles, le foyer de l'artisan, les délassements de l'ouvrier et jusqu'à la chaumière du pauvre. Certaines productions, on le sait, professent hautement le mépris de tout culte, la haine contre la société et l'outrage contre tout ce qui se rattache à Dieu, à la religion, à la famille. D'autres élucubrations plus habiles, parce qu'elles savent inoculer le mal sous les plus attrayantes images, passionnent le cœur et flétrissent la vertu. Un faux jour y voile la honte du mal, les dialogues en redisent l'intrigue ; et pour cacher le poison, çà et là quelques fleurs sont jetées à pleines mains. Pendant qu'on en poursuit la lecture, insensiblement l'esprit s'accoutume aux maximes les plus fausses, aux sentiments les plus vils, le cœur aux peintures les plus dangereuses. Peu à peu la foi s'affaiblit, la piété disparaît, et la religion, outragée dans sa sublime morale, n'offre plus que des doutes ou du dégoût.

Or, pour tout homme qui se respecte et qui a la conscience de ses devoirs, c'est pour lui une mission de chercher à paralyser les mauvais livres, les mauvaises doctrines, les tendances pernicieuses contre la foi et la morale chrétiennes, en offrant à la jeunesse un travail qui présente une lecture instructive, morale et attrayante, des récits qui intéressent, qui apprennent quelque chose sans fatiguer l'attention.

Tel est le but que nous nous sommes proposé.

Tout ce que nous y avons fait entrer d'ornement pour la peinture, ou de réflexions pour la pensée, n'en est que l'accessoire ; le fond est puisé aux meilleures sources, autant que le comporte une promenade de vacances. Les légendes qui ne sont plus du domaine positif de l'histoire mais de celui de la tradition, ne peuvent avoir d'autre portée que celle d'un souvenir populaire qui a toujours son bon côté, son but moral et religieux. A côté de la légende se trouve l'embellissement de la fiction qui doit être laissée au goût de l'écrivain pour orner son sujet, comme un peintre a besoin du contraste des couleurs pour orner son tableau. Les caractères des divers personnages sont des types choisis sur place, au milieu des diverses parties d'une contrée que nous avons parcourue, examinée, étudiée sur les lieux. Nous aurions regardé comme un crime de changer quelque chose aux œuvres de Dieu et aux monuments des hommes ; mais les conversations, les dialogues, les haltes de voyage et les intrigues du récit, c'est un privilége, minime sans doute, et nous le réclamons pour l'instruction du jeune lecteur qui voudra bien nous suivre en Auvergne.

INTRODUCTION.

Un jour que nous étions avec nos amis d'enfance et d'études, on nous parla de l'Auvergne. On nous en dit tant de choses merveilleuses et tant de mal, que nous prîmes la résolution de faire sa connaissance. Tout ce que nous pûmes déterrer dans les livres, les mémoires, les écrits, les livraisons de toute espèce sur ce pays, ne fit qu'accroître notre désir, notre passion pour lui, convaincu que pour apprendre il fallait voir, palper, étudier sur les lieux. Dès lors notre voyage fut résolu.

Nous étions loin de songer alors que notre journal de voyage verrait le jour. Mais nos amis, et surtout notre pieuse et tendre mère, nous suggérèrent la pensée de recueillir des notes, dans la persuasion que le meilleur moyen de se souvenir c'est de consigner sur le papier ses observations.

« On apprend quand on est jeune, nous disait sou-
» vent notre excellente mère, mais on oublie dans la
» vieillesse, et la saison de l'étude est l'âge où cha-
» que germe fleurit pour porter des fruits dans la
» vie. » L'étude, en effet, n'est pas seulement une

distraction qui occupe nos loisirs, mais encore elle exerce et féconde nos facultés intellectuelles, elle adoucit les peines et les amertumes de la vie et nous rapproche de plus en plus de Dieu.

De tous les pays, l'Auvergne est, sans contredit, un de ceux qui offrent le plus d'attraits et le plus de ressources pour celui qui veut apprendre. Plus on l'étudie, plus il intéresse; sous ce rapport l'Auvergne gagne à être connue. Ses antiquités, ses ruines, ses ses villes charmantes, ses monuments religieux, ses vieux monastères et ses châteaux renversés, ses volcans, ses lacs, ses vallées, ses montagnes, ses forêts, ses sites presque uniques sur le globe, fournissent une ample moisson à recueillir. Il faut être étranger à ce pays pour en comprendre le mérite et en sentir l'effet; son aspect pittoresque, sa fertile Limagne, ses montagnes grandioses, tout enfin séduit, captive, subjugue le cœur et l'imagination.

Le voyage que nous entreprenions n'était pas une expédition de savants ni d'artistes, mais une promenade de vacances. Nous n'avions pas la pensée de brûler les chemins, ni d'aller nous enterrer dans la poussière des bibliothèques, mais d'aller partout où une ville, un château en ruines, un point de vue, une tradition populaire nous offriraient des souvenirs.

Notre itinéraire était grand, vague, indécis, comme les fantaisies de la jeunesse, nous en remettant à la Providence du soin de diriger nos pas là où il y aurait quelque chose à recueillir, nous inquiétant peu des récoltes déjà faites en grand nombre sur l'Auvergne, profitant des unes, négligeant les autres, et recueillant cependant de toutes ce que nous trouverions de bon à prendre, persuadé qu'il n'y a pas de terre si bien moissonnée qu'il n'y reste pour l'histoire et l'imagination quelques épis à glaner.

En rédigeant nos souvenirs de vingt ans, nous nous sommes reposé des émotions que l'Auvergne nous fit éprouver lors de notre pèlerinage de vacances, émotions qui sont encore aussi vives, aussi profondes que l'intime plaisir de revoir, pour ainsi dire, un ancien ami dont on a été séparé depuis longtemps.

Et, à ce sujet, qu'on nous permette de rappeler ce trait raconté par Tavernier dans ses Voyages. Un jour il fut admis à visiter les trésors du grand Mogol. Le voyageur contemplant dans l'éblouissement les trônes d'or massif, enflammés de diamants et de rubis, tira un papier et écrivit ses impressions. Il compta le nombre des pierreries pour donner au roi son maître une idée des richesses du Délhi. Mais un des seigneurs qui l'accompagnait ouvrant une cassette de santal, plongea la main dans cet écrin, en retira une poignée de diamants et les tendit à Tavernier :

« Porte cela, lui dit-il, à ton maître. Tu lui di-
» ras que ce sont à peine quelques épis des gerbes
» que tu as vues accumulées dans ce palais; et ton
» maître comprendra mieux les richesses de notre
» empereur, que par tous les mots que tu pourrais
» lui dire. »

Nous avons fait comme ce seigneur indien. Ce

sont quelques traits, quelques **fragments**, quelques bluettes que nous avons détachés des richesses historiques de l'Auvergne, pour les offrir à la jeunesse qui comprendra mieux elle-même en voyageant avec nous, tout ce qu'il y a d'intéressant sur cette contrée, que par tous les mots que nous pourrions lui dire.

Si bien des redites nous ont échappé, si nous avons failli bien des fois, notre jeunesse et notre inhabileté dans l'art d'écrire, seront, nous osons l'espérer, sinon une excuse, du moins un titre à l'indulgence de nos lecteurs.

SOUVENIRS DE VOYAGE,

ou

LES VACANCES

EN AUVERGNE.

CHAPITRE I.

Départ pour l'Auvergne. — Aigueperse. — Château de Montpensier, — Riom, Mozat. — Montferrand.

Les prix venaient d'être distribués au collége de ***, les classes étaient vides; et, après dix mois de travail et huit années d'études, nous allions enfin goûter les loisirs que procurent les vacances. Nous étions à l'âge qui sert de transition entre l'adieu de l'école et le choix d'un état, d'une carrière, d'une position dans le monde, comme la première étape que nous allions faire dans la vie.

Toutes les grand'routes étaient envahies : calèches, diligences, chemins de fer et jusqu'aux simples coucous, tout ce qui roule, tout ce qui court, tout ce qui galope, faisait notre joie, nos délices, notre enivrement. Impatients de jouir de notre liberté, aucun espace ne nous paraissait assez vaste, aucun coursier assez rapide, aucun voyage assez hardi : nous bondissions en triomphe sur la terre que nous allions retrouver, parcourir à notre gré.

Un nouveau feu circulait dans nos veines, une nouvelle ardeur s'emparait de nos sens ; nous étions poussés, entraînés malgré nous vers un autre ordre de pensées, d'occupations, de plaisirs, d'étude et de travail. Un besoin immense, irrésistible, entraînant ; de dépenser nos forces, de calmer la sève qui bouillonnait dans notre cœur, nous portait comme ces oiseaux voyageurs qui visitent d'autres climats, à connaître d'autres populations, visiter d'autres pays. La campagne, l'air, les bois, les champs, le soleil, les vallées, les coteaux, les montagnes du pays natal ne suffisaient déjà plus à nos courses, à nos chasses, à nos promenades ; il nous fallait un autre air, d'autres soleils, d'autres climats. Nous étions envieux de rechercher tout ce qui pouvait fortifier le corps, satisfaire l'esprit, contenter le cœur et grandir la sphère de l'intelligence.

Dominés par ces pensées, ce besoin de voir et de connaître, nous partimes de Dijon avec deux de nos amis, vers la fin de juin 1856, dans l'intention de parcourir le département du Puy-de-Dôme formé de la Basse-Auvergne.

Arrivés à Châlons, nous descendîmes la Saône sur le bateau à vapeur qui nous conduisit à Lyon. De là nous prîmes le chemin de fer de Saint-Etienne à Roanne, afin de commencer notre campagne en Auvergne par le Bourbonnais.

Notre caravane se composait de nos amis d'enfance et d'études, Fernand et Amédée, dont le père habitait l'hiver les environs de Dijon et passait les étés en Auvergne, et du bon Jasmin, notre valet de chambre, qui nous rendit les plus grands services par son activité, son dévouement et son intelligence.

En quittant Roanne nous prîmes donc le chemin

de l'Auvergne. Nous traversâmes successivement Lapalisse, si connue par sa légende populaire d'un seigneur de ce nom qui fut chambellan d'Henri IV; Cusset, qui devint chef-lieu de district pendant la tourmente révolutionnaire; Vichy, si renommé et si célèbre par ses eaux thermales qui avaient attiré une foule considérable de buveurs, de malades et d'infirmes de toutes les classes de la société, accourus de tous côtés pour leur réclamer la santé.

Notre entrée dans l'Auvergne commença par la petite ville d'Aigueperse : ce fut là notre première étape, notre première exploration, notre premier point de départ.

Il est assez curieux, lorsqu'on marche vers un pays, de le voir venir en quelque sorte au-devant de soi; de reconnaître où deux contrées se séparent, où deux peuples commencent à se mélanger, à se distinguer, et finissent par former deux tribus distinctes.

La petite ville d'Aigueperse n'a qu'une rue qui suit la route de Paris. Elle tire son nom de *aquæ sparsæ* (eaux éparses). C'est un pays plat et peu propre à l'écoulement des eaux. Peut-être aussi ce nom lui vient-il des restes des eaux du Léman qui couvraient autrefois la plaine de la Limagne et dont l'écoulement dut s'opérer lentement. Aigueperse a près de 2 kilomètres de longueur et se trouve placée dans une plaine fertile, aux pieds de plusieurs coteaux qui bornent agréablement la vue du côté du couchant. Aussi l'auteur de la relation du voyage de Charles IX en Auvergne, en parlant d'Aigueperse où ce prince coucha, le 3 avril 1566, fait-il remarquer que le roi alla faire son entrée et coucher à Aigueperse qui est *une belle et longue ville*.

Aigueperse était autrefois le chef-lieu du duché de Montpensier dont le château existait sur une butte voisine de la ville. Cette seigneurie appartint longtemps à la maison d'Auvergne; mais elle passa ensuite à celle de Beaujeu, par le mariage d'Agnès de Thiers, veuve de Raymond de Bourgogne, avec Humbert de Beaujeu. Jeanne de Beaujeu porta la terre de Montpensier dans la maison de Dreux, en épousant le comte Jean, grand chambrier de France. La maison de Thouart et celle de Ventadour l'ont possédée successivement. En 1381, Bertrand et Robert de Ventadour la vendirent à Jean, duc de Berry et d'Auvergne, frère du roi Jean. Sa fille Marie porta cette terre dans la maison de Bourbon où elle resta jusqu'à la défection de Charles de Bourbon, connétable de France, mort au siége de Rome.

Louis, prince de la Roche-sur-Yon, neveu du connétable, obtint cette terre de François Ier qui l'érigea en duché-pairie, en y ajoutant la baronnie de Bussières et le château d'Ecole. La célèbre Mlle de Montpensier la laissa après sa mort au duc d'Orléans, frère de Louis XIV.

Il ne reste pas même aujourd'hui de vestiges du château de Montpensier où mourut Louis VIII, dit *Cœur de Lion*, fils et successeur de Philippe-Auguste, au moment où il se préparait à soumettre le Languedoc et à faire la guerre aux Albigeois, en 1226. Ce château fut démoli en 1637, par ordre de Richelieu, qui fit également démanteler tous les anciens châteaux-forts de l'Auvergne, vers la même époque.

Dans l'église actuelle de Notre-Dame d'Aigueperse, était jadis un chapitre composé de douze chanoines, fondé vers le XIe siècle, et qui relevait de celui de Thiers.

La sainte chapelle dédiée à **saint Louis** était, dit-on, l'ancienne chapelle du château des ducs de Montpensier. Elle fut fondée en 1475 par Louis, dauphin d'Auvergne et duc de Montpensier.

Aigueperse est la patrie du chancelier de l'Hospital que ses talents élevèrent aux premières places de la magistrature au commencement du xvi° siècle. Son père était un médecin attaché au connétable de Bourbon : il avait suivi ce prince dans son exil. Après avoir étudié à Milan et à Padoue, il revint en France, suivit le barreau et fut nommé conseiller au parlement. Ses vertus et ses connaissances le firent envoyer comme ambassadeur au concile de Trente en 1547. Marguerite de Valois le choisit pour son chancelier particulier et le fit nommer surintendant des finances ; puis François II l'éleva à la dignité de chancelier de France, poste qu'il occupa dans la suite sous Charles IX. C'était l'époque des troubles et des guerres religieuses : il se retira alors de la cour pour vivre tranquille dans son château de Mons, près d'Aigueperse, que lui avait donné le connétable de Bourbon. Il fut compris dans la proscription des huguenots ; mais Charles IX retira l'arrêt ; et lorsqu'on vint lui annoncer cette nouvelle, il dit sans se troubler : « J'ignorais que j'eusse jamais » mérité la mort et le pardon. »

Au milieu de la solitude des champs il trouva le calme et la paix que lui avaient ravis les préoccupations du gouvernement. « J'ignorais, écrivait-il dans
» une lettre, que la vie et les plaisirs de la cam-
» pagne eussent autant de charmes ; j'ai vu blanchir
» mes cheveux avant de connaître l'état dans lequel
» je pouvais rencontrer le bonheur.... Si quelqu'un
» s'imagine que je me croyais heureux dans le temps
» où la fortune semblait s'être fixée auprès de moi,
» et qu'à présent je me croie malheureux d'avoir

» perdu tous ces brillants avantages, cet homme
» connait bien mal le fond de mon cœur. »

Ce n'est pas la seule gloire d'Aigueperse : cette ville s'honore encore d'avoir été la patrie du général Désaix, qui vint au monde au château de Végou, dans ses environs. Désaix fit ses études au collége d'Effiat, alors école militaire de la noblesse d'Auvergne. Il partit comme volontaire, coopéra aux triomphes des armées du Rhin, sous la république, accompagna Bonaparte en Egypte, devint gouverneur de la Thébaïde, et mérita par sa sagesse et sa modération le surnom de Sultan-le-Juste. Il suivit la fortune de Bonaparte à son retour, commanda un corps d'armée dans la seconde campagne d'Italie, triompha sur l'Adige, et périt à Marengo, frappé d'une balle dans une charge contre les Autrichiens. Emporté tout couvert de sang du milieu de son triomphe, il répondit à l'aide-de-camp envoyé par le général en chef : « Allez dire au général que je
» meurs avec le regret de n'avoir pas assez fait pour
» la France ! »

Nous couchâmes à Aigueperse, et le lendemain nous prîmes la route de Riom à travers une plaine magnifique qui commence la limagne d'Auvergne. Cette plaine est un vaste bassin d'environ 160 kilomètres de longueur sur 60 de large, arrosée par la rivière de l'Allier. C'est un terrain volcanique d'une fertilité extrême, où les céréales et les noyers prospèrent à merveille. Une rangée de noyers bordait la route jusqu'à Riom où nous arrivâmes par le faubourg de Layat. Riom est une jolie ville, bien bâtie, entourée d'une promenade plantée d'arbres. Sous Philippe-Auguste ce n'était qu'un bourg avec un château. Dans les anciennes chartres, elle portait le nom de *Rico-Magus*, *Castrum-Riomense*.

Philippe-Auguste voulant terminer les querelles de Guy II, comte d'Auvergne, avec son frère l'évêque de Clermont, y envoya une armée commandée par Guy de Dampierre. La ville fut prise, et la province passa sous la domination du roi. Mais cet événement fatal à la province, fut avantageux pour Riom. Il fut la cause de son importance et de son agrandissement. Cette ville devint alors le siége d'un bailliage qui comprenait dans son ressort toute la partie conquise, appelée la *Terre d'Auvergne*. Elle devint l'apanage d'Alphonse, frère de saint Louis. Les différents séjours et les établissements que ce prince fit à Riom, contribuèrent beaucoup à accroître la ville.

En 1360, le roi Jean ayant érigé la *Terre d'Auvergne* en *duché-pairie*, en faveur de Jean, son fils, duc d'Auvergne et du Berry, ce duc et quelques-uns de ces successeurs de la maison de Bourbon, y firent souvent leur séjour. Leur présence y forma une espèce de cour composée des plus illustres familles d'Auvergne qui ont conservé un nom célèbre dans la magistrature du Moyen-Age. — La première église que nous visitâmes était Notre-Dame-du-Mathuret, ainsi nommée d'un Marc de Langeac, seigneur de Thuret, qui l'avait fondée. La seconde église était Saint-Amable, principale paroisse de la ville. Chacune de ces églises possédait un orgue, instrument réunissant à lui seul un orchestre et laissant tomber ses divines harmonies sur le pavé du temple chrétien. Sur la foi des traditions, saint Amable était curé de Riom. L'église qu'il avait bâtie, du temps du roi Chilpéric, devint monastère en 1077, et chapitre séculier en 1548.

Parmi ses monuments religieux, Riom possède encore une chapelle gothique d'une élégance rare,

Cette église, appelée la Sainte-Chapelle de Riom, fut fondée, en 1382, par Jean, duc de Berry. Ses vitraux sont remarquables par leur richesse, par la vivacité de leurs couleurs et la sévérité solennelle des personnages. La tourmente révolutionnaire, qui ne savait rien respecter, les a cependant épargnés. Mais ce qui attristait le cœur, au milieu de ce pieux monument, c'était qu'il était veuf de ce qui rehausse le plus les temples de Dieu, le culte et les cérémonies religieuses. Au moment où nous le visitâmes, on y faisait des réparations et on venait de le purger des paperasses du greffe du tribunal auxquelles il servait de dépôt. Plaise à Dieu qu'on se hâte de lui rendre sa première destination ! c'est plus qu'une profanation, c'est un homicide de l'art de la lui refuser.

Cette chapelle est adossée au palais de justice, remarquable par ses proportions grandioses qui rappellent l'architecture massive des Grecs.

Non loin de là se dressait un autre monument qu'on reconnaissait facilement par son épaisse maçonnerie, par ses croisées étroites et ses puissants barreaux, pour la maison de détention. A côté du sanctuaire de la justice, s'élève la maison du châtiment qui séquestre du milieu de la société ses membres coupables. Ainsi la main inexorable de la loi sévit contre le crime et protége le faible contre le méchant !

Avant de quitter Riom, nous allâmes visiter Mozat, situé non loin du faubourg de ce nom. C'était autrefois une ancienne abbaye de Bénédictins, célèbre dans les premiers temps de la monarchie. Elle fut fondée à peu près vers l'an 683, par saint Culmin, de famille sénatoriale d'Auvergne, et qui gouvernait la province sous le titre de comte. Comme presque tous les monastères auvergnats existant alors, cette abbaye fut pillée en 732 par les Normands, et ravagée en 752 par Waifre, duc d'Aquitaine, qui fut défait par le roi Pépin, père de Charles-Martel. Ce prince fit rétablir l'église spoliée et le monastère ruiné, vers l'année 764.

Ce fut à cette époque que le corps de saint Austremoine, transporté précédemment à Volvic par saint Avit II, fut transféré de nouveau de Volvic à Mozat, sur la demande de Lanfrède, abbé de ce monastère, auquel Pépin l'accorda. Ce prince voulut lui-même porter les reliques de l'apôtre de l'Auvergne, malgré les rigueurs de l'hiver. Elles furent déposées dans une châsse et conservées avec soin jusqu'à nos jours.

L'ancienne église abbatiale de Mozat est devenue l'église de la paroisse : c'est un monument fort remarquable. Elle a 150 pieds de longueur dans œuvre et 48 de large. Son style byzantin doit remonter au xe siècle. Ses trois nefs, ses vitraux et ses boiseries sont remarquables. Mais du monastère si vaste et si florissant autrefois, il ne reste que des pans de murailles en ruines et que des arcades renversées qui se hâtent de disparaître sous la main des hommes et la faulx du temps.

En quittant Mozat pour rentrer à Riom, nous traversâmes de beaux jardins qui alimentent la ville. Arrivés au milieu de l'un d'eux, nous remarquâmes un immense carré de melons qui venaient en pleine terre. Nous fûmes si étonnés de cette production (nous qui n'avions vu cultiver le melon que dans des bâches ou dans des serres), que nous priâmes le jardinier de nous en porter une cargaison à notre hôtel, afin d'en faire part à nos amis qu'il nous tardait de revoir bientôt à Clermont. Le prix était si modique qu'il ne valait pas la peine de s'en priver.

Arrivés à l'hôtel, nous recommandâmes notre homme aux melons qui ne tarda pas à arriver. Nous étions exténués de faim et de soif. La chaleur était si grande que les cailloux du pavé brûlaient nos chaussures. Nous demandâmes qu'on nous servît à dîner : c'était un vendredi. On nous servit une omelette aussi dure qu'une couverture doublée ; mais en compensation nous fîmes honneur au melon et à ces fameuses grenouilles dont parle le citoyen Legrand d'Aussy. Il faut avouer qu'elles n'étaient pas au-dessous de leur réputation.

Après le dîner, nous reprîmes l'ancienne route de Clermont. Nous aurions pu descendre à la gare de Riom et prendre un convoi, mais nous aurions été privés de voir la campagne, la plus grande des émotions pour des voyageurs. A droite s'élevaient des hauteurs plantées de vignes chargées de raisins ; à gauche s'étendait, à perte de vue, la belle plaine de la Limagne semée de maisons, d'arbres et de villages. Les terrassements du chemin de fer, qu'on voyait à quelques kilomètres de la route, coupaient la plaine et s'alignaient comme une immense pièce de toile déroulée. En ce moment passait un convoi qui s'avançait sur Riom avec une vitesse incroyable. Rien n'était beau comme la fumée de la machine qu'elle décorait de son immense panache blanc, comme cette file de wagons obéissant à la puissance de la vapeur et se dérobant dans l'espace. Le génie moderne a enfanté des prodiges : germes de richesses pour l'avenir, sources de larmes pour le présent.

Pendant que nous faisions ces réflexions, les chevaux s'arrêtèrent et montèrent au pas la côte de Ladoux. Le postillon s'approcha de nous avec l'intention évidente de lier conversation. C'était un homme d'un âge mûr et dont la figure reflétait l'intelligence : je mis pied à terre.

— Eh bien! lui dis-je, y a-t-il longtemps que vous faites ce métier, postillon?

— Vingt ans, Monsieur, et je le ferais bien encore si les chemins de fer ne coupaient pas les bras et ne nous ôtaient pas le pain de nos enfants!

— Comment! les chemins de fer vous ôtent le pain de vos enfants?

— Eh oui! Monsieur, parce qu'on ne travaille plus aujourd'hui. Ces wagons, ça vous absorbe tous les voyageurs qui trouvent cela plus commode.....

— Et plus rapide, ajoutai-je.

— Tout ce que vous voudrez, reprit notre homme; mais, voyez-vous, tout cela fait l'affaire des uns, et non pas les affaires du peuple.

— Mais vous vous trompez : tout le monde y gagne, et l'industrie est une chose merveilleuse qui améliore la condition de tout le monde. Les transactions deviennent plus faciles, les communications plus promptes et les produits des autres pays plus abondants dans le vôtre; et l'Auvergne elle-même aura bien plus de débouchés pour écouler ses denrées, ses céréales et ses richesses industrielles. Plus il y a de commerce, plus il y a de produits; plus il y a de produits, plus il y a de bras employés, et plus il y a de bras employés, plus il y a de gain pour le peuple, pour l'ouvrier.

— Tant que vous voudrez, dit-il; mais aux bras de chair qui se lassent, on a substitué les bras d'acier qui ne se lassent pas. Les métiers tissent sans tisserands, les voitures roulent sans chevaux... merveilles sur merveilles, j'en conviens; mais de là des ateliers sans travail, des professions sans clients, des familles sans pain. De là aussi malédiction contre cette intelligence titanique, comme l'appelle notre bourgeois, mon maître, et qui semble faire de la machine un homme, et de l'homme un pas grand'chose.

Mon raisonnement n'avait pas l'air de l'avoir convaincu. Il avait prononcé ces dernières paroles avec un accent de tristesse qui trahissait son dépit et son mécontentement. J'essayai de lui faire comprendre les avantages de la vapeur et de lui faire apparaître Dieu sur les cimes inconnues de toutes ces nouvelles découvertes de la science qu'il ne goûtait guère et qui semblaient contrarier ses intérêts personnels. Il ne faut pas, lui dis-je alors, s'effrayer de ces conquêtes de l'homme sur la matière. La Providence, qui a placé l'homme sur la terre, lui fournira bien les moyens de pourvoir à son existence. Le travail dont personne ne peut s'affranchir, doit se transformer avec lui, selon les besoins du temps. Tous les hommes doivent travailler selon la sphère de leurs forces et de leur intelligence. Il n'y a que le paresseux qui reste sans rien faire : dans son indolence, il serait presque fâché de trouver un emploi, une occupation, de l'ouvrage enfin. Mais vous, lui dis-je, vous qui me paraissez un bon travailleur et un bon postillon, si les chevaux venaient à vous manquer, pensez-vous ne pas remplir un emploi au chemin de fer ? croyez-vous que vous ne rempliriez pas aussi bien le poste de conducteur ou mécanicien de la machine que celui de postillon ? vous auriez moins de montargis à dépenser, et moins de chevaux à soigner ; vous ne craindriez pas aux descentes de couronner vos bêtes, et aux côtes vous n'iriez pas à pied.

— Vous avez peut-être bien raison, me dit-il dans son naïf langage : mais je me fais vieux, et on n'aime qu'à faire le métier qu'on a toujours fait : dans notre état on est plus sûr de ce qu'on a l'habitude de faire que de ce qu'on ne connaît pas ; et d'ailleurs, je crois que je ne m'accoutumerais pas à ce travail.

— Ah! qu'en savez-vous? pour juger d'une chose, il faut l'avoir essayée ; et puis ne nous faut-il pas tous travailler ?

— Oui! mais je ne possède rien... et qui sait si M. le bourgeois voudrait me protéger?... car voyez-vous, mon bourgeois! je me ferais périr pour lui, c'est un honnête homme, allez! et qui ne voudrait pas que son Francisque le quittât pour conduire des chevaux qui ne boivent ni ne mangent... Ah! c'est que je les soigne, mes chevaux; le bourgeois le sait bien! mais aussi, il faut que ça marche, et qu'on en dévide des kilomètres.

— Sans doute! vous êtes un brave garçon, et vous faites votre devoir... continuez à bien servir votre maître, cela vous portera bonheur : mais n'oubliez pas qu'il y a là-haut un autre maître qu'il ne faut pas négliger...

— Oh! pour celui-là, je le sais, il n'est peut-être pas bien content de moi ; mais je reconnais qu'il m'a sauvé la vie plus d'une fois. Ma pauvre mère m'avait appris, dans mon enfance, une courte prière que je lui fais tous les jours, je n'y ai jamais manqué...

Notre colloque était à peine fini que nous nous trouvâmes à la cime de la côte de Ladoux. Je remontai en voiture, et dans quelques tours de roues nous avions dépassé la maison Blanche et la maison Rouge, deux modestes auberges distancées et placées près de la route qui traversait des vergers magnifiques.

Nous arrivâmes à Montferrand à fond de train. Cette petite ville avait été autrefois très-florissante. Elle est bien déchue aujourd'hui de sa prospérité passée. Cependant il lui reste encore de vastes débris de son antique splendeur. Quoique l'origine de son nom soit inconnue, il est à présumer qu'elle commença par un château-fort, bâti sur le monticule qui la rendit si célèbre au Moyen-Age. Les uns prétendent qu'elle dut sa dénomination de *Mons Ferax* (montagne fertile); d'autres, de *Montagne de fer*, *Montagne fortifiée*. Quoi qu'il en soit, au XIIe siècle, Montferrand avait le titre de seigneurie avec la qualité de comté. Une comtesse de Montferrand ayant épousé le premier dauphin d'Auvergne, cette seigneurie resta unie au dauphiné d'Auvergne jusqu'en 1224, que la dauphine Catherine la porta en dot à Guichard de Beaujeu. En 1292, Louis II de Beaujeu vendit, à Philippe-le-Bel, la ville de Montferrand pour la somme de six cents livres de rente. Dès lors elle fit partie du domaine de la couronne et devint une des plus fortes places de l'Auvergne. Quelques années avant la révolution de 93, on voyait encore ses murs épais, ses hautes tours, ses remparts bordés d'un large fossé; ses anciennes fortifications sont entièrement détruites et les fossés comblés. Les casernes que possédait autrefois la ville étaient construites sur l'emplacement des bâtiments de l'ancien bailliage dont dépendait autrefois la prison et les restes de la chapelle qui l'avoisinait. On nous fit voir une vaste place appelée la *Rodade*, où les troupes faisaient jadis l'exercice militaire. On y tient aujourd'hui, tous les vendredis, un marché considérable pour la vente des bestiaux.

L'événement le plus remarquable qui soit arrivé à Montferrand, pendant le Moyen-Age, est la mutilation d'un certain nombre de ses principaux habitants, par les ordres de Louis-le-Gros. Voici à quel sujet cela arriva :

Le comte Guillaume VI, d'Auvergne, étant parti pour la Terre-Sainte, laissa la province sous l'administration de l'évêque de Clermont, son frère. Avant son départ, le pouvoir et l'administration de la ville étaient partagés. Mais à son retour, qui eut lieu vers l'an 1126, il voulut gouverner seul. L'évêque eut recours à Louis-le-Gros, pour faire reconnaître son autorité. Ce prince ayant écrit sans succès au comte pour le faire rentrer dans son devoir, partit lui-même à la tête d'une nombreuse armée et vint assiéger Clermont. Il ravagea une partie de la Limagne et rétablit l'évêque dans ses droits, en pacifiant la querelle élevée entre lui et le comte.

Mais la paix ne fut pas de longue durée : d'autres démêlés étant survenus entre les deux frères, Louis-le-Gros vint de nouveau, en 1131, en Auvergne, avec une armée plus considérable, qui aurait suffi, dit l'historien de son règne, l'abbé Suger, à conquérir toute l'Espagne, *et que onques on ne vit.*

Le roi campa devant Montferrand. Les habitants, à la vue des boucliers et des casques qui resplendissaient au soleil, furent saisis d'effroi, mirent eux-mêmes le feu à la ville et se réfugièrent dans la citadelle.

Du haut de leur forteresse, les habitants lançaient nuit et jour des traits sur les tentes les plus voisines du camp royal, et obligeaient les soldats à se couvrir de leurs boucliers. Le roi, ennuyé de cette guerre de nuit, chargea Amaury de Montfort de surprendre les habitants dans une embuscade.

Amaury s'avança près de la forteresse, et, par des paroles insidieuses, exhorta les habitants à venir dans le camp du roi. Ils se laissèrent persuader et sortirent en grand nombre. Des soldats en embuscade tombèrent sur eux, les prirent et les conduisirent au roi. Ces malheureux prisonniers offrirent des sommes considérables pour racheter leur liberté.

Le roi voulut les punir d'une manière plus cruelle. Il leur fit à tous couper une main, *et les renvoya*, ajoute l'historien, *à leurs camarades, portant chacun dans l'autre main celle qu'on venait de leur couper.* A la suite de cette mutilation sanglante, la forteresse se rendit. Le duc d'Aquitaine, qui venait au secours des assiégés, voyant les troupes du roi plus nombreuses que les siennes, fit sa soumission au roi, et la guerre se termina par l'accommodement de l'évêque avec le comte.

Mais en 1388, le jour même de la foire des *provisions*, Montferrand fut pris par un parti de *pillards*, commandés par *Perrot le Béarnais*. « C'était
» alors, dit Froissard, une ville de grand trésor et
» pillage, riche de soi et bien marchande, où il y
» avait de riches vilains à grand'foison, la ville où
» l'on faisait le plus simple et pauvre guet qui soit
» au royaume. »

Le capitaine de ces bandes qui tenait pour le parti des Anglais, maîtres alors de l'Aquitaine d'où relevait l'Auvergne, Perrot le Béarnais, pilla Montferrand, se saisit des trente mille francs que le chancelier de Giat y avait laissés, et se retira à la faveur de la nuit avec deux cents prisonniers.

Le dauphin d'Auvergne, Béraud, à peine instruit de la prise de Montferrand, vint promptement au secours de la ville. Mais Perrot ne l'attendit pas. « Par ma foi, dit le dauphin, je voudrais bien qu'il
» m'ait coûté grandement, et que les pillards qui
» s'en sont partis fussent encore dedans Montfer-
» rand enclos; car s'ils y étaient, ils finiraient
» mal. »

Montferrand possédait autrefois plusieurs couvents : les Cordeliers fondés en 1229, par Guischard de Beaujeu et les libéralités des habitants; les

Ursulines, en 1638, par Charles de Graffort, supérieur de l'Oratoire de Clermont; les religieuses de la Visitation en 1620, par sainte Françoise de Chantal. Anne-Thérèse, fille de Gaspard-le-Loup, et Charlotte de Beaufort de Canillac, donnèrent les fonds nécessaires à cette fondation. Enfin, les Récollets furent fondés en 1619, sur la route de Montferrand à Clermont.

Vers la fin du xve siècle, il existait dans cette ville plusieurs églises :

Celle des chanoines réguliers de Saint-Antoine, située en face de l'avenue qui conduit de Montferrand à Clermont. Cet ordre fut réuni à celui de Malte.

L'église des templiers supprimés en 1312 par Philippe-le-Bel, fut donnée à cette époque, ainsi que les bâtiments adjacents, à l'ordre de Saint-Jean-de-Jérusalem, transformé en celui de Malte après la prise de Rhodes. L'ordre de Malte, qui avait à Montferrand une de ses principales commanderies, était composé de trois langues : *de Provence*, *d'Auvergne* et *de Francé*, pour nous servir du langage du temps. C'était là que se faisaient les informations des chevaliers de la langue d'Auvergne. Le bailli était grand maréchal et commandait les troupes en l'absence du grand-maître. C'était à lui qu'était confiée la garde du grand étendard et la nomination du maître écuyer. Plusieurs grands-maîtres de l'ordre de Malte sont sortis de cette commanderie : Guérin de Montaigu, Bertrand de Taxis, Guillaume de Château-Neuf, Hugues de Ravel et Jean de Lastic, etc.

Pendant plusieurs siècles, Montferrand avait possédé les principaux tribunaux de la Province. Le bailliage de la basse Auvergne y fut institué par Louis VIII, en considération de ce que les habitants de cette ville s'étaient donnés volontairement à lui.

Trois célèbres chanceliers de France étaient sortis de ce bailliage : Antoine Du Prat, Antoine Dubourg et Michel de l'Hospital, qui avaient été baillis en cette ville avant d'être élevés à la plus haute magistrature de cette époque.

En 1551, Henri II la dépouilla de son bailliage pour le transférer à la sénéchaussée de Riom. Elle reçut en échange l'hôtel des Monnaies qui était à Saint-Pourçain et la cour des aides qui était à Périgueux, dont le ressort s'étendait sur plusieurs provinces.

En 1634, les Pères Jésuites y fondèrent un collège qui devint florissant.

Mais peu à peu elle perdit tous ses priviléges, son bailliage, sa cour des aides et son collége. Les Jésuites vinrent s'établir à Clermont, la cour des aides y fut aussi transférée, et en 1731 elle perdit même son nom par un édit royal qui déclare vouloir faire *de Clermont-Ferrand l'une des meilleures villes de ce royaume.*

Elle n'a de remarquable aujourd'hui que sa principale rue où passe la grand'route, et où nous vîmes plusieurs maisons construites en bois dans le genre du moyen-âge. Son séminaire diocésain, un des plus beaux de France ; la chapelle actuelle et les bâtiments où l'on professe la philosophie, étaient autrefois le couvent de la Visitation. On nous montra dans cette église, admirablement bien tenue, dans la chapelle de la Vierge, un superbe tableau dû au pinceau d'un grand maître, Le Corrége. Douze belles peintures sur bois, représentant les douze apôtres, décorent la nef qui possède des vitraux en grisaille posés par M. Thévenot, il y a quelques années.

De toutes les églises qui existaient jadis à Montferrand, il ne reste que celle qui sert aujourd'hui d'église paroissiale. C'est un beau vaisseau gothique bien conservé, grâce aux soins des curés qui se sont succédé depuis la restauration du culte. Elle fut bâtie sur les ruines d'une ancienne chapelle des comtes de Montferrand, par Guillaume VI, comte de Montferrand et de la maison d'Auvergne. Ses successeurs la donnèrent au pape Calixte II, qui la donna lui-même à saint Robert et aux moines de la Chaise-Dieu. Ces religieux se contentèrent, pendant fort longtemps, d'y nommer un prieur ; mais vers la fin du XVIIe siècle, le bénédictin dom Cibaud obtint des habitants, sous l'autorisation de l'évêque de Clermont, de changer le vocable de *Notre-Dame* qu'elle avait porté depuis Louis XII, en celui d'église de Saint-Robert.

Montferrand est la patrie de l'abbé Girard, auteur des Synonymes français, ouvrage plein de goût et de précision. Il est encore une autre personne plus modeste dont cette ville peut être fière : la veuve d'Antoine Legras, qui fonda, conjointement avec saint Vincent-de-Paul, la congrégation des *Sœurs de Charité*, était de Montferrand. Elle fut la première supérieure de la maison-mère qui est à Paris. Tout le monde connaît les services que cet ordre rend à la société : l'humble sœur grise, qui s'immole aux yeux du monde, ne cherche que les malheureux pour les secourir, et met son devoir à soulager toutes les souffrances de l'humanité. On la trouve auprès de l'enfant délaissé dont elle se fait la mère adoptive, auprès des infirmes et de ceux qui souffrent, auprès du chevet du malade, dans les villes, dans les hôpitaux, et jusque sur les champs de bataille, se multipliant, s'oubliant elle-même, prodiguant ses soins, ses forces, sa santé, ses paroles douces et consolantes, ses vœux et ses prières.

Quand saint Vincent-de-Paul, homme prodigieux qui força le xvii siècle à croire à la vertu, et dont l'immense charité s'étendait au delà des mers, depuis les rivages de Madagascar jusqu'aux forêts de la Nouvelle-France, n'aurait fait autre chose que de fonder l'ordre des sœurs de charité, de concert avec la pieuse veuve Legras, c'eût été plus que suffisant pour immortaliser son nom et faire vénérer une société de saintes filles qui se dévouent au soulagement et à l'instruction des pauvres, en Europe, en Orient et dans les colonies.

CHAPITRE II.

Clermont. — Fontaines. — Places publiques. — Eglises. — Origine de Clermont. — Domination romaine. — Domination wisigothe, franke et mérovingienne. — Les Comtes d'Auvergne.

Le soleil commençait à s'incliner à l'horizon : la fraîcheur du soir, produite par la proximité des montagnes, répandait un bien-être d'autant plus sensible que la journée avait été d'une chaleur étouffante. Nous fimes baisser le tablier de la voiture, et nous partimes pour Clermont.

Le vent agitait doucement les feuilles des arbres qui bordent les deux côtés de la route. Les montagnes d'alentour paraissaient se plonger insensiblement dans les ombres qui embrassaient au loin l'horizon. A mesure que nous avancions, la ville se dessinait dans une atmosphère vaporeuse qui donnait à ses édifices quelque chose d'oriental, de mystérieux, de féerique. La cathédrale se dressait au milieu des maisons échelonnées doucement en amphithéâtre, comme une reine au milieu de son peuple qui vient chercher protection auprès d'elle. A l'ouest, s'élevait la montagne du puy de Dôme qui retenait encore les derniers rayons du soleil couchant.

Nous entrâmes dans la ville par la barrière de Montferrand. Clermont est bâti sur un promontoire qui s'élève à l'extrémité de la plaine et à l'entrée d'un vaste bassin formé par des montagnes qui bornent la vue au sud et à l'ouest.

L'aspect de cette cité, la perspective des coteaux

environnants couverts de riches vignobles, sa proximité du puy de Dôme, la hauteur de ses maisons d'un aspect sombre et lugubre à cause de la couleur des pierres volcaniques dont elle est bâtie, tout cet ensemble forme un coup d'œil qui surprend, qui étonne, qui fixe l'attention. Il y a peu de villes en France placées dans un site aussi agréable et dans un pays aussi fertile. Mais elle a conservé quelque chose du moyen-âge, comme toutes les villes ruinées par les barbares et rebâties à la hâte par leurs habitants échappés au massacre.

Quand Fléchier vint à Clermont, à l'époque des Grands-Jours, il trouvait les rues si étroites que la plus grande avait juste la mesure d'un carrosse. Cette observation, malgré de grandes et récentes améliorations opérées par l'administration municipale, est encore vraie de nos jours. Tous les monuments furent détruits par les Francs et les Normands; et, après la guerre de la Fronde, ses murs et ses fortifications furent jetés à terre.

Parmi les monuments modernes, on remarque avec plaisir une fontaine, construite sous le règne de Louis XII, par Jacques d'Amboise. Elle était autrefois sur la place qui fait face à la cathédrale; on l'a transférée depuis la révolution sur la place des Jacobins, à l'entrée de la ville, au nord-est, et tout récemment encore elle a été transportée au milieu du rond-point formé par l'allée du cours Sablon et la grande avenue de la gare du chemin de fer à la ville. Des dégradations opérées par le temps et par les divers changements qu'elle avait subis, viennent d'être restaurées par les soins d'un habile sculpteur de Volvic, appelé Chaneboux. Cette fontaine gothique est peut-être la seule en son genre. Ce sont trois étages de bassins ornés de piliers qui supportent des statuettes d'une délicatesse rare. Au milieu des jets qui s'entre-croisent, est placée une lanterne gothique servant de réservoir d'eau, et surmontée d'un faune avec sa lourde massue, et tenant appuyé à ses côtés l'ancien blason de la ville de Clermont. Elle porte aujourd'hui le nom de *Fontaine-Delille*. — Une autre fontaine n'est pas moins remarquable par la mémoire qu'elle consacre, quoiqu'elle soit moins riche en élégance et en sculptures : c'est la *Fontaine de la Pyramide*, placée au sud de la ville, en face de la bibliothèque et sur la route d'Issoire. C'est un obélisque élevé à la mémoire de Désaix qui succomba à Marengo : il est en pierres de Volvic, et surmonté d'une urne funéraire pour perpétuer le souvenir du général qui est une des gloires de l'Auvergne.

Dans le faubourg de Saint-Alyre, on nous montra une troisième fontaine de ce même nom, dont les eaux minérales, contenant en dissolution une grande quantité de carbonate de chaux, ont formé un pont naturel par le dépôt de leurs incrustations, sur le petit ruisseau de Tiretaine. En 1564, Charles IX la visita, lors de son passage à Clermont pour se rendre à Bayonne. Nous vîmes dans un cabinet placé près de cette fontaine, une foule d'objets de fantaisie, recouverts d'une couche solide et cristallisée, qu'on avait exposés à son action pétrifiante.

Clermont possède des places publiques, des promenades qui ne sont pas sans mérite et d'où l'on jouit d'un superbe coup-d'œil :

La *Place d'Espagne* ainsi nommée des Espagnols prisonniers en Auvergne qui furent employés aux travaux de sa construction ; la place de la *Poterne* construite en 1725, par l'intendant Grandville, sur les ruines d'une ancienne fortification qui était autrefois dans cet emplacement ; le *Taureau* fut fait sous l'administration de l'intendant Ballainvilliers et doit son nom à un événement tragique que nous n'oserions passer sous silence. Lorsque cette place fut achevée, un taureau furieux, échappé des boucheries voisines, y poursuivit un jeune homme, et l'obligea de se précipiter du haut en bas du mur de terrassement qui est très-élevé. Le jeune homme se tua, et la place a conservé le nom de l'animal qui fut la cause de cette mort violente.

La plus belle des places de Clermont est celle de *Jaude* où arrivent et d'où partent toutes les voitures des messageries qui sillonnent les pays que ne traverse pas le chemin de fer. On croit qu'elle doit son nom à un ancien temple de Jupiter ; enfin le *cours Sablon*, promenade magnifique, plantée d'arbres, et construite par M. Sablon, maire de la ville sous Napoléon Ier.

Après ces premières études sur Clermont, nous consacrâmes quelques jours au repos. M. de ***, dont l'obligeante bonté nous a tant servi, nous fit visiter la bibliothèque publique de la ville. Il devint lui-même notre cicerone et guida nos investigations. C'était un de ces hommes que la Providence place sur la terre pour être les conservateurs des traditions, de qui on aime à apprendre parce qu'ils n'ont pas l'air de s'imposer en causant. On apprenait plus dans une conversation de quelques jours avec lui que dans la meilleure bibliothèque. Avec sa taille imposante, sa voix sonore, ses longs sourcils retombant sur un œil profond et vif, il avait l'air d'un siècle qui parlait. Jamais on ne se lassait de l'entendre. Tous les matins nous allions étudier sous sa direction. Il se faisait un plaisir de diriger lui-même notre travail et de mettre à notre disposition les recherches qu'il avait faites sur l'Auvergne. Il savait donner ce désir de connaître et d'apprendre qu'on ne voit quand on est jeune, qu'à travers les prismes de l'école.

Sûrs désormais du savoir officieux de ce noble vieillard, nous recommençâmes à parcourir Clermont. Il nous tardait de faire connaissance avec ses monuments religieux, et surtout avec son histoire. Nous ne pouvions pas être servis plus à souhait.

La Cathédrale qu'on voit aujourd'hui est, dit-on, la quatrième qui fut construite dans cette ville. La première que Sidoine-Apollinaire et le premier concile d'Auvergne appellent *Eglise des Auvergnats*, fut fondée dès les premiers siècles du christianisme en Auvergne, sur les ruines d'une forteresse. Elle fut détruite par les Allemands de Crocus. Au ve siècle, saint Namace, évêque de Clermont, en fit bâtir une seconde qui avait soixante-dix colonnes et quarante-cinq croisées. Les murs du sanctuaire étaient recouverts de mosaïques. Elle fut brûlée et renversée par Pépin, dans la guerre qu'il fit en Auvergne contre Waifre, duc d'Aquitaine. Un siècle plus tard, la troisième église, reconstruite sur les ruines de celle de saint Namace, éprouva le sort des premières, à l'époque de l'invasion des Normands. Vers le milieu du xe siècle, Etienne II, évêque de Clermont, fit rebâtir l'église et la cité. Ce qui reste de cette église en vieille maçonnerie, du côté de la rue des Gras, appartient à cette construction.

En 1248, Hugues de la Tour, évêque de Clermont, fit jeter les fondements de l'église actuelle, d'après les plans de l'architecte Jean Deschamp. Son successeur et son parent Guy de la Tour la fit continuer. Mais elle ne fut pas achevée, soit par le

2.

malheur des temps, soit par la présence des Anglais qui parcouraient l'Auvergne. La nef devait se prolonger dans la rue des Gras, et le portail principal placé de ce côté devait couronner l'architecture qui règne dans le reste de l'édifice. Au XVe siècle, l'évêque Martin Gouge fit construire un jubé qui fut détruit à la révolution de 93, avec les boiseries du chœur. Cette église a cent mètres de longueur sur trente-trois mètres de hauteur du pavé à la voûte. C'est un des plus beaux monuments en style gothique que possède la France. La voûte est supportée par cinquante-six piliers de colonnettes en faisceaux d'une hardiesse extrême. Nous remarquâmes principalement la richesse des vitraux placés derrière le chœur.

Après avoir visité la Cathédrale, nous descendîmes à l'église de Notre-Dame-du-Port. Son nom lui vient d'un marché près duquel elle fut bâtie, que l'on appelait *le Port ou l'Apport*. Cette église fut fondée par saint Avit en 580, ruinée par les Normands et rétablie vers le milieu du IXe siècle par saint Sigon, évêque de Clermont. Sous le chœur est la crypte de la sainte Vierge où l'on conserve sa miraculeuse image en bois de cèdre ou d'ébène. On a fait dans ces derniers temps, dans cette crypte, des peintures à fresque à l'instar des antiques décorations des églises romanes. L'église possède des vitraux dans le genre du moyen-âge : ils sont l'œuvre de M. Thévenot qui a fait des efforts pour faire revivre les vitrines primitives.

En sortant de Notre-Dame-du-Port, nous visitâmes Saint-Pierre-les-Minimes, placé à l'entrée de la place de Jaude. C'était autrefois la chapelle des PP. Minimes, fondée, en **1630**, par deux pieuses dames, Marguerite Saunier, fille d'un receveur des tailles, et Marguerite Picolet, veuve de François Lecourt, président à l'élection de Clermont.

Mais la plus fraîche des églises de Clermont est celle de Saint-Genès-les-Carmes. C'était autrefois la chapelle des PP. Carmes qui furent établis, en 1316, par l'évêque Aubert Aycelin, dans le monastère occupé par les religieux de la Pénitence, que le pape Jean XXII venait d'abolir. Henry de la Tour, évêque de Clermont, consacra, en 1400, le principal autel de cette église, quoiqu'elle ne fût pas achevée. En 1472, Jacques de Camborn, évêque de Clermont, après avoir fait bâtir le cloître des Carmes, permit à Jean Gaubert, évêque d'Avranches, de consacrer l'église actuelle. Les croix de cette consécration se montrent encore sur les murs; et, dans le chœur nouvellement restauré par M. E. Thibaud, on voit les armoiries des trois évêques dont nous venons de parler.

L'ancienne église de Saint-Genès, qui a donné son nom à la paroisse des Carmes, n'existe plus. Elle occupait jadis la place Saint-Genès, qu'on a encore changée, il y a quelques années, en celle de place Désaix. En 658, saint Genès, évêque de Clermont, la fit bâtir et lui donna le titre de Saint-Symphorien. Renversée par les Normands, elle fut relevée en 980, et prit le nom de son fondateur. Elle avait un chapitre de chanoines dont le doyen prenait le titre d'abbé.

L'église actuelle de Saint-Genès-les-Carmes vient d'être restaurée dans le style gothique du XIVe siècle. Son clocher moderne est une miniature d'architecture ogivale. Les peintures des voûtes du chœur représentent des rinceaux d'or ruisselant sur un fond d'azur du meilleur effet. Six niches gothiques renferment de belles statues : à droite, est celle de Notre-Seigneur, présentant son cœur aux hommes, au milieu de deux anges adorateurs ; à gauche, est celle de la sainte Vierge, tenant l'enfant Jésus entre ses bras, au milieu de deux anges en prière. Le pavé et le maître-autel sont en marbre. Mais ce qui ajoute plus de prix à toutes ces décorations modernes, ce sont les belles vitrines du chœur. La beauté de l'exécution, la richesse des couleurs, la gravité solennelle des personnages, le fini des formes, en font un des plus remarquables chefs-d'œuvre de la peinture sur verre. Elles sont dues au pinceau de M. Thibaud, Emile (1), qui a recouvré ce genre perdu depuis longtemps. Non-seulement il a dépassé ses devanciers, mais encore il a perfectionné le goût et le coloris : ses têtes ont de l'animation, ses draperies de la grâce, ses poses du naturel. Il a su donner une telle puissance de reflet et de vie à ses personnages, que, lorsque le soleil plonge ses rayons sur les vitraux des Carmes, on croirait se trouver au milieu de la cour céleste.

Pour compléter ce temple du sacrifice et de la prière, on y a placé un orgue puissant dont le buffet est en harmonie avec le style de l'église, et dont les sons ajoutent tant de solennités aux pompes du culte catholique.

La dernière église que nous visitâmes était celle de Saint-Eutrope, placée dans le faubourg de Saint-Alyre. C'était autrefois la chapelle d'un couvent de Bénédictins de Saint-Maur. L'ancienne église de

---

(1) Nous eûmes l'avantage de visiter les ateliers de M. E. Thibaud, où s'exécutaient plusieurs travaux pour des églises de Lyon, de Bordeaux et de Paris. Il nous en fit les honneurs avec cette grâce qui sied si bien au mérite et au talent.

Saint-Alyre a disparu depuis longtemps. Elle avait été fondée au ive siècle, par saint Alyre, évêque de Clermont (1). Les Normands la ravagèrent, et le célèbre Winébrand la fit reconstruire. Elle renfermait les cendres de plusieurs saints et de quelques personnages illustres. Tout a disparu sous la faux du temps et les ravages des hommes.

Là étaient les tombeaux de la fille de Clément Maxime, empereur de Trèves, de saint Désidérat, de saint Gal, de saint Injuriosus et de sainte Scolastique, son épouse, dont la pieuse légende est racontée avec tant d'ingénuité par Grégoire de Tours. Ce même historien nous a conservé un trait de saint Alyre, qui fait honneur à sa charité et à son patriotisme. Dieu l'avait comblé du don des miracles: mais le plus célèbre fut celui par lequel il rendit la raison à la fille de Maxime, qui était possédée d'un esprit immonde. Cet empereur ayant entendu parler de la réputation de sainteté de l'évêque d'Auvergne, le manda auprès de lui et le supplia d'employer ses prières pour obtenir de Dieu la guérison de sa fille. Le pieux évêque, après avoir considéré la jeune princesse, commanda au démon de sortir du corps de la jeune fille. Au même instant elle recouvra sa raison. L'empereur qui avait déjà une grande affection pour le christianisme, surpris d'une telle guérison, accorda au saint vieillard tout ce qu'il demanda. Mais au lieu d'accepter les présents que lui offrait l'empereur, il réclama pour son pays l'exemption de l'impôt onéreux en vin et en blé que lui payait l'Auvergne, en échange d'un tribut en argent. Maxime accéda à la demande de saint

(1) Cette église de Saint-Alyre porta longtemps le nom de Notre-Dame-d'Entre-Saints. Elle fut démolie en 1796.

Alyre, et se montra dans la suite un zélé défenseur de la religion (1).

Clermont possédait autrefois un grand nombre d'églises et de chapelles : plusieurs ont changé de destination, ou sont tombées sous la main des hommes. Il en est de même des maisons religieuses. Les Bénédictins sont devenus la paroisse de Saint-Eutrope ; les Carmes, la paroisse de Saint-Genès ; les Minimes, la paroisse de Saint-Pierre, dont l'église existait autrefois sur la place de ce nom. Les Cordeliers sont maintenant occupés par la préfecture ; les Carmes-Déchaux, par la communauté de la Providence ; les Ursulines par les dames du Bon-Pasteur ; le Bon-Pasteur, par une partie des bâtiments de l'Hôtel-Dieu ; les Bénédictines forment aujourd'hui la maison et le jardin Chabrol ; les Hospitalières servent de casernes à la cavalerie, à l'entrée du faubourg des Jacobins ; l'ancienne Visitation sert de casernes à la gendarmerie ; les Dominicains, plus connus sous le nom de Jacobins, sont occupés par le cloître actuel de la Visitation et le pensionnat des Frères ; enfin, les Charitains, par la bibliothèque de la ville.

La ville de Clermont est fort ancienne : il est néanmoins impossible d'assurer qu'elle existât du temps de César, puisqu'il n'en parle pas dans ses Commentaires. Mais ce qu'il y a de certain, c'est qu'après la conquête des Gaules, la capitale des Arvernes, Gergovia, fut abandonnée, livrée aux flammes et à l'oubli. Dès lors elle cessa d'être le centre des affaires et des relations des Arvernes qui descendirent peu à peu de la montagne pour former les bourgades environnantes. Des colonies romaines vinrent habiter l'Auvergne, et l'une d'elles se fixa à

---

(1) Grégoire de Tours. — Histoire de l'Eglise d'Auvergne.

Némétum, qui fut l'origine de Clermont. Némétum, fière sans doute du nom de l'empereur Auguste, devint la capitale de l'Auvergne, s'appela d'abord Augusto-Némétum, puis *urbs Arverna*, enfin Clermont, sans doute, comme le fait remarquer Savaron, à cause de son site et du nom même de sa forteresse qui s'appelait *Clarus Mons*. Auguste lui accorda de grands priviléges, le droit de cité romaine, la décora d'un capitole, d'un sénat (1) et d'une école qui fut le foyer de la civilisation romaine dans la Gaule centrale. Grégoire de Tours parle d'un temple de Wasso-Galate, comme d'une des plus belles constructions de l'époque, et Pline fait mention d'une statue colossale de Mercure, divinité des Arvernes. Elle était en bronze et avait 366 pieds de hauteur. Elle avait coûté quatre cent mille sesterces, environ cinq millions de notre monnaie. C'était l'ouvrage du célèbre Zénodore qui consacra dix ans à la confection de ce colosse qui surpassait en grandeur celui de Rhodes. Il subsista pendant plus de deux cents ans dans la ville et ne fut détruit que par les peuples du nord qui ravagèrent l'Auvergne vers la fin du IVe siècle. Clermont fut du nombre des villes conquises qui jouirent du droit romain, en vertu duquel les habitants avaient le titre de citoyens, titre qui leur donnait le privilége de se gouverner par leurs propres magistrats. Ils pouvaient même prétendre aux premières charges de l'empire, comme cela arriva à Avitus, issu des premières familles de la ville des Arvernes. Ils jouirent pendant longtemps de tous les avantages que leur offrait la domination romaine qu'ils avaient plutôt subie qu'acceptée, après la soumission des Gaules. Des écoles célèbres s'élevèrent

(1) Le Sénat d'Augusto-Nemetum subsista jusqu'au VIIe siècle.

dans ses murs et répandirent les lumières, les beaux-arts et les belles-lettres dans toute la province. Ce fut de là que sortit le fameux Fronton, précepteur de l'empereur Marc-Aurèle, et le plus renommé des rhéteurs de son temps.

Vers le milieu du IIIe siècle une grande révolution s'opéra dans les esprits, et un grand changement dans la religion du peuple adonné au paganisme. Les bienfaits du christianisme furent apportés d'Italie par saint Austremoine, un des sept missionnaires que le pape Fabien envoya dans les Gaules, sous l'empire de Dèce. Alors les temples des faux dieux firent place aux monuments chrétiens, et les premiers fidèles se hâtèrent d'élever des églises où ils placèrent les cendres des martyrs. Pendant trente ans, saint Austremoine et ses disciples Sirénat, Mary, Nectaire et Antonin, se répandant dans les bourgs et les montagnes de l'Arvernie, convertirent les habitants à la foi de J.-C. Tous les faubourgs de la ville prirent peu à peu le nom de quelque saint, de quelque événement de la légende sacrée, comme avaient fait autrefois les cités de la Grèce aux temps des Orphées et des Hercules.

On compta bientôt à Clermont presque autant d'églises et de chapelles que de maisons. Les évêques devinrent les chefs politiques et judiciaires de la ville en même temps que les chefs religieux, et les familles sénatoriales eurent seules, pendant toute la période romaine, le privilége de les faire choisir dans leur sein.

Cette ville, célèbre par ses prérogatives, par son sénat, par les talents et les vertus de ses évêques, par le courage de ses habitants, par ses édifices et ses monuments publics, déchut peu à peu de sa grandeur. Les incursions des peuples du nord furent la première cause de sa décadence. Clermont fut pris, ravagé, incendié plusieurs fois par les barbares, les Allemands, les Wisigoths, les Normands. Les premiers, sous la conduite de Crocus, sortis des forêts de la Germanie, portèrent la désolation dans l'Auvergne et brûlèrent la ville.

Quelques années plus tard (vers l'an 473), les Wisigoths qui s'étaient établis dans les provinces méridionales des Gaules, firent des efforts pour arracher l'Auvergne à l'empire et vinrent à leur tour assiéger Clermont à peine relevé de ses ruines. L'Auvergne était la seule province qui restait aux Romains dans les Gaules. Mais les Clermontois, excités par le célèbre Sidoine-Apollinaire, leur évêque, résistèrent pendant trois années consécutives, avec un courage héroïque, aux armées des Wisigoths. Ce fut à cette époque que ce pieux évêque, à l'exemple de saint Mamert, de Vienne en Dauphiné, institua les prières des rogations, pour détourner le fléau qui menaçait son peuple.

Ce digne pasteur, après avoir mis la ville en état de résister aux Wisigoths, chercha à négocier la paix entre ces peuples et les Romains. Il écrivit à Avitus, son beau-père, qui avait beaucoup d'influence dans l'empire, pour l'engager à solliciter une trêve. Avitus obtint la trêve, mais les barbares qui convoitaient Clermont, reparurent de nouveau sous ses remparts. Peu secourue par l'empereur Népos, qui venait de revêtir la pourpre, cette malheureuse ville, après plusieurs députations inutiles auprès d'Euric ou Evarix, roi des Wisigoths, se vit forcée de céder aux barbares pour arrêter l'effusion du sang. Le beau-frère de Sidoine-Apollinaire, Eccidius, après avoir fait des efforts surhumains pour conserver l'indépendance de sa patrie, quitta Clermont et alla oublier à Rome l'asservissement de l'Arvernie et la perte de la cité qu'il avait si héroïquement défendue.

Evarix, maître désormais de Clermont et de toute l'Auvergne, irrité de la résistance opiniâtre des habitants, tourna toute sa vengeance contre Sidoine-Apollinaire, l'instigateur d'une si noble défense. Il le fit saisir contre la foi des traités, et conduire prisonnier au château de Liviane, entre Narbonne et Carcassonne, où il resta jusqu'en 481. Cet illustre prélat ne parvint à recouvrer sa liberté que sur les sollicitations de Léon, ministre d'Evarix.

Si les habitants de Clermont passèrent sous la domination des Wisigoths, ce fut plutôt par la faiblesse de l'empereur Népos que par le manque de courage. Sidoine avait demandé maintes fois des secours à l'empereur, que celui-ci n'envoya pas. Au contraire, pour pallier sa lâche trahison, il envoie de Rome le questeur Licinius, pour négocier de la paix, et revêtir en même temps le général Eccidius, beau-frère de l'évêque, de la dignité de patrice, en récompense des services qu'il avait rendus à l'empire. Il lui mande qu'il fait marcher, au secours de Clermont, une armée imposante, tandis que, d'un autre côté, il ordonne au chef de cette armée de n'arriver que lorsque son lieutenant (1) aurait remis la ville aux Wisigoths. — En cédant l'Auvergne aux barbares, l'empereur perdait la plus riche des provinces de l'empire. De toutes les villes soumises aux Romains, Clermont avait été la dernière et la plus fidèle après la victoire; et si chaque ville des Gaules l'eût imitée, elles auraient peut-être

---

(1) Ce lieutenant s'appelait Séronat. Après l'abdication de Népos, il fut saisi par quelques nobles Auvergnats et puni du dernier supplice comme traître.

évité, ou du moins retardé pour longtemps, la chute de l'empire romain, qui perdit ses provinces les unes après les autres, devant l'invasion des barbares.

Clermont resta soumis deux ans aux Wisigoths. Alaric, leur roi, qui avait succédé à Evarix, fut vaincu et tué par Klowig, ou Clovis, roi des Francs, à la bataille de Woillé; le vainqueur envoya son fils Thierry en Auvergne pour s'emparer de cette province. Ce dernier s'en rendit maître avec d'autant plus de succès, que tous les guerriers auvergnats, qui avaient opposé une vive résistance aux Francs, avaient péri dans la bataille, à côté du noble chef qui les commandait, Sidoine-Apollinaire, fils de l'illustre évêque de ce nom (1).

Pendant la première domination des Francs, Clermont fut gouverné par Arcadius. C'était un intrigant, sans foi ni honneur, qui surpassa en cruautés la barbarie des Wisigoths. Il fut le héros de cette sanglante tragédie du meurtre des enfants de Clodomir, qu'on ne peut rapporter sans la flétrir. Ayant mal réussi dans ses intrigues auprès de Thierry, il se tourna vers Childebert, l'appela en Auvergne, et lui ouvrit les portes de Clermont. Thierry ajourna sa vengeance, pour la rendre sans doute plus exemplaire. Malgré les prières de l'évêque Quintianus, la ville fut prise et saccagée en 530. Thierry détruisit, pilla et livra aux flammes toute la province;

---

(1) Sidoine-Apollinaire, illustre sénateur de Clermont et fervent catholique, avait épousé la fille de l'empereur Avitus, dont la famille était de Clermont. Ses talents, ses mérites et ses vertus le firent proclamer évêque par le peuple, comme cela se pratiquait à cette époque. Il quitta sa femme Papianille qui mourut jeune, entra dans les ordres sacrés et accepta la dignité épiscopale. Son fils embrassa la carrière militaire, et lui-même se consacra tout entier aux soins de son église et de son peuple, qu'il édifia par ses vertus et sa sainteté.

il ne *laissa que le sol qu'il ne pouvait emporter*, selon le langage d'un historien du temps. Au nombre des ôtages qu'il emmena, se trouvait Georges Florentius, qui devint sénateur et père de l'illustre évêque de Tours.

Sous la domination mérovingienne, Clermont continua à se gouverner par ses anciens magistrats. Les Francs lui imposèrent un comte de leur race ; mais ils étaient trop inhabiles au maniement des affaires civiles pour ne pas laisser une partie de l'administration aux familles sénatoriales. Le personnage le plus important de la cité était toujours l'évêque, soit qu'il appartînt à la famille des sénateurs, soit qu'il fût élu par le peuple. Les habitants étaient accoutumés à sa douce administration, et n'auraient pas permis qu'on y dérogeât. Toutefois, après la mort de saint Bonnet, vingt-neuvième évêque de Clermont, qui termine la série des évêques-sénateurs, ses successeurs furent pris parmi les familles frankes, pour remplir les fonctions pastorales de l'Eglise d'Auvergne.

Lorsque Pépin, premier roi de la seconde race, poursuivait le cours de son ambition, pour arriver à la royauté, Etienne était évêque de Clermont, et Blandin en était comte. Ce dernier avait embrassé le parti des rois déchus et favorisait Waifre, duc d'Aquitaine, dont l'Auvergne faisait partie. Blandin servit d'intermédiaire, mais au lieu de concilier les deux adversaires, il irrita le roi des Francs : une guerre terrible s'ensuivit, et l'Auvergne en fut le théâtre. Pépin triompha de Waifre, et le ramena pieds et poings liés. Le sol de Clermont fut de nouveau teint du sang de ses habitants et couvert des débris de ses édifices. On eût dit que cette malheureuse ville était l'enjeu de tous les partis. A peine relevée de ses ruines, elle subissait encore de nouveaux bouleversements, de nouveaux ravages. Deux siècles de paix lui rendirent, après la mort de Pépin, tout son ancien lustre. Mais l'ère des destructions et des incendies n'était pas terminée pour elle. En 863, les Normands la détruisirent encore, et dépassèrent en cruautés, en débauches, en pillages, tous les barbares qui s'étaient rués sur cette cité infortunée. Ils détruisirent tous ses monuments de fond en comble. Pour la rebâtir et la repeupler, ses évêques rappelèrent les anciens habitants qui avaient survécu, et leur octroyèrent de si grands priviléges que, dans peu d'années, elle fut relevée de ses ruines. Une foule d'Auvergnats et d'étrangers vinrent s'y établir et se construisirent des maisons à leur gré. Ce fut là, sans doute, la cause du peu de régularité de ses rues et de l'extrême exiguité de ses quartiers, dont le mauvais effet se fait encore sentir de nos jours.

A l'exemple des autres princes du royaume, les comtes de Clermont cherchèrent, sous Charles-le-Chauve, à accroître leur autorité, et à s'arroger le gouvernement de la ville et de la province, aux dépens du pouvoir royal. Ils transmirent à leurs descendants une autorité qu'ils ne tenaient, dans l'origine, qu'à titre de commission. Le premier qui succéda à son père, dans cette charge, fut Guillaume-le-Pieux qui prit le titre de comte d'Auvergne.

CHAPITRE III.

Suite de l'histoire de Clermont. — Première croisade prêchée à Clermont par Pierre l'ermite. — Urbain II. — Révolte des bourgeois de Clermont contre l'autorité paternelle des évêques. — Commune de Clermont. — Les consuls, les échevins. — Les Anglais. — La Ligue. — Les Grands-Jours de 1665. — Evénements divers, jusqu'en 1815. — Hommes célèbres de l'Auvergne.

L'ÉVÉNEMENT le plus remarquable qui arriva à Clermont, sous le gouvernement des comtes d'Auvergne, fut le concile où fut décrétée la première croisade qui eut tant de retentissement en Europe.

Depuis longtemps Jérusalem gémissait sous l'esclavage des Mahométans; les saints lieux étaient profanés, et les pieux pèlerins accablés de persécutions et d'outrages. Un saint ermite du nom de Pierre et de famille noble de Picardie ayant visité la Palestine, fut témoin des souffrances des chrétiens et des sacriléges profanations des Turcs. C'était un spectacle navrant pour la foi, le zèle et la piété du pèlerin. Outré d'indignation et touché des maux qui désolaient cette terre, berceau de la foi chrétienne, il se demanda s'il ne pouvait pas y avoir un terme à tant de calamités.

Après avoir suivi ses frères sur le Calvaire et au tombeau de Jésus-Christ, il se rendit auprès de Simon, patriarche de Jérusalem. Les cheveux blancs du vieillard et surtout la persécution qu'il avait endurée, attendrirent l'ermite qui jura d'être l'interprête des chrétiens d'Orient et d'armer les princes d'Occident pour leur délivrance.

Après cette entrevue, il revient en Europe, débarque en Italie et va se jeter aux pieds du pape Urbain II. Le souverain Pontife reçoit l'ermite comme un prophète, applaudit à son dessein, et le charge d'annoncer la prochaine délivrance de Jérusalem.

Pierre l'ermite traverse l'Italie, passe les Alpes, parcourt la France et la plus grande partie de l'Europe, embrasant tous les cœurs du zèle dont il était dévoré. La singularité de son costume, l'austérité de ses mœurs, sa charité, la piété qu'il implore pour ses frères opprimés, la sainteté de sa vie, tout enfin subjugue les cœurs et entraîne les masses. On le reçoit partout comme un envoyé de Dieu, chargé de prêcher la guerre sainte : à sa voix, tous promettent de donner leur vie pour la délivrance des saints lieux.

Au milieu de cette agitation générale, l'empereur de Constantinople, Alexis Comnène, menacé par les musulmans dans sa capitale, envoie au pape Urbain des ambassadeurs pour demander les secours des princes d'Occident. Avant même son ambassade au Pape, il avait adressé plusieurs lettres aux cours des rois chrétiens pour leur faire connaitre les cruautés et les horreurs que commettaient les Turcs qui menaçaient déjà Constantinople et l'empire.

Pour répondre aux prières de l'empereur et aux vœux des fidèles, le souverain Pontife convoqua un concile à Plaisance où se rendirent un grand nombre d'évêques et de chevaliers. Mais la guerre sainte ne fut pas décrétée. Le prudent et habile Urbain savait que l'exemple des Italiens était peu propre à entraî- les autres nations. Il résolut d'assembler un autre

concile au sein d'une nation belliqueuse, renommée par son antique bravoure et sa foi, et qui dans tous les temps avait donné l'impulsion à l'Europe. La capitale des Auvergnats fixa son attention ; il ne pouvait pas mieux choisir. Clermont, placé au centre de la France, et célèbre par la sainteté de ses évêques, par la piété de son peuple, par l'humeur guerrière de ses ancêtres, répondait au but qu'il se proposait. Ce concile ne fut ni moins nombreux, ni moins respectable que celui de Plaisance. Le Pape, après avoir traversé les Alpes et les provinces méridionales de la France, arriva à Clermont au mois de novembre de l'année 1095. Il fit son entrée au milieu d'un nombreux cortége et d'une foule immense de peuple, de princes, de barons, de chevaliers et de dignitaires de l'Église et de l'Etat. La ville put à peine recevoir dans ses murs tous les seigneurs, les ambassadeurs, les prélats qui s'étaient rendus au concile. « De sorte que,
» dit une ancienne chronique, vers le milieu du
» mois de novembre, les villes et les villages des
» environs se trouvèrent remplis de peuple, et
» furent plusieurs contraints de faire dresser leurs
» tentes et pavillons au milieu des champs et des
» prairies, encore que la saison et le pays fussent
» pleins d'extrême froidure. »

Le concile dut s'ouvrir dans l'église Cathédrale de la ville, par des séances préparatoires où les discours se mêlèrent aux prières. On s'y occupa d'abord de quelques réformes ecclésiastiques, de la trève de Dieu et des querelles incessantes des seigneurs. Mais l'objet constant de toutes les pensées, c'était la guerre sainte. Enfin arrive la dixième session, la plus importante et la plus solennelle du concile, celle qui allait décider du sort des saints lieux. Le lieu ordinaire des séances étant trop circonscrit pour contenir la foule, l'assemblée se tient hors la ville, sur une grande place qu'on croit être celle des Jacobins, afin que tout le monde pût y assister. Urbain, suivi de ses cardinaux, monte lentement les degrés d'une estrade élevée en son honneur et va prendre place sur le trône qu'on lui a préparé. A ses côtés paraît Pierre l'ermite, le puissant apôtre de la guerre sainte, le crucifix à la main, le bâton de pèlerin, les pieds nus et le manteau de bure, qui lui avaient attiré partout l'attention et le respect de la multitude.

L'instigateur de la guerre sainte parle le premier des outrages faits aux chrétiens de la Palestine, des profanations des lieux saints par les infidèles, des sacriléges dont il a été témoin, des vexations des Turcs contre les pèlerins : il a vu ses frères traînés en esclavage, attelés au joug comme des bêtes de somme; il a vu les oppresseurs de Jérusalem vendre aux enfants de Jésus-Christ la permission de saluer le tombeau de leur Dieu; il a vu les ministres des autels battus de verges et condamnés à une mort ignominieuse...

Un frémissement causé par sa parole court l'assemblée, et Urbain après lui s'exprime en ces termes :

« Vous venez d'entendre l'envoyé des chrétiens
» d'Orient. Il vous a dit le sort lamentable de Jéru-
» salem ; il vous a dit comment le tombeau miracu-
» leux où la mort n'avait pu garder sa proie, ce
» tombeau, source de la vie future, sur lequel s'est
» levé le soleil de la résurrection, a été profané
» par les ennemis du nom chrétien. L'impiété vic-
» torieuse a répandu ses ténèbres sur l'Asie, ber-
» ceau de notre foi; sur l'Afrique, patrie des grands
» Pères de l'Église. Les plus belles et les plus riches
» provinces sont devenues le théâtre de ses ravages

3

» et de ses cruautés. Déjà elle a un pied en Europe
» par l'Espagne, elle menace Constantinople de ses
» hordes barbares.

» Si Dieu lui-même n'arrête les Sarrasins dans
» leur marche triomphante, quelle nation, quel
» royaume pourra leur fermer les portes de l'Occi-
» dent? Le peuple que le Seigneur a béni subit d'in-
» dignes persécutions : les partisans de Mahomet
» n'ont respecté ni les vierges du Seigneur, ni le
» collége royal des prêtres ; ils ont chargé de fer les
» mains des infirmes et des vieillards ; des enfants
» arrachés aux caresses de leurs malheureuses mères
oublient maintenant chez les barbares le nom du
» Dieu véritable.

» Ah! malheur à nous, chrétiens, qui avons vécu
» dans ces jours de calamités ! sommes-nous donc
» venus dans ce siècle pour voir la désolation de la
» ville sainte, et pour rester en paix lorsqu'elle est
» livrée entre les mains de ses ennemis? Que la
» guerre sainte délivre les saints lieux et affranchisse
» les chrétiens du joug des musulmans !

« Et vous, nobles chevaliers qui m'écoutez, pour-
» suit le pontife, que l'amour de vos frères vous
» anime au combat : c'est la cause de Dieu même
» que vous avez à défendre. Le moment est venu
» de montrer votre courage, et de défendre, comme
» de nouveaux Machabées, la maison d'Israël. Mar-
» chez à une conquête dont s'entretiendront long-
» temps les siècles à venir. Mettez un terme à vos
» guerres intestines ; que l'union vous soutienne
» dans ces régions lointaines ; allez, courez, déli-
» vrez vos frères, et déployez, dans la plus juste
» des causes, ce courage invincible qui vous a tou-
» jours suivis au milieu des combats. Que la France
» se lève ! qu'elle marche la première à la tête des

» nations : son nom seul deviendra la terreur des
» ennemis (1). »

Lorsqu'Urbain eut cessé de parler, l'agitation fut grande, immense comme les vagues de l'océan. La majesté du pontife, le feu de sa parole, la justesse de la cause, la solennité imposante de l'assemblée, tout enfin fit éclater un enthousiasme que jamais l'éloquence humaine n'avait inspiré. De toutes parts on n'entendit que ce cri universel : *Dieu le veut! Dieu le veut!* qui se prolongea par des acclamations réitérées dans toute la cité de Clermont, et retentit d'écho en écho dans la France entière, comme le bruit du tonnerre qui se communique et se répercute dans le lointain.

Quand le calme fut rétabli au milieu de l'assemblée du concile, Urbain poursuivit : « Vous voyez
» ici l'accomplissement de la promesse divine. Jésus-
» Christ a déclaré que lorsque ses disciples s'assem-
» bleraient en son nom, il serait au milieu d'eux :
» oui, Chrétiens, le Sauveur du monde est au mi-
» lieu de vous, et c'est lui-même qui vous inspire
» les accents que je viens d'entendre. Que ces pa-
» roles : *Dieu le veut!* soient désormais votre cri de
» guerre! que la croix de Jésus-Christ, qui a sauvé
» le monde, soit la terreur des infidèles que vous
» allez combattre! Portez-la sur vos épaules, por-
» tez-la sur vos étendards; elle deviendra pour vous
» le gage de la victoire ou la palme du martyre (2). »

Après ces dernières paroles d'Urbain, Adhémar

---

(1) Michaud, Hist. des Croisades, passim. — Chronique de Clermont. — Hist. des villes de France.

(2) Cette croix, dont les chrétiens décorèrent leurs vêtements, était en drap rouge de laine ou de soie. Ceux qui la portaient prirent le nom de croisés, et le nom de croisade fut donné à la guerre qu'on alla faire aux mahométans.

de Monteil, évêque du Puy, demanda le premier à prendre la croix des mains du Pape. Raymond, comte de Toulouse; Hugues de Saint-Gille, Robert, duc de Normandie; Godefroy de Bouillon, un grand nombre de barons et de chevaliers se croisèrent, en jurant de combattre ensemble les ennemis de la foi chrétienne, et d'observer les décrets du concile. Adhémar de Monteil fut nommé légat du Saint-Siége, et Godefroy de Bouillon, général en chef de l'expédition.

Depuis cette époque, de longues années s'écoulèrent avant que Clermont devint le théâtre d'aucun événement important. En 1262, les bourgeois clermontois se réveillèrent en armes, s'emparèrent des postes, et causèrent un tumulte presque aussi animé, mais d'un caractère bien différent que celui du concile. C'était une conspiration contre l'autorité de l'évêque de Clermont, seigneur de la ville. On eut recours au roi qui fit écarter l'accusation d'émeute, et la prétention de ne vouloir relever que d'eux-mêmes, mais condamna les bourgeois à payer des amendes pour tous les autres faits de la révolte.

Sous Charles V et Charles VI, des lettres patentes leur octroyèrent le droit de se gouverner par eux-mêmes et de former *une commune*. Louis XI, qui cherchait, en toute occasion, des prétextes contre les seigneurs, et des moyens pour flatter la bourgeoisie, adressa une vingtaine de lettres *à ses chers et amés bourgeois, manants et habitants de Clermont*, où il les comble de priviléges et de franchises, en récompense de leur fidélité à la couronne, pendant la guerre de la ligue du bien public. Dans les unes, il leur accorde des jurandes (1) pour les métiers;

---

(1) C'était la charge des jurés-marchands, comme Paris et Orléans en possédaient à cette époque.

dans d'autres, le droit de tenir quatre foires par an, qui sont encore en renom de nos jours.

Jusqu'à Catherine de Médicis, la *commune* de Clermont avait été gouvernée par quatre consuls ; mais lorsque cette cité eut été adjugée à cette reine, par un arrêt du parlement de Paris, les consuls prirent le titre d'échevins sans changer d'attribution. Plus tard, une ordonnance d'Henri IV, rapportée par Savaron, les autorisa à porter, dans les séances et les cérémonies publiques, une robe de damas violet avec le chaperon de satin rouge cramoisi, au dépens des deniers de la ville.

De 1358 jusqu'en 1380, les Anglais ravagèrent les campagnes d'Auvergne, et causèrent beaucoup de mal à Clermont qui leva des subsides et des troupes pour les repousser. Pendant les guerres civiles, Clermont resta fidèle au pouvoir royal. De droit, cette ville n'appartenait pas encore à la couronne ; mais de fait, elle se considérait comme un fief de la royauté, lorsque Catherine de Médicis trancha la difficulté, en se faisant reconnaître par le parlement de Paris (1557) comme comtesse d'Auvergne. L'évêque d'alors, Guillaume Duprat, se laissa dépouiller ; et la reine, pour mettre les bourgeois de son côté, les combla de faveurs, changea les consuls en échevins et institua une sénéchaussée royale. Ainsi s'éteignit la seigneurie ecclésiastique dont l'origine se perdait dans le démembrement de l'empire romain.

Les habitants de Clermont, pour échapper aux ligueurs qui revenaient dans la province, signèrent, à la maison commune de la ville, une déclaration par laquelle ils juraient et protestaient de vivre et de mourir dans la religion catholique, apostolique et romaine, sous l'obéissance du roi de France. Aussi Henri III n'oublia pas de combler de faveurs *ses chers et amés échevins, manants et habitants de Clermont*, en récompense de leur fidelité, et leur donna le bureau des finances et la chambre des monnaies, qui étaient à Riom, centre du parti des ligueurs.

La ville de Clermont, du IVe au XVIe siècle, malgré les divers assauts qu'elle eut à soutenir, travailla à son développement social et devint une des cités importantes du royaume. Depuis le concile où fut décidée la première croisade, le second événement qui l'agita grandement, fut la tenue des *Grands-Jours*, sous Louis XIV ; cette cour de haute justice, les grandes assises de l'époque, était devenue nécessaire.

L'Auvergne, toute hérissée de donjons, de forteresses, coupée de montagnes dans tous les sens qui rendaient facile la vie audacieuse de mille petits tyrans, avait beaucoup souffert du relâchement de la justice pendant les guerres de la Ligue, de la Fronde et de la Réforme. Les Canillac, sous le titre trompeur de marquis et de comtes, exerçaient des brigandages révoltants. Un de ces terribles seigneurs avait fait de son manoir, au Pont-du-Château, le repaire de douze scélérats, qu'il appelait ses douze apôtres, toujours prêts à piller, et qui catéchisaient, dit un historien, avec l'épée ou le bâton, ceux qui étaient rebelles à sa loi.

Des milliers de plaintes avaient fatigué le jeune roi Louis XIV qui envoya de Paris une haute cour de justice pour réprimer tous ces abus. Les messieurs des Grands-Jours ouvrirent les débats le 27 novembre 1665. Les principaux étaient Nicolas Potier, seigneur de Novion, président ; Denis Talon, avocat général ; Lefèvre de Caumartin, garde des sceaux et maître des requêtes. Ce dernier avait avec lui son fils, qui avait Fléchier pour précepteur.

Pendant six mois la cour eut à prononcer sur les crimes les plus atroces, sur les entreprises les plus audacieuses. Un petit nombre d'exécutions capitales eut lieu; mais on prononça beaucoup de condamnations par contumace. La justice fit renaître l'honneur et la sécurité.

Vers la fin de son règne, Louis XIV joignit à Clermont la petite ville de Montferrand, qui semble aujourd'hui ne former qu'un de ses faubourgs. Cette réunion opéra d'autres changements. Les échevins furent choisis en commun par les deux cités; le collège électoral fut transporté à Montferrand, et la cour des aides de Montferrand transférée à Clermont. Ainsi s'opéra peu à peu cette centralisation du pouvoir qu'ambitionna Louis XIV, et que consomma partout la révolution. Commencée dans les provinces, elle s'acheva dans Paris qui a tout absorbé.

Pendant tout le XVIII° siècle, Clermont n'offre de remarquable que les vertus et les bienfaits de son évêque, l'illustre Massillon. Dans la grande disette qui se fit sentir en 1740, il adressa lui-même au cardinal Fleury une requête pour obtenir une réduction d'impôts. Il termina ses jours à Beauregard, sa maison de campagne, qui était devenue la providence des pauvres et le centre de ses bienfaits.

Lorsque la révolution éclata, Clermont oublia son plus beau titre de gloire, sa fidélité au roi, pour embrasser le parti révolutionnaire. Pendant que le régime de la terreur démolissait ses églises, remplissait ses prisons d'infortunées victimes, dépeuplait ses maisons de la fleur de ses habitants et couvrait ses places publiques du sang de ses concitoyens dont tout le crime était d'être fidèles à Dieu et au roi, un jeune homme de cœur et de dévouement, appartenant à une de ces antiques familles dont on aime à conserver le souvenir, offrit un de ces touchants exemples de piété filiale qu'on ne retrouve que dans les siècles reculés. En 1794, le tribunal révolutionnaire avait fait emprisonner M. de Lavilatte. De la prison à la mort il n'y avait qu'un pas. La loi *des suspects* n'admettait pas de sursis ; elle avait hâte d'en finir avec ses victimes. Le tribunal révolutionnaire fonctionnait aussi vite dans ses décrets que la hache du bourreau. M. de Lavillatte fils le savait. A peine a-t-il appris l'arrestation de son père, que ce généreux jeune homme court à la prison, se constitue prisonnier à la place de son père, et délivre ainsi le vénérable vieillard. La chute de Robespierre donna la paix à la France opprimée, ouvrit les prisons, et rendit le jeune de Lavilatte à sa famille.

Après la défaite de Waterloo, arriva l'invasion étrangère. Clermont vit alors les bataillons autrichiens parcourir ses rues, bivouaquer sur ses places publiques et sur les abords de sa fertile Limagne. Depuis cette époque ses annales sont muettes et n'offrent rien de remarquable.

Lorsque nous passâmes à Clermont, nous pûmes constater les progrès de son industrie qui commençait à s'y implanter, et était en voie de prospérité. C'est plutôt une ville commerciale qu'industrielle. Elle possède peu de fabriques, mais en dédommagement elle sert de centre d'entrepôt au commerce que le Languedoc et la Provence font avec Paris, et Bordeaux avec Lyon. Le chemin de fer du Centre lui donnera une plus grande impulsion commerciale, en favorisant l'écoulement de ses produits. La gare sera une des plus grandes et des plus belles. Elle était en construction lorsque nous la visitâmes. On y arrive par trois avenues qui forment comme trois grandes artères de circulation. Deux chemins de ronde encadrent la gare et vont aboutir à la route de Lyon que traverse la voie ferrée de Paris, sur un pont en fer solidement construit.

Cette ville s'honore de plusieurs noms illustres. Sans remonter jusqu'à Vercingétorix, ce terrible champion de César, elle a eu Sidoine-Apollinaire, dont nous avons parlé. L'empereur Avitus, beau-père de ce dernier, après avoir été préfet du prétoire des Gaules sous Valentin, puis maître de la milice sous Maxime, devint l'ami et le conseiller de Théodoric, roi des Wisigoths. Ce fut par ses conseils que Théodoric joignit ses troupes à celles des Romains pour combattre Attila qui s'intitulait le *fléau de Dieu*. Appuyé du crédit du roi des Wisigoths, il arriva à l'empire en 455. Mais Ricimer qui possédait sa confiance, ayant fait révolter ses troupes contre cet empereur, le dépouilla à Plaisance de la pourpre et le poursuivit avec acharnement. Après un règne de quatorze mois, Avitus abandonna les grandeurs pour se retirer à Clermont, sa patrie, et mourut empoisonné en route.

Grégoire de Tours, le premier historien de la monarchie, était fils du sénateur Florentius qui vivait à Clermont vers le milieu du vi[e] siècle. Son oncle Gallus, évêque de la ville des Arvernes, surveilla avec soin son éducation. En 573, il devint évêque de Tours. Malgré ses imperfections, c'est par lui qu'il nous est resté tout ce que nous savons sur l'Auvergne et sur la dynastie mérovingienne.

Le moyen-âge offre encore à Clermont des noms illustres : Odillon de Cluny, Pierre-le-Vénérable, le protecteur d'Abeilard, et l'un des hommes les plus influents du xiie siècle, qui fut sans cesse en relation avec saint Bernard, les rois de France, d'Espagne, de Sicile, de Jérusalem et l'empereur de Constantinople; Pierre d'Auvergne, l'illustre disciple de saint Thomas.

Nous ne devons pas oublier Jean Savaron, ce célèbre jurisconsulte, le restaurateur de la raison dans la jurisprudence, selon le langage de Boileau; Blaise Pascal, non moins illustre par ses écrits que par sa découverte de la pesanteur de l'air, qu'il fit faire sur la montagne du puy de Dôme; Domat, le contemporain, le compatriote et l'ami de Pascal; Thomas, l'auteur des éloges; Delille, le traducteur de Virgile; et une foule d'autres que les lettres, les sciences, la magistrature et l'armée revendiquent comme l'honneur de l'Auvergne et la gloire de la France.

CHAPITRE IV.

Les environs de Clermont. — Village de Beaumont et sa vallée. — Pont de Ceyrat. — Ruines du château de Mont-Rognon. — Guillaume VIII, premier dauphin d'Auvergne. — Marie de Bourbon. — Un orage. — La chevalerie. — Légende. — Le chevalier de Mont-Rognon. — Morale de cette légende. — Silence des ruines.

CLERMONT avait commencé à nous faire prendre goût avec l'antiquité. Le sol des environs de cette ville, comme celui de toute l'Auvergne, est jonché de débris volcaniques et de ruines féodales. Presque tous les souvenirs qu'on rencontre vivent depuis des siècles. Les débris qui restent de la civilisation du moyen-âge s'élèvent si imposants que, tout renversés qu'ils sont, ils étouffent sous leur ombre tout ce qui a essayé d'y pousser depuis ; c'est que de toutes les civilisations qui ont envahi le monde, dans leur marche, a dit un auteur, nulle n'a si profondément fouillé le sol avec ses racines de pierres, ne s'est si largement étendue au soleil et si fièrement élevée vers les cieux. A mesure qu'on avance dans l'Auvergne, on commence à se faire une idée de ces grands bouleversements souterrains qui ont changé la surface du sol à une époque reculée, à se rendre compte de la puissance de ces seigneurs qui bâtissaient leurs donjons sur des montagnes inaccessibles, d'où ils dominaient en maîtres.

En quittant Clermont par la barrière St-Jacques, nous traversâmes Rabanesse et trouvâmes sur la route plusieurs sarcophages antiques à demi-brisés, qu'on venait de mettre à découvert en baissant le niveau du chemin. C'était là, sans doute, que se trouvait au viie ou au viiie siècle, un ancien cimetière dont parlent les vieilles chroniques. Nous laissâmes à droite le village de Beaumont, situé au milieu des vignes et bâti sur la chaussée d'une coulée de laves. Cette gracieuse bourgade possédait autrefois un couvent de Bénédictines, dont la chapelle sert aujourd'hui d'église paroissiale. Au delà de Beaumont nous suivimes un petit sentier, à gauche de la grand'route. Il nous mena dans un vallon délicieux. Un petit cours d'eau s'échappait au fond de cette étroite colline située entre la montagne de Mont-Rognon et le puy des Chaumes. Des prairies ombreuses, tapissées d'arbres fruitiers, décorent ce site charmant. Des rangées de saules, tondus tous les trois ans par la serpe du vigneron, bordent le sentier et le ruisseau. Leur chevelure flexible au moindre vent qui retourne les feuilles, et qui semble les glacer d'argent, est assez longue pour dérober la présence du cours d'eau, pour prêter un asile aux nids des rossignols et des fauvettes. Une joie enivrante court avec les rayons du soleil, avec la verdure, la fraicheur, la solitude, sur toute cette campagne. Le soleil est doux, la terre sourit, et le voyageur se dit : Que j'aimerais à vivre dans cette paisible retraite !

A l'extrémité du vallon on découvre le village de Ceyrat qui se confond au milieu des arbres. Le nouveau pont qu'on a construit récemment sur la route, à l'entrée d'une gorge serrée et profonde, est remarquable par la hardiesse de sa construction.

Au-dessous de Ceyrat nous prîmes un sentier pierreux qui conduit, par une montée escarpée, aux ruines de l'antique château de Mont-Rognon, dont la silhouette se dessinait dans le lointain. La montagne sur laquelle avait été construite cette forteresse du premier dauphin d'Auvergne, avait la forme d'un immense pain de sucre. Dans les chartes du moyen-âge, Mont-Rognon portait le nom de *mons rugosus* (montagne rugueuse), sans doute à cause de l'aspérité de la montagne et de l'accès difficile du château. Il semble avoir été produit par un volcan ; car nous remarquâmes un courant de laves et des basaltes prismatiques. Nos pas glissaient sur ce sol volcanique et brûlé par un soleil ardent. Il était midi, l'atmosphère était suffocante et gênait la respiration. Parvenus au sommet, nous tombâmes sur la pelouse parsemée de débris du vieux château ; nous mourions de chaud et de soif. Le soleil était à son zénith, de sorte qu'il ruisselait également sur les pans d'une vieille muraille qui restait debout au milieu des ruines. Pour trouver un peu d'ombre, nous fûmes obligés de nous réfugier dans une vieille tour qui se dressait au sommet de la montagne. Nous ne pûmes y parvenir qu'en nous introduisant par une brèche pratiquée sur le flanc. Cette espèce de caveau ressemblait à des oubliettes et servit peut-être de cachot au donjon. Tant bien que mal il nous procura un emplacement, sinon commode, du moins assez frais : c'est ce que nous demandions.

Les murs étaient d'une grande épaisseur, et avaient été construits si solidement que, malgré les outrages des frimas et du temps, ils avaient résisté. Néanmoins ils ne semblaient pas offrir une retraite bien sûre. Minés sans relâche par les intempéries et la gelée qui pénètre les fissures, ils menaçaient de nous écraser. Le dernier hiver avait même agrandi l'ancienne brèche et avait fait écrouler un pan de muraille au sommet de la tour.

Jasmin nous avait apporté quelques vivres et quelques rafraîchissements. Après que nous fûmes un peu remis de la chaleur et de la fatigue, nous essayâmes de grimper au sommet de la tour, non sans danger et sans nous être suffisamment retourné les ongles et écorché les genoux. Nous y trouvâmes deux ou trois inscriptions demi-effacées par les orages et les hivers. C'était tout ce qui restait de cet antique manoir féodal. Construit à grands frais, au xiii° siècle, par le comte Guillaume VIII, qui se qualifia le premier du titre de dauphin d'Auvergne, il devint une forteresse imprenable ; il était jadis entouré d'une triple enceinte, dont les ruines marquent encore les traces tout autour du sommet de la montagne. Par sa position il dominait toutes les campagnes environnantes et défiait l'audace des ennemis du comte. La famille de ce seigneur régna longtemps en Auvergne ; elle ne s'éteignit que dans la personne de la princesse Marie de Bourbon, dauphine d'Auvergne, unique héritière de Henri de Bourbon. Le 5 août 1626, elle épousa Gaston de France, duc d'Orléans, troisième fils d'Henri IV. Ce mariage fut célébré à Nantes, dans l'église des Minimes, par le cardinal de Richelieu. Cette princesse mourut jeune et ne laissa qu'une fille qui épousa le frère de Louis XIV, Philippe d'Orléans. Par cette alliance, le château de Mont-Rognon et la terre du dauphiné d'Auvergne passèrent dans la famille des d'Orléans.

Il nous fallut bientôt songer à descendre. Le ciel s'était obscurci rapidement, et d'épais nuages qui allaient en grossissant commençaient à voiler le soleil et tourbillonnaient sur nos têtes comme les vagues écumantes de la mer. Tout présageait un orage ou tout au moins une averse diluvienne.

Cependant nous eûmes le temps de contempler à notre aise tout le paysage. En tournant le dos au sud, nous avions devant nous la ville de Clermont que nous avions quittée le matin; à gauche le gigantesque puy de Dôme, et à droite Gergovia que nous nous réservions de visiter.

Quelques gouttes d'eau commençaient déjà à tomber. Le ciel s'obscurcit si rapidement et un orage nous parut si imminent, qu'il ne nous restait pas d'autre ressource que de nous livrer à notre destinée, en acceptant de bon cœur notre position un peu critique. La vieille tour qui nous avait défendus du soleil nous parut encore le meilleur abri contre la pluie. A peine fûmes-nous installés, tant bien que mal, contre les parois du mur, du côté du vent, que l'orage éclata. La pluie tombait par torrent, le vent la fouettait avec violence contre la muraille délabrée, aux pieds de laquelle nous étions tapis. Elle ruisselait de tous les côtés et menaçait de nous inonder dans notre retraite. Après nous être arrangés pour le mieux, en nous pressant les uns contre les autres, nous attendîmes en patience que l'orage eût cessé.

M. de***, qui avait bien voulu être notre cicerone, ajouta encore un nouveau mérite à son extrême obligeance. Pour nous faire oublier le malaise de notre position, il nous raconta une anecdote de ce bon vieux temps où la noblesse fréquentait la cour, désertait ses châteaux, allait guerroyer contre les Turcs, ou dépensait sa fortune et sa jeunesse dans les plaisirs. Ces preux chevaliers, qui se faisaient une habitude de la guerre, alliaient la rudesse des camps à l'urbanité, à la religion et à la bravoure qui les ont immortalisés.

Pendant que la pluie tombait par ondées, nous fîmes cercle autour de M. de *** et nous écoutâmes dans un religieux silence une légende de la fin du moyen-âge, qui n'était pas sans intérêt.

Au xve siècle, dit-il, vivait au château de Mont-Rognon un ancien chevalier qui avait dépensé une partie de sa fortune en guerroyant contre ses voisins. Il avait un fils qui devint page à la cour de Louis XI. Après la mort de ce roi, qui rendit le dernier soupir entre les mains du saint ermite François de Paule, accouru du fond de la Calabre, le fils du chevalier de Mont-Rognon resta noyé dans l'oubli au sein de Paris. C'était un jeune homme infatué de sa personne, s'occupant plus de sa chevelure que de pratiques religieuses. Une nuit il était assis à une table de jeu : il avait tout perdu. Des dettes de jeunesse avaient gravement compromis ses affaires. Le dernier coup de dé acheva de bouleverser sa fortune et son esprit.

— Maudit jeu! s'écria-t-il.... C'est vous qui me portez malheur, en se tournant vers son voisin, le sire de Beaumont, assis à la même table, et d'un âge mûr.

— J'allais vous conseiller de ne pas violenter la fortune, répliqua le sire de Beaumont, je fais des vœux pour qu'elle vous soit plus favorable une autre fois.

— Bien grand merci! mais....

— De quoi?

— Mais je n'ai pas de chance à côté de vous; voilà déjà plus de trois heures que je perds....

— Comment pas de chance à mes côtés! Chevalier, voudriez-vous dire que je suis la cause de vos pertes?

— Je ne sais?... Mais chaque fois que vous vous êtes approché de moi, sire de Beaumont, j'ai perdu.... Tenez, prenez ma place, peut-être serez-vous heureux?

— Je n'ai pas de plaisir à jouer, je gagne toujours.

Le page le fixa avec un pâle étonnement et lui réitéra l'invitation de le remplacer ou d'être son partner.

— J'accepte ce dernier parti, murmura le sire de Beaumont, mais je vous préviens....

Le page s'entêta et voulut, bon gré mal gré, au milieu de la fièvre du jeu, reconnaître la vérité de cette provocation qui lui semblait un défi. Cependant la pensée d'avoir tout perdu traversa son esprit et retint un instant sa témérité. Mais emporté par la passion du jeu, il se remit à prendre les dés. Un instant la fortune le favorisa et quelques coups heureux lui rendirent le courage. Hélas! ses illusions tombèrent bien vite : il reconnut la vérité des paroles du sire de Beaumont. Après quelques coups de dé, il perdit; il voulut rejouer, il perdit encore; il s'entêta et perdit toujours. Il engagea même son épée et ses éperons; il ne lui restait plus rien.. Une horrible pensée traversa son âme.... En ce moment il passa sa main à travers ses cheveux flottants, sa figure était bouleversée; ses yeux hagards roulaient quelques larmes de sang. A son air égaré on voyait la lutte intérieure qui se passait dans son âme. Il quitta sans rien dire la salle du jeu et se dirigea, à travers les rues de Paris, du côté de la Seine : sa marche saccadée annonçait quelque intention sinistre....

Le sire de Beaumont avait tout remarqué; son œil scrutateur avait tout deviné. La conduite du page, ses antécédents, ses pertes, ses folies lui faisaient pressentir son affreux projet. Il le suivit de près et observa toutes ses démarches à l'ombre des pâles lanternes placées à l'entrée des principales maisons que Louis XI avait ordonnées pour

l'éclairage de Paris. Au coin d'une rue détournée qui aboutissait à la Seine, il approche du page et le frappe doucement sur l'épaule. Le page, qui se croyait seul et sans témoins, frissonna comme si une montagne de glace eût pesé sur lui. Le sire de Beaumont le rassura et lui dit : « Vous êtes jeune
» et ardent, vous avez tout perdu dans les plaisirs
» et dans le jeu, vos passions vous ont aveuglé et
» vous ont conduit à l'état où vous êtes. Au déses-
» poir vous allez encore joindre le déshonneur. Vous
» allez flétrir les cheveux blancs de votre vieux
» père.... Ne me niez pas la vérité, je la vois dans
» votre conduite, je la trouve inscrite sous vos
» pas.... Avouez franchement la cause de vos mal-
» heurs et celle de votre ruine... Soyez assez cou-
» rageux pour supporter votre honte et réparer vos
» torts. Il y a du courage à s'humilier de ses fautes et
» à changer de vie. Il y a de l'honneur à braver le
» respect humain et à vivre encore pour votre père
» et pour vos amis.... Je suis l'ami de votre père
» et par là même le vôtre. Je vous ai plaint bien des
» fois, et j'ai déploré vos étourderies. Je n'ai point
» joué avec vous pour abuser de mon droit. J'ai
» voulu vous épargner un malheur plus grand en-
» core. Je vous remets tout ce que vous venez de
» perdre, et j'y ajoute dix mille livres que votre
» père m'a chargé de vous donner, si vous voulez
» abandonner votre genre de vie, devenir un jeune
» homme sérieux et honnête. »

Le page confondu, troublé, anéanti, essaya de balbutier quelques paroles : elles expirèrent sur ses lèvres. Il ne put trouver un mot d'excuse ou de reconnaissance, tant sa surprise fut grande, son émotion profonde. Mais son cœur en avait ressenti la commotion ; il tombe anéanti aux pieds du sire de

Beaumont qui fut obligé de le reconduire à son hôtel, dans l'ancien quartier de la Cité.

Quelques jours après cette aventure, le page partait pour Sept-Fonds, dans le Bourbonnais, maison religieuse des Chartreux, qui était alors en grand renom. Il y prit l'habit de religieux, termina le reste de ses jours dans les austérités de la pénitence et le repentir des fautes de sa jeunesse.

La bonne œuvre qu'avait faite le sire de Beaumont, ajouta M. de *** servit de leçon au page. L'amitié l'avait commencée, la grâce de Dieu l'acheva. Le fils du chevalier de Mont-Rognon, en oubliant Dieu, avait perdu jusqu'au sentiment de ses devoirs. La passion du jeu, l'entraînement des plaisirs, en le ruinant, l'avaient conduit à deux doigts de sa perte. Un ami de son père le retira du danger, lui fit comprendre ses folies, et la grâce de Dieu fit le reste. Les passions sont comme des tyrans qui ne se lassent jamais. Semblables aux Danaïdes qui versaient sans cesse de l'eau dans leurs tonneaux sans jamais les remplir, elles versent sans cesse des plaisirs dans le cœur du jeune homme, sans jamais combler le vide. On a beau se consoler d'une passion par une autre, on change de situation sans changer de supplice. Au dernier désespoir succède quelquefois le suicide. L'âge et la raison, le remords et la crainte de Dieu peuvent guérir les égarements de l'esprit, mais la religion seule peut fermer les plaies du cœur. Celui qui dès sa jeunesse n'a pas appris à modérer ses penchants, en devient tôt ou tard la victime.

M. de *** avait à peine achevé de parler, que le ciel s'était purifié. Les nuages avaient disparu avec les dernières gouttes de pluie. Il restait seulement comme une teinte vaporeuse qui s'élevait de la surface de la terre humide, entre Clermont et Mont-

Rognon et les campagnes environnantes. Nous étions sortis de notre retraite pour jeter un dernier coup d'œil autour de nous. Le paysage avait repris un ton de fraîcheur et de verdure difficiles à rendre. Un troupeau de moutons que nous apercevions au bas de la montagne, sortit de son parc, et commença à se répandre sur ses flancs herbacés ; le bruit de ses clochettes et la voix des chiens du berger donnaient de la vie à cette gracieuse perpective.

Nous saluâmes une dernière fois ces ruines qui disparaissent insensiblement sous l'action dissolvante du temps. L'ombrageuse politique de Richelieu avait commencé à faire démanteler le château qui finira bientôt par disparaître entièrement. Le silence règne dans ce vieux donjon, et le berger anime seul de ses pas la solitude de ces ruines féodales.

Nous reprîmes le chemin de Clermont où nous arrivâmes avant la chute du jour. Le soleil s'était couché radieux et annonçait une belle journée pour le lendemain.

CHAPITRE V.

Romagnat. — Montagne de Gergovia. — Royaume arverne. — Forteresse gauloise. — Luern. — Bituit. — Ambassade arverne au consul Domitius. — Bataille de Wénasque. — Trahison de Domitius. — Les Cimbres, les Tigurins, les Teutons. — Ravage de l'Auvergne. — Marius. — Arioviste. — Origine de la guerre des Gaules. — Les Arvernes. — César et Vercingétorix. — Siége de Gergovia. — Défaite de César. — Il quitte l'Arvernie. — Seconde coalition. — Vercingétorix proclamé une seconde fois général en chef des confédérés. — Bataille meurtrière. — Retraite de Vercingétorix sur Alésia. — Fin de la guerre de la Gaule. — Ruines de Gergovia. — Réflexions.

Nous prîmes le même chemin que la veille, laissant le village de Beaumont à droite pour nous diriger sur Romagnat. Chemin faisant nous saluâmes le vieux castel de Mont-Rognon qui ceignait la cime de la montagne d'une couronne de ruines. Quelques auteurs ont prétendu, entre autres Siméoni, dans sa description de la Limagne, que les villages voisins de Romagnat et d'Aubière tiraient leur origine de l'expression latine : *Romani hàc obière*, lors de la défaite des Romains dans ces lieux, à l'époque de l'attaque de Gergovia. Rien n'est moins fondé que cette assertion ; et d'ailleurs, quand cela serait, rien n'établit que Romagnat existât du temps des Romains, pas plus que le village d'Aubière. La consonnance des expressions latines et la défaite des Romains ont pu donner créance à cette opinion que nous laissons à la sagacité de plus compétents que nous (1).

(1) Siméoni, Descr. de la Lim. — Chab., Cout. d'Auv., l. 4, p. 67.

Après avoir dépassé Romagnat qui se noyait dans les arbres, les jardins, les bosquets, les plus beaux que nous ayons vus en l'Auvergne, nous suivîmes un ravin qui longeait la montagne de Gergovia à droite. Nous gravîmes à pas lents un terrain parsemé de petits murs en pierre sèche, d'arbrisseaux et de cerisiers nains qui ployaient sous le poids de leurs beaux fruits écarlates. Un sentier pierreux et escarpé nous conduisit jusqu'aux dernières rampes de la montagne. Nous avancions sans rien voir de ce qui annonce le voisinage des ruines d'un lieu autrefois habité par les hommes, sans entendre aucun souffle de cette respiration immense qui indiquât qu'il y eût là, sur le sommet de cette montagne, une ville célèbre, un peuple de braves qui s'étaient mesurés avec les Romains. C'est qu'en effet les hommes ont disparu et que la pauvre ville est enterrée sous ses ruines, morte de violence, d'incendie, d'abandon, parce que les vainqueurs de la Gaule, pour se venger de la défaite qu'ils avaient éprouvée sous ses murs, réduisirent les habitants en esclavage ou les forcèrent d'émigrer ailleurs. Alors les habitants de Gergovia, lassés de la solitude, privés de leurs droits, s'éloignèrent, les uns pour fonder d'autres bourgades, les autres pour aller habiter Némétum, que les Romains érigèrent en cité et comblèrent de priviléges. Nul ne venant plus remplacer les exilés, ni succéder aux morts, Gergovia devint déserte et livrée à l'oubli, à l'outrage du temps et des hommes.

Vers le milieu de la montagne nous avions remarqué trois murs renversés qui se succédaient à intervalles réguliers et formaient comme une triple enceinte autour de la cité placée au sommet. C'étaient peut-être les restes de ces murs de six pieds de haut que Vercingétorix avait fait construire pour arrêter l'attaque des Romains.

Nous arrivâmes au sommet, Florus, les Commentaires de César, Thierry et quelques autres auteurs à la main. Le point de vue qu'on découvre de ce plateau est admirable. Au levant, s'étend l'immense plaine de la Limagne qui va se perdre et se confondre avec le Bourbonnais. L'œil suit de loin le cours de l'Allier qui serpente au milieu des champs, des prairies, des coteaux et des villages riants. A l'ouest, l'horizon est borné par une suite de montagnes au milieu desquelles s'élève le puy de Dôme, semblable à un immense dé à coudre, et sous nos yeux nous avions la ville de Clermont qui s'étageait en amphithéâtre pour compléter le tableau.

Quant à la cité des Arvernes qui avait vu ses rois Luern et Bituit étaler dans ses murs leurs fastes et leurs richesses, ce n'est plus qu'un tombeau ravagé, un champ de bataille abandonné depuis des siècles, placé sur un magnifique plateau. A chaque pas nous rencontrâmes des débris de toutes sortes, des moëllons, des pierres couvertes de chaux, des tessons de poterie gauloise et romaine, quelques médailles et des tronçons de fer rongés par la rouille, des restes d'urnes funéraires dispersées sur le sol. Une myriade de petites clôtures en pierres sèches protégeait des carrés de champs cultivés et défrichés par les paysans du voisinage. On eût dit une carte de géographie représentant les mille parcelles d'un héritage abandonné et laissé à l'ambition des hommes qui ont un goût inné pour la propriété ; tristes dépouilles d'un grand peuple qui rappellent ces mots prophétiques du chantre de Mantoue : « Un » jour, dans ces fatales contrées, le laboureur tra- » çant des sillons, trouvera sous le soc, des dards

» rongés de rouille, heurtera de ses pesants rateaux
» les casques inutiles des soldats arvernes, et verra
» d'un œil étonné de grands ossements dans leurs
» tombeaux ouverts (1). »

Le champ de bataille où se rencontrèrent les Romains et les Arvernes, César et Vercingétorix, s'étend depuis le pied de la montagne même jusqu'au sommet du plateau. Mais pour expliquer l'origine de cette guerre, nous avons besoin de reprendre les choses d'un peu plus haut.

Les Romains, après s'être emparés de Marseille, déclarèrent la guerre aux peuples de Vienne; le consul Fabius saccagea leur ville, réduisit les habitants en esclavage, les fit vendre à l'encan, et força leur roi Teutomal à se réfugier chez les Allobroges, peuples de la Savoie.

Or, parmi les rois que Teutomal appelait ses frères, il y avait un guerrier puissant que Tite-Live et Florus appellent Bituit, fils de Luern, roi des Arvernes, qui distribuait l'or et l'argent à pleines mains pendant ses promenades, et traitait avec magnificence son peuple dans des banquets publics. Bituit était le plus riche des chefs gaulois, son peuple était nombreux et brave, il avait de grosses moissons dans ses plaines et des mines d'or et d'argent dans ses montagnes. Il envoya une ambassade au consul Domitius pour lui demander le rétablissement de Teutomal dans ses Etats.

Cette ambassade, d'après les auteurs, était bi-

---

(1) Scilicet et tempus veniet, quum finibus illis
Agricola, incurso terram molitus aratro,
Excsa inveniet scabrâ rubigine pila,
Aut gravibus rastris galeas pulsabit inanes,
Grandiaque effossis mirabitur ossa sepulcris.
(Virg., *Géorg.*, *l.* 1.)

zarre, mais grandiose. Une troupe de cavaliers entourait l'ambassadeur qui avait avec lui le barde du roi pour chanter le courage des Arvernes et ses exploits; puis venait la meute royale, formée d'énormes dogues dressés au combat.

Mais au lieu de rendre à Teutomal ses Etats, Domitius demanda qu'on lui livrât ce roi, menaçant d'aller le chercher, en cas de refus, jusque dans les montagnes de son allié. L'ambassade revint à Gergovia et rapporta à Bituit ces paroles de guerre.

Aussitôt les cimes des montagnes de l'Auvergne s'illuminèrent comme au temps où elles étaient des volcans; et, à cet appel, toutes les tribus auxquelles commandait Bituit prirent les armes. Six mois furent employés à organiser ces masses de guerriers; puis, au commencement du printemps, Bituit partit de Gergovia, à la tête de deux cent mille hommes, conduisant à sa suite une meute nombreuse de dogues qui marchaient comme une troupe réglée. A la vue des forces considérables des Arvernes les deux consuls battent en retraite. Domitius et Fabius viennent se placer sur une éminence qui domine le cours du Rhône. Les Arvernes jettent deux ponts sur le fleuve et le traversent en présence des Romains. Ce fut, dit-on, dans les plaines d'Avignon que le champ de bataille fut choisi. Bituit, monté sur un char d'argent, méprise le petit nombre d'ennemis et dit en les raillant : « Il n'y a pas là de » quoi faire un repas pour mes chiens. »

Domitius voyant l'armée gauloise s'étendre dans la plaine, demanda à son collègue s'il n'était pas temps d'attaquer; mais Fabius lui répondit : « Lais» sez-les avancer; tous ceux que la terre pourra » porter, elle les pourra couvrir. »

Les deux armées étaient en présence : Fabius fit sonner les trompettes et lever les aigles romaines.
« Les Romains, dit un écrivain moderne, immo-
» biles comme des rochers, virent s'approcher d'eux
» cette mer houleuse ; mais à peine fut-elle à por-
» tée du trait, que la cavalerie se tendit sur les ailes,
» et que les légions, se divisant, ouvrirent une
» voie aux frondeurs et aux archers. Une grêle de
» pierres et de flèches accueillit l'armée gauloise ;
» mais c'était une trop faible résistance pour arrêter
» la marche d'une pareille masse. Les deux armées
» se joignirent et la lutte commença, cavaliers con-
» tre cavaliers, fantassins contre fantassins ; le choc
» fut terrible et la mêlée affreuse. Enfin, après
» une heure de combat pied à pied, le centre des
» Romains parut céder : Bituit s'élança dans cette
» brèche d'hommes qui s'ouvrait devant son char,
» ordonnant de lâcher les chiens qui devaient dévo-
» rer les vaincus ; mais, en réponse à cet ordre, Fa-
» bius ordonna à son centre de s'avancer, et Bituit
» et les siens se trouvèrent en face des éléphants.
» A l'ordre de leur conducteur, ces animaux se mi-
» rent en marche sur dix de front, pénétrèrent jus-
» qu'au centre de l'armée gauloise, et là se divisant
» en quatre groupes, ils s'avancèrent de quatre cô-
» tés différents, écrasant tout ce qu'ils rencon-
» traient et foulant aux pieds les hommes comme
« des épis. Au même instant, par un instinct na-
» turel aux animaux qui les porte à attaquer les
» animaux plutôt que les hommes, les chiens se
» jetèrent sur les éléphants ; alors ceux-ci, excités
» par les morsures, se débandèrent, courant au
» hasard, saisissant et brisant également chevaux,
» hommes et chiens, et poussant des cris qui domi-

» naient le bruit de la mêlée, comme le bruit de
» la foudre domine celui de l'Océan (1). »

Les soldats de Bituit, voyant pour la première fois ces terribles animaux, reculent épouvantés. Leurs sabres, mal trempés, frappent inutilement l'armure solide des cohortes romaines. La cavalerie achève le désordre et disperse les Arvernes qui ne trouvent plus de salut que dans la fuite. Ils se précipitent vers le Rhône; mais les ponts qu'ils avaient construits à la hâte, cèdent sous le poids des fuyards qui sont engloutis dans les eaux du fleuve. La perte fut immense, et cent vingt mille se couchèrent pour ne plus se relever. Bituit veut encore tenter la fortune, il rassemble les débris de son armée et se dispose à continuer la guerre. Mais Fabius lui fait proposer la paix : Bituit l'accepte dans l'intérêt de son peuple. Pendant qu'on traite des conditions, Domitius, jaloux de son collègue, par la plus infâme des trahisons et contre le droit des gens, pour se venger sans doute de la terreur que les Arvernes avaient si longtemps inspirée à Rome, attire Bituit, sans défiance, dans un lieu écarté, et le fait cerner par des soldats embusqués. Il le fait charger de chaînes et conduire à Rome sur un vaisseau, avec son fils Cogentias. Les deux consuls furent honorés des honneurs du triomphe. Fabius parut couvert de la riche armure du roi des Arvernes, monté sur le char d'argent que portait ce prince dans la bataille. Bituit, après avoir servi au triomphe de son ennemi, fut relégué à Albe. Le sénat n'osa ni approuver ni punir la trahison qui avait fait tomber en son pouvoir le chef des Arvernes. Il fit élever avec soin le fils du roi captif et lui rendit ensuite les États de son

(1) A. Dum., Voy. dans le midi de la France.

père. Cogentias, plus sensible au bienfait qu'à l'injure, resta constamment depuis l'allié du peuple romain (1).

Après cette sanglante défaite, arrivée 122 ans avant J.-C., les Arvernes jouirent d'un repos de plusieurs années, pendant lequel ils commencèrent à réparer leurs pertes.

Mais bientôt des bandes formidables par leur courage et par leur nombre, les Teutons, les Cimbres, les Tigurins attaquent les alliés des Romains. Le pillage, la ruine, la servitude, la mort se promènent avec eux dans toute la Gaule. Les Arvernes et les Eduens sont livrés à ces vainqueurs féroces qui dévastèrent leur pays pendant onze ans, et qui, dans leur furie sauvage, après avoir dépouillé la terre de ses moissons, se nourrissaient du sang des hommes (2).

Vers l'an 109 avant J.-C., ils menacent l'Italie, et mettent en déroute les consuls Silanus, Copio et Manlius. Rien ne leur résiste : c'en est fait de Rome. Mais le sénat a trouvé un défenseur de la patrie dans le consul Marius qui venait de brûler Carthage et d'enchaîner Jugurtha. D'une stature colossale et d'une férocité presque égale à celle des Cimbres et des Teutons, il marche contre ces hordes féroces, les taille en pièces près d'Aix et de Verceil, et rend la paix à la Gaule.

Rome, après avoir vaincu ces barbares et échappé à peine aux proscriptions sanglantes de Sylla, envoie Pompée contre Mithridate, roi du Pont-Euxin,

---

(1) Valère Maxime. — De Ségur, Hist. des Gaul. — Amédée Thierry, Hist. des Gaulois. — Mourguye, Ess. hist. sur les anciens habit. de l'Auv. — Voy. dans le midi de la France.

(2) De Ségur, Hist. des Gaul. — Florus.

et César dans la Gaule transalpine. César, jeune, plein d'ambition, et aspirant déjà à devenir le maître de sa patrie, avait besoin d'une guerre glorieuse pour s'attacher l'armée : l'occasion la lui fournit. Diviaticus, chef des Eduens, rival du chef des Arvernes, ayant été vaincu par le roi des Germains, Arioviste, qui avait fait alliance avec ce dernier, implora le secours de César.

César voit déjà tout le parti que peut tirer son ambition de la dissension qui règne dans les Gaules, afin de les asservir. Il défait Arioviste, le force à repasser le Rhin, et soumet une grande partie des peuples de la Gaule. Il met ensuite ses troupes en quartier d'hiver, et part pour la Lombardie, afin d'y tenir les états du pays, après s'être assuré que la Gaule était tranquille. A peine arrivé en Italie, il apprend le meurtre de Publius Claudius, tribun du peuple, qu'a immortalisé Cicéron par sa belle harangue; il apprend en même temps le décret du sénat qui ordonne à toute la jeunesse d'Italie de prendre les armes. César, protecteur de la faction populaire, s'apprête à marcher sur Rome.

Les Gaulois instruits des troubles qui agitaient Rome, divisée entre César et Pompée, croient le moment favorable de secouer le joug des Romains. Ils se lèvent comme un seul homme et poussent un cri général de liberté. A la voix révérée des druides, ils courent aux armes, assiègent Orléans et massacrent tous les Romains que le commerce y avait attirés. Cette nouvelle se répand avec célérité dans toute la Gaule par des cris et des signaux répétés de loin en loin. Cet événement arrivé à Orléans au lever du soleil, fut connu chez les Arvernes avant neuf heures du soir, malgré la distance d'environ 80 lieues de pays.

Chez les Arvernes brillait alors un jeune guerrier, illustre par sa naissance, sa bravoure et son génie, Vercingétorix. Il était fils de Celtillus qui avait commandé les troupes de toute la Gaule celtique. Au premier cri de liberté, ce généreux jeune homme appelle ses amis aux armes. Mais son oncle Gabanition et les chefs de la cité, redoutant le courroux des Romains, soulèvent la multitude contre lui et le chassent de Gergovia comme un insensé. Quoique proscrit il ne se décourage pas ; bientôt il se voit entouré de toute la jeunesse des Gaules, qui veut comme lui l'indépendance de la patrie. Il rentre en vainqueur à Gergovia, en chasse ses persécuteurs, rassure le courage des faibles par son audace et ranime les timides par sa fermeté. Proclamé roi par ses concitoyens, il envoie de toutes parts des courriers pour engager toutes les tribus à être fidèles à leurs serments. Tous les peuples courent se ranger sous ses drapeaux et le proclament leur chef.

Vercingétorix divise son armée en deux corps ; il confie l'un à Lutérius, chef des peuples de Cahors, et l'envoie dans le Rouergue, pour tenir en échec la Gaule narbonnaise où régnaient les Romains. Lui-même, à la tête de la seconde division, marche sur Bourges qui se réunit à son parti. De son côté, Lutérius passe chez les peuples d'Agen et du Gévaudan, qui lui donnent des ôtages ; et, à la tête d'une nombreuse armée, il se dispose à envahir la province romaine.

Aussitôt César quitte l'Italie, passe à Narbonne, rassure cette province en y plaçant des garnisons, se rend dans le Vivarais ; et, malgré la hauteur des Cévennes, les obstacles et les dangers que lui oppose une couche de neige haute de six pieds, il arrive à l'improviste chez les Arvernes, ordonne à sa cavalerie de s'étendre au loin dans le pays et de causer le plus de ravages possibles afin d'effrayer ses ennemis (1).

Les Arvernes qui se croyaient en sûreté dans leurs montagnes, furent consternés de cette invasion inattendue. Aussitôt le chef des coalisés, Vercingétorix, quitte Bourges et marche au secours des Arvernes. Mais César, qui a voulu tromper son rival par cette manœuvre, ne reste que deux jours dans l'Arvernie, confie le commandement de l'armée au jeune Brutus, et va réunir ses troupes dispersées à Vienne et à Langres, pour tomber sur Orléans et Bourges, que Vercingétorix avait laissées sans défense, en se repliant sur l'Auvergne.

Vercingétorix ayant appris l'arrivée de César à Langres, quitte l'Arvernie et retourne chez les peuples de Bourges, malgré les sollicitations de ses concitoyens qui le pressent de ne pas quitter leur pays, afin de défendre leurs propriétés, leurs intérêts, leur liberté. Instruit de l'arrivée de César, Vercingétorix marche à sa rencontre. Mais rien ne résiste au général romain qui s'empare sans coup férir des principales places fortes, se trouve vainqueur au milieu de la Gaule étonnée, et se dispose à poursuivre ses victoires. Le roi des Arvernes, vivement préoccupé des succès de son rival, réunit les chefs de chaque cité pour leur proposer un nouveau plan de campagne.

« Il importe, leur dit-il, de changer complétement
» de système de guerre; affamons l'ennemi en lui cou-
» pant les vivres; détruisons sa cavalerie en inter-
» ceptant les fourrages. Rien de plus facile : nos cava-
» liers, qui sont innombrables, peuvent se trouver sur

(1) César, de Bello Gall., l. 6 et 7.

» tous les points. Les ennemis inférieurs en nombre,
» manquent de tout; il faut qu'ils s'écartent pour
» chercher dans les maisons ce que les champs leur
» refusent ; ainsi éparpillées, détruisons-les en
» détail. Mais nous ne pouvons leur nuire sans nous
» faire du mal à nous-mêmes; le salut commun
» exige l'oubli des intérêts particuliers : habitations
» isolées, bourgs, que tout soit livré aux flammes;
» sous les pas des Romains faisons un désert im-
» mense ; les ressources que nous détruirons, nos
» compatriotes sauront bien les remplacer; nous
» serons dans l'abondance, tandis que les Romains,
» incapables de supporter une si affreuse détresse,
» s'exposeront, en s'isolant, à tous les périls. Quant
» à nos villes, portons la flamme dans toutes celles
» qui sont impuissantes à se défendre elles-mêmes,
» afin qu'elles ne servent point de refuge à ceux de
» nos soldats qui craindraient de combattre, ou de
» proie aux soldats romains. Ce sont là sans doute
» de cruelles résolutions; mais ne serait-il pas
» encore plus horrible de voir nos femmes outragées,
» nos enfants réduits en esclavage, pour finir nous-
» mêmes par tomber sous le fer des vainqueurs. »

Ce terrible conseil prévalut dans l'assemblée, et l'on vit dans un jour plus de vingt villes des peuples de Bourges livrées aux flammes ; l'incendie parcourut tout le territoire occupé par l'armée romaine. Malgré ces sacrifices, la ville de Bourges, après un siége long et opiniâtre, fut prise d'assaut et ses habitants passés par les armes. Les Romains égorgèrent sans pitié, les femmes, les enfants, les vieillards, les blessés. Le petit nombre qui parvint à s'échapper se réfugia dans le camp de Vercingétorix.

Après cette horrible boucherie, César, à la tête de six légions et d'une partie de sa cavalerie, marche contre les Arvernes, en suivant la rive droite de l'Allier, dans le dessein d'assiéger Gergovia. Vercingétorix instruit de sa marche et de ses projets, fait rompre tous les ponts qui peuvent faciliter le passage aux ennemis, longe la rive gauche et règle sa marche sur celle de César.

Les deux armées n'étaient séparées que par la rivière, et campaient chaque nuit en face l'une de l'autre. Par une contremarche habile, César trompe la vigilance de Vercingétorix, passe l'Allier, et cinq jours après vient mettre le siége devant Gergovia. Vercingétorix s'enferme dans la ville avec les principaux chefs des tribus confédérées, et se dispose à la défendre vaillamment.

César examine la position de Gergovia bâtie sur une montagne dont les abords sont difficiles et escarpés. Vercingétorix avait échelonné ses troupes sur le versant de la montagne, rapproché de la ville. Chaque tribu était séparée par un intervalle, de sorte que le camp des soldats gaulois offrait un aspect effrayant et terrible. De la plaine et du pied de la colline jusqu'aux murs de la ville, il y avait douze cents pas en ligne droite, sans compter les sinuosités du terrain. A mi-côte, Vercingétorix avait fait tirer en longueur et élevé un mur de six pieds de haut, formé de grosses pierres, pour arrêter le choc des Romains.

Au pied de la montagne, sur laquelle la ville était assise, il y avait une éminence escarpée et bien fortifiée. Vercingétorix n'y avait laissé qu'une faible garnison (1). César en est instruit, il profite des ombres de la nuit, sort en silence de son camp et s'empare du poste avant que de la ville on lui en-

---

(1) Châteaubriand pense que c'est la montagne de Mont-Rognon.

voie du secours. Il y place deux légions et joint cette position à son camp par un large fossé, afin de se ménager une communication assurée.

Cependant le siège traînait en longueur : les progrès des assiégeants étaient presque nuls, et désespéraient César de jamais s'emparer d'une ville si bien défendue et d'un accès si inabordable. Il craignait en outre un mouvement général dans les Gaules qui cherchât à l'investir et à le serrer entre deux armées formidables qui l'auraient peut-être forcé à déposer les armes.

Au milieu de ces préoccupations qui n'étaient pas sans fondement, César profita d'une occasion que le hasard lui fournit. En visitant son petit camp placé sur la colline enlevée aux Gaulois, il s'aperçut que la colline opposée était totalement dégarnie de troupes et paraissait abandonnée. Il en demande la cause aux transfuges qui lui apprennent que le sommet de cette colline était couvert de bois du côté de la ville, et que les Arvernes le défendaient pour s'approvisionner d'eau et de fourrage.

Ces renseignements engagent César à user de ruse avec ses adversaires. Au milieu de la nuit, il envoie plusieurs escadrons de cavalerie et leur ordonne de parcourir les environs de la colline gardée, en faisant beaucoup de bruit. Au point du jour il fait sortir du camp la majeure partie des équipages et des mulets; il ordonne aux muletiers de se couvrir d'un casque pour qu'ils aient l'apparence de cavaliers et de faire le tour des collines, en leur recommandant de se rendre tous dans un lieu désigné en faisant un grand bruit (1).

Du haut des remparts, les assiégés voyaient tous

(1) César, de Bello Gall., l. 7.

les mouvements des Romains, mais de trop loin pour les préciser. César détache alors une légion vers la même colline, lui ordonne de s'arrêter dans un bas-fond et la cache dans un bois.

Ce stratagème trompa Vercingétorix : dans la persuasion que ce point allait être attaqué, il envoie des troupes. César, voyant que son adversaire avait dégarni son camp, fait couvrir les insignes, cacher les drapeaux et défiler ses soldats du grand camp dans le petit. En même-temps il ordonne à ses lieutenants de modérer l'ardeur des soldats, et fait marcher les Eduens auxiliaires sur la droite, par un autre chemin.

Au signal donné, les Romains s'élancent avec impétuosité vers les retranchements des camps ennemis, situés sous les murs de la ville. Le succès de cette attaque avait été si rapide que Teutomath, chef des Agenois, fut surpris dans sa tente ; il n'eut que le temps de sauter sur son cheval qui fut même blessé.

Les légions romaines, entraînées par l'espoir d'une prompte victoire et par l'attrait du pillage, s'avancèrent de postes en postes, culbutant les Gaulois jusqu'aux murs de la ville. Un cri d'alarme s'élève alors de toutes les parties de Gergovia, et jette l'épouvante parmi les Gaulois éloignés. Les mères de famille éplorées paraissent sur les remparts, les cheveux en désordre et les bras étendus pour implorer la clémence des Romains, les suppliant de ne pas les traiter aussi inhumainement que les habitants de Bourges, dont on n'avait épargné ni les vieillards, ni les femmes, ni les enfants.

Mais l'armée des Gaulois qui gardait les avenues de la ville où César avait fait simuler une attaque, ayant entendu de grandes clameurs du côté opposé, et croyant que les Romains escaladaient les remparts, se précipite à la suite de la cavalerie et s'avance en masse serrée pour repousser les assaillants. Les femmes, qui un instant auparavant tendaient les mains aux Romains, voyant les forces des leurs s'augmenter de moment en moment, poussent des cris de joie et excitent le courage des assiégés. Les Romains refoulés de tous côtés sont obligés de plier. César, voyant la retraite de ses troupes, ordonne à son lieutenant Sextius de faire avancer toutes les cohortes de réserve et de se placer au bas de la colline pour contenir les ennemis, pendant que lui-même combat à la tête d'une légion.

Mais au moment où le combat était le plus acharné, soudain les Eduens auxiliaires que commandaient deux chefs Gaulois, Eporédorix et Virduar, paraissent du côté opposé de la colline et jettent l'alarme et la confusion dans les rangs des Romains. (On se rappelle que César les avait envoyés de ce côté pour contenir les Arvernes de Gergovia.) Ils avaient conservé les mêmes armes que les Gaulois; cette ressemblance trompa les Romains, et leur fit croire que c'était une ruse de Vercingétorix qui envoyait des troupes pour les surprendre. Se voyant investis, les soldats de César lâchent pied, abandonnent le champ de bataille couvert de blessés et de cadavres depuis les murs de la ville jusqu'au bas de la colline. Le centurion Fabius qui s'était distingué au sac de Bourges, et Pétréius qui avait tenté l'attaque d'une porte de Gergovia, furent précipités du haut des remparts avec tous ceux qui les avaient suivis. Les colonnes d'attaque sont repoussées de positions en positions et forcées de fuir jusqu'à la plaine où César parvint à les rallier avec peine, pour faire face à Vercingétorix, laissant le terrain jonché de cadavres. De l'aveu même de César, sept cents Romains restèrent couchés sur le champ de bataille pour ne plus se relever, parmi lesquels on comptait quarante-six centurions.

Pendant trois jours la cavalerie de Vercingétorix escarmoucha dans la plaine avec l'armée de César, sans en venir à une action décisive. Découragé au milieu de ses projets, trahi pour la première fois par la fortune des armes, harcelé par le grand nombre d'ennemis qui avaient une nombreuse cavalerie, inquiet et vivement préoccupé de la révolte de Bibracte qu'il venait d'apprendre, César lève le siége de Gergovia, et se dirige vers le pays des Éduens, pour arrêter les progrès de l'insurrection.

Sous prétexte de faire rentrer leurs compatriotes dans le devoir, Éporédorix et Virduar demandent à César la permission de prendre les devants avec leurs troupes. Ils se dirigent sur Noviodunum, aujourd'hui Nevers (1), qui renfermait tous les ôtages de la Gaule, les magasins, les provisions, le dépôt de cavalerie et le trésor de l'armée romaine. Ils apprennent dans cette ville les succès de Litavic et de Convictolitan, chefs de l'insurrection à Bibracte et dans toutes les contrées environnantes. Leur titre d'alliés des Romains leur ouvre les portes de Noviodunum; ils égorgent la garnison, s'emparent des dépôts, envoient tous les ôtages au sénat de Bibracte, capitale des Eduens, et brûlent Nevers qu'ils ne peuvent défendre. Puis, ils lèvent des troupes, les échelonnent le long de la rive droite de la Loire, et répandent de tous côtés des corps de cavalerie pour intercepter les communications et empêcher César de passer le fleuve.

(1) D'autres auteurs disent Neuvi-sur-Baran.

La nouvelle de l'insurrection de Bibracte se répand dans la Gaule avec la célérité de la foudre : aussitôt toutes les tribus se lèvent en masse. Tous les chefs gaulois sont convoqués à Bibracte dans une assemblée générale, et Vercingétorix est revêtu une seconde fois du suprême commandement pour veiller au salut de la patrie, à l'indépendance de la Gaule, à l'expulsion des Romains du territoire national.

César, informé de la défection des Eduens et du désastre de Noviodunum, presse sa marche sur la Loire, arrive en peu de jours sur les bords du fleuve dont tous les ponts sont coupés ou détruits. Ses moments sont précieux et son retard funeste ; d'un coup d'œil il a mesuré la grandeur du danger et les difficultés de l'obstacle qui arrête sa marche. Il trouve un gué, et fait franchir la Loire par ses troupes qui ont de l'eau jusque sous les bras. Il ravage la campagne, enlève tout sur son passage, et dirige sa marche sur le territoire des Séquaniens et des Mendubes, aujourd'hui la Bourgogne, pour protéger la province romaine.

Vercingétorix, instruit de la marche de César, quitte Bibracte, se met à sa poursuite à la tête d'une puissante armée que lui a fournie la Gaule. Bientôt il le rejoint et fait camper ses troupes en face de celles de son adversaire. Il convoque alors tous les chefs des confédérés, tous les généraux de la cavalerie ; et, dans un conseil de guerre, il prend la parole en ces termes : « Mes amis, il n'est plus temps
» de temporiser, notre ennemi vaincu nous aban-
» donne la victoire ; la résistance héroïque de Ger-
» govia a détruit ses projets, ne le laissons pas fuir
» tranquillement, exterminons-le dans sa fuite,
» risquons une bataille générale, décisive ; j'ai le
» pressentiment infaillible que la liberté de la Gaule

» est assurée à jamais. L'heure du triomphe est
» enfin venue, les Romains s'éloignent de notre pa-
» trie et retournent dans leur province. Je sais que
» leur retraite suffit pour nous faire jouir momen-
» tanément de la liberté, mais ce bonheur sera
» court; je ne vois dans cette paix qu'une trève
» passagère. Bientôt des légions plus nombreuses
» descendront de nouveau des Alpes pour nous
» accabler, et nous ne verrons jamais la fin de cette
» guerre. Ne laissons pas échapper ainsi la fortune
» qui nous favorise; poursuivons vivement nos en-
» nemis vaincus; l'armée de César est embarrassée
» par ses lourds bagages, par une foule de chariots
» chargés des dépouilles de la Gaule : si, dans sa
» marche lente, nous osons l'attaquer, ou son in-
» fanterie s'arrêtera pour défendre ses richesses, et
» alors, ne pouvant continuer sa route, elle périra
» sous nos glaives; ou si elle abandonne ses équipa-
» ges, elle se sauvera avec honte : poursuivie et
» dispersée, la faim et le fer consommeront sa ruine.
» Hâtons-nous donc, par une marche prompte, de
» redoubler le courage des nôtres, de répandre la
» terreur parmi les Romains, et de saisir la victoire
» que la fortune nous présente (1). »

Un immense cri de guerre, mêlé au cliquetis des armes, répond à cette allocution de Vercingétorix, comme une marque de vive approbation. Chefs et soldats adoptent l'avis du jeune héros de l'Auvergne. Tous jurent de ne point rentrer sous leurs toits, de ne point paraître devant leurs enfants, leurs parents, leurs amis, avant d'avoir passé sur le corps des soldats de Rome. Mais, hélas! la fortune de Rome devait l'emporter sur celle de la Gaule !

(1) De Ségur, Hist. des Gaul.

Le lendemain, Vercingétorix divise sa cavalerie en trois corps ; il en place deux sur les ailes de l'armée, et avec le troisième qu'il commande lui-même, il attaque le centre des Romains et intercepte leur marche. César imite les dispositions prises par son adversaire, et ordonne à sa cavalerie de marcher droit à l'ennemi. Le combat s'engage, la mêlée est terrible, longue, opiniâtre, acharnée, cavaliers contre cavaliers, fantassins contre fantassins, épées contre épées, boucliers contre boucliers. Le succès des armes est partagé ; les Romains reculent, plient sous le choc impétueux des charges à fond et réitérées de la célèbre cavalerie auvergnate ; mais César, qui commande de sa personne, envoie de l'infanterie pour les soutenir, et engage la grosse cavalerie des Germains qu'il avait à sa solde. Ce renfort s'avance comme une muraille mouvante contre les troupes que commandait Vercingétorix, les accule à une rivière, et en tue un grand nombre. Ce premier succès jette la frayeur dans l'armée des coalisés qui reculent en désordre. Les Romains les poursuivent sans relâche ; ce ne fut bientôt plus qu'un vaste champ de carnage. Trois principaux chefs Eduens, Cotus, Cavarillus et Eporédorix furent faits prisonniers et conduits à César. Vercingétorix fait rentrer ses troupes dans le camp, rallie sa cavalerie dispersée, ordonne que les bagages soient dirigés sur Alésia, ville des Mandubes (1), placée dans une position inexpugnable, et va lui-même s'y enfermer avec son armée. De son côté, César poursuit son ennemi et va camper devant Alésia. Comme Gergovia, cette ville était placée sur le sommet d'une colline élevée. On ne pouvait s'en emparer qu'après

(1) Aujourd'hui Sainte-Reine, près Sémur (Côte-d'Or).

un long siége. Deux rivières coulaient aux deux côtés de la colline. César fit tracer une ligne de circonvallation de onze mille pas de tour, et vingt-trois forts défendaient son camp. Il prend toutes les précautions nécessaires pour se défendre contre les sorties des ennemis, fait le siége de la place en règle, creuse des fossés, en remplit deux avec les eaux des rivières, élève derrière ces fossés une terrasse avec un rempart de douze pieds de haut avec un parapet à créneaux, place de gros troncs d'arbre dans les ouvertures du parapet, pour retarder l'escalade des Gaulois, et entoure cet ouvrage de plusieurs tours garnies de soldats bien armés. Pour arrêter les incessantes sorties de l'armée de Vercingétorix qui essayait de détruire ces travaux, César fait creuser au-devant de ses lignes un fossé de cinq pieds de profondeur, y fait planter des pieux durcis au feu, la partie aiguë en haut, qu'il ordonna ensuite de recouvrir de feuilles, de broussailles et de branches. Rien ne fut épargné pour ce siége mémorable, un des plus célèbres de l'antiquité. Tout ce que l'art militaire, les ruses de guerre, la science de la stratégie, tout ce que le génie de César put inventer pour arrêter, pour étreindre son adversaire, fut employé à profusion (1).

Vercingétorix, avant que la ville ne fût entièrement investie, avait fait sortir toute sa cavalerie, pendant la nuit, en ordonnant aux chefs de rentrer sans retard chacun dans leur pays, et d'en ramener au plus tôt tous les hommes en âge de porter les armes, pour attaquer les Romains et le délivrer lui-même.

Alésia, ainsi emprisonnée comme dans un mur de fer, ne recevait aucun secours du dehors. Les vi-

(1) César, de Bell. Gall., l. 7.

vres s'épuisèrent bien vite, la famine devint imminente, et se présenta bientôt aux assiégés avec toutes ses horreurs et ses angoisses. Le secours de toute la Gaule arrive enfin ; toute l'armée va camper sur une hauteur près de la ville. Les assiégés l'aperçoivent et poussent des cris de joie. Après plusieurs combats successifs livrés dans la plaine en face de la ville, les confédérés attaquent le camp des Romains. César se multiplie, se montre partout pour relever le courage des siens et réparer ses pertes. Les Gaulois, de leur côté, font des efforts inouïs, délogent les Romains qui gardaient les tours, comblent les fossés avec de la terre et des fascines, détruisent le parapet et le rempart du camp ; on se bat de part et d'autre avec une égale fureur, un égal avantage ; les Romains reculent, César court au danger, rétablit le combat ; mais rien n'arrête le courage des Gaulois, leur élan, leur impétuosité ; malgré la présence de César et la résistance la plus opiniâtre, ils pénètrent dans le camp romain. En ce moment, c'en était fait de César et de sa fortune, si Labiénus qui s'aperçoit du danger, ne fût venu, à la tête de ses nombreuses cohortes réunies à la hâte, dégager César et les troupes qui pliaient. Au même instant la cavalerie romaine tombe à l'improviste sur les Gaulois et les culbute. Ceux-ci effrayés et se croyant trahis prennent la fuite. La déroute commence, la cavalerie l'achève et en fait un carnage effroyable(1).

Les assiégés voyant cette défaite de l'armée de secours, désespèrent de leur propre salut et de celui de la Gaule. Le lendemain, Vercingétorix assemble le conseil dans Alésia. La figure pâle et émue du noble héros trahit sa tristesse et sa douleur ; d'une

(1) César, ibid. Commentaires, passim.

voix forte mais lugubre, il prononce ces paroles solennelles : « Mes amis, vous savez que je n'ai point
» entrepris cette guerre dans mon intérêt personnel
» ni dans la vue d'étendre ni de grandir ma renom-
» mée. Ma seule ambition a été de combattre pour
» la liberté de la Gaule asservie. L'inconstante
» fortune a trahi mon courage, a trompé mon es-
» poir ; il faut savoir céder à l'aveugle destin, à
» l'inévitable fatalité. Si vous croyez que mon bras
» ne puisse plus servir la patrie, peut-être que ma
» captivité ou mon trépas pourront lui être encore
» de quelque utilité. Pour calmer la fureur d'un
» vainqueur irrité par notre longue et héroïque ré-
» sistance, vous pouvez disposer à votre gré de ma
» liberté et de mon existence. En me livrant vivant
» à César, peut-être trouverez-vous grâce devant
» lui. La joie qu'il éprouvera d'avoir en sa puissance
» un rival redouté et digne de lui, flattera son or-
» gueil, apaisera son courroux et le portera à la
» clémence envers des ennemis vaincus. »

Le conseil accepte l'offre généreuse que Vercingétorix vient de faire de sa vie et de sa liberté. Ce noble dévouement pour la cause commune ne trouve que des approbateurs, et pas un seul homme qui réclame et demande à partager son sort ; c'est que seul il avait plus de grandeur d'âme que les chefs qui l'entouraient; seul il avait résisté dans Gergovia à ceux qui tenaient pour le parti des Romains ; seul il avait fait partager ses idées, ses espérances et ses succès aux autres chefs qui désiraient comme lui l'affranchissement de son pays ; seul il avait été préféré, à Bibracte, à des concurrents jaloux, et revêtu du suprême commandement des troupes confédérées ; seul enfin, il portait tout le poids de la guerre comme il en subissait les malheurs.

On envoya une députation vers César qui répondit avec arrogance qu'il n'accorderait la paix aux Gaulois qu'autant qu'on lui livrerait toutes les armes et tous les chefs sans exception. La capitulation fut acceptée, quelque humiliante qu'elle fût. Mais Vercingétorix n'attendit pas que les centurions romains le trainassent au pied de César, pieds et poings liés. Il monte sur son cheval de bataille, revêtu de sa riche armure, se présente devant la tente du proconsul, tourne en cercle autour de lui, descend de cheval, dépose à ses pieds son casque et son javelot. César le fait charger de chaîne et conduire à Rome. Il le fait servir à son triomphe, et l'immole ensuite sans pitié à sa cruelle vengeance. Après le désastre d'Alésia, les Gaules se soumirent et l'Auvergne fut occupée militairement. Ce ne fut qu'à la longue que cette province parvint à oublier ses malheurs.

Nous parcourûmes le champ de bataille de Gergovia; nous retrouvâmes les traces d'anciennes rues encore pavées de grandes dalles plates à la manière des Gaulois; nous recueillîmes quelques fragments de poterie et de clous rouillés comme des reliques d'une ancienne cité qui avait été une des premières de la Gaule, et maintenant effacée du sol. Nous descendîmes de la montagne tristes et mélancoliques, en laissant derrière nous ces lieux remplis de si grands souvenirs. Nous aurions voulu déposer une branche de laurier sur la tombe d'un peuple de héros que commanda Vercingétorix, et planter des cyprès sur les ruines d'une cité arverne qui arrêta un instant la fortune des Romains. La mort borde les rives du fleuve des âges et les remplit de destruction. Les générations se heurtent, se succèdent et s'effacent à leur tour, pour faire place à d'autres qui disparaîtront également. L'homme bâtit des villes ; mais, semblable à un voyageur dans le désert, il plante sa tente la veille, la plie le lendemain, et le premier vent qui souffle emporte la dernière trace de ses pas. Un autre lui succède, ne se souvenant déjà plus de son devancier. Il marche lui-même dans le déluge de l'oubli, en saluant d'un dernier regard la terre qui fut le théâtre de son existence, de ses luttes, de ses rivalités, de son ambition et de ses malheurs !

Toutefois, si l'on en croit les anciens chroniqueurs, Gergovia ne tomba pas tout-à-coup. En 1149, le comte d'Auvergne, Guillaume VII, premier dauphin d'Auvergne, ayant fondé l'abbaye de Saint-André, situé entre Clermont et le bourg de Chamalières, où il avait appelé des religieux Prémontrés, dota, par sa charte, le nouveau monastère de plusieurs villages, églises et droits féodaux, des biens, redevances, terres cultes et incultes, bois, étangs et pâturages qu'il possédait dans les montagnes du puy de Dôme. Il lui concéda haute et basse justice sur ces mêmes territoires, et l'exempta du cens de vassal qu'il devait à son château de Mont-Rognon, en raison de la forteresse de Gergovia qui était dans sa mouvance, et lui donna jusques et compris l'ancienne ruine de l'antique *Gerghobia*. Etrange destinée ! ainsi de pauvres moines deviennent les maîtres de la cité qui humilia l'armée de César ; ils vont d'une voix soumise réciter leurs prières dans cette enceinte où la rude poitrine de Vercingétorix poussa le grand cri de liberté de la Gaule, où les druides avaient jadis invoqué le dieu de la guerre, Teutatés, dans le sang des sacrifices humains. Sous leurs yeux, les débris de la ville sacrée des Arvernes achèveront de disparaître, comme si le tombeau de tout ce qui fut noble et grand parmi les hommes, devait être placé sous l'ombre d'une croix (1). C'est un singulier mais touchant spectacle, sans doute, de voir cet héritage du passé jeté en de telles mains; de voir des religieux, ces fils du silence et de la prière, errer parmi ces ruines encore resplendissantes de gloire, qui avaient survécu au temps et à l'oubli; de voir ces obscurs enfants de l'Auvergne régner dans ces lieux où les prêtres farouches de l'idolâtrie avaient défendu le maintien de leur culte; où les chefs arvernes délibérèrent l'affranchissement de la Gaule. Scène émouvante de l'humanité et de la destinée des peuples, qui subit, sous la main de Dieu, de si étranges transformations! L'esprit confondu devant les desseins impénétrables de Dieu s'abaisse et adore en silence!

Déjà le jour commençait à baisser : la descente de la montagne ne fut pas sans difficultés. A chaque pas nous étions encombrés par des monceaux de pierres dont les intervalles étaient couverts d'une pelouse émaillée d'œillets sauvages, de bruyères et d'une espèce de bouquet qui tapissait comme d'une nappe d'or toute cette surface de la colline.

Les divers souvenirs que nous avions évoqués nous avaient fait oublier la fatigue de la route, et c'était à peine si nous nous étions aperçus que nous approchions de Clermont où nous rentrâmes à la chute du jour. La nuit fut tranquille, et le lendemain nous nous retrouvâmes disposés à recommencer nos courses.

(1) Branche, Hist. des mont. d'Auv.

CHAPITRE VI.

Chamalières et ses anciens monastères. — Reliques de sainte Thècle.
— Vallée de Villars. — La Barraque. — Aspect du puy de Dôme.
— Description de cette montagne. — Chapelle de Saint-Barnabé.
— Les sorciers du puy de Dôme. — Cratère du Nid-de-la Poule.
— Fontaine-du-Berger.

Nous partîmes de Clermont au lever du soleil. En sortant de la place de Jaude, nous prîmes la nouvelle route de Chamalières qui conduit au puy de Dôme. Non loin de la barrière, au milieu des jardins, nous aperçûmes, à gauche, un vieux pan de murailles qu'on croit dater de l'époque de la domination romaine. Ce qui en faisait le mérite à nos yeux, c'était son antiquité et la singularité de sa construction, moitié en pierres, moitié en briques disposées en mosaïque dans certaines parties. On pense assez généralement que ce sont les ruines de quelque magnifique temple païen détruit lors de l'invasion des barbares qui ravagèrent Clermont. Ce qui en reste suffit pour donner une idée de ce qu'étaient ces constructions romaines qui ont résisté si longtemps aux outrages du temps et des hommes.

Au lieu de suivre la grand'route, en entrant à Chamalières, nous prîmes une rue étroite et tortueuse qui traverse cette bourgade et nous entrâmes dans le chemin qui conduit à Villars : c'était l'ancienne voie romaine qui allait de Clermont à Limoges. Les Romains, ces infatigables guerriers, avaient tracé un grand nombre de routes dans la

Gaule, afin de faciliter les communications et les voyages de leurs innombrables soldats qui parcouraient l'Europe, l'Asie et l'Afrique en conquérants. Leur peine ne fut pas perdue ; sans le savoir, ils servirent les desseins de la Providence ; car ils devinrent les pionniers de la grâce divine qui passa là où leurs phalanges et leurs légions avaient soulevé la poussière. La religion chrétienne, portée par d'humbles missionnaires qui partirent de Rome, ce foyer des pensées catholiques, le bâton de pèlerin à la main, vint régénérer l'Auvergne et l'éclairer des bienfaits de la civilisation, la plus grande, la plus généreuse, la plus pure de toutes les antiques civilisations, la civilisation chrétienne qui a converti le monde.

La bourgade de Chamalières est très-ancienne. Saint Genès, évêque de Clermont, y avait fondé plusieurs églises et deux monastères, l'un de l'ordre de Saint-Benoît, et l'autre de Saint-Colomban. L'église actuelle était celle d'un de ces monastères. Sa construction romane porte les caractères des premiers temps de la monarchie ; elle était sous l'invocable de saint Ramezi (ou saint Remi), selon les légendaires, et sous celui de sainte Thècle qui fut, dit-on, disciple de l'apôtre saint Paul. Le cardinal de Noailles, archevêque de Paris, demanda pour la communauté de Sainte-Thècle, établie de son temps dans cette capitale, des reliques de cette sainte à l'église de Chamalières. On les lui accorda ; et ce fut à cette occasion que l'on trouva dans la châsse qui les renfermait, une lame de plomb sur laquelle était gravée une inscription latine qui attestait que le contenu était le corps de sainte Thècle. Les antiquaires, ajoute Dulaure, qui virent cette inscription, reconnurent que les caractères avaient pour le moins neuf cents ans d'antiquité.

Chamalières avait autrefois un château qui appartenait au dauphin d'Auvergne ; il était bâti à l'endroit où l'on voyait, avant la révolution, une haute tour carrée qui portait le nom de tour des Sarrasins. Cette bourgade a aujourd'hui de nombreux moulins, des brasseries, des maisons de campagne, et tend chaque jour à devenir un des plus jolis faubourgs de Clermont.

En sortant de Chamalières, par une rue ancienne, on entre dans un mauvais chemin qui conduit à la vallée de Villars. On traverse un terrain montueux, planté de vignes des deux côtés de la voie qui va en se rétrécissant entre deux montagnes formant une gorge magnifique et profonde. La voie suit les sinuosités du terrain et longe un bassin verdoyant formé par l'échancrure de la montagne de gauche, taillée en arc de cercle. A l'entrée de ce bassin couvert d'arbrisseaux et de verdure, de rochers volcaniques et de châtaigniers, on découvre les restes d'une antique maçonnerie d'un aqueduc romain qui conduisait autrefois les eaux de cette vallée à Clermont. Il fut détruit par Thierry, à l'époque de ses ravages en Auvergne, et, depuis des siècles, il était resté dans l'oubli, lorsque la trombe d'eau qui causa tant de ravages à Clermont en 1835, en ravinant le fond du vallon, le mit à découvert et en prouva l'existence. A mesure qu'on montait, on remarquait à droite un immense rempart de rochers qui semblaient se détacher de la montagne. La fraîcheur du matin était douce et bienfaisante : elle s'augmentait encore de l'évaporation de la rosée que la nuit avait déposée sur les fleurs de la prairie en gouttelettes brillantes.

Après avoir marché quelque temps par une montée continue, on arrive à la Barraque, simple

5

hameau composé de quelques auberges flanquées sur la route. Ce hameau s'élève au-dessus du premier plan des montagnes de Clermont, en face du puy de Dôme, comme une station, une halte obligée, avant d'escalader le géant des montagnes arides qui lui servent de marche-pied. Il fait partie de la commune d'Orcines dont les maisons sont dispersées sur les points les moins arides, et dont l'église ne se distingue de loin que par sa campanille cachée dans des touffes d'arbres.

Nous déjeûnâmes à la Barraque; puis, nous fîmes choix d'un guide valide et robuste pour nous accompagner au puy de Dôme. C'était un homme d'un âge mûr et de haute stature. Ses sourcils épais cachaient un œil vif et scrutateur; sa grosse tête bien dessinée au-dessus de deux larges épaules, était couverte d'un feutre à larges rebords où s'encadrait une figure mâle et moins que vulgaire. Sur ses traits on semblait lire tout à la fois la finesse et la ruse. C'était un type de montagnard, sobre de paroles et fidèle à ses engagements, connaissant son métier et n'ayant rien oublié des traditions populaires : c'était l'homme qu'il nous fallait.

Nous partîmes donc de la Barraque avec notre guide et Jasmin qui ne nous quittait jamais, munis de quelques provisions confortables pour nous lester au sommet de la montagne. Là commençait la haute plaine dans laquelle était assis le roi des monts, le géant des *puys*, comme on parle en Auvergne.

Après environ une heure de marche, nous arrivâmes près du pied de cette fameuse montagne se développant devant nous depuis sa base jusqu'à son sommet qui se perd dans les nues. Nous marchions sur un terrain uni comme une allée de jardin et sablé de pouzzolanes. Cette colossale pyramide naturelle voilait par sa masse un tiers de l'horizon. Elle a la forme d'un cône végétal d'une dimension fabuleuse, qui s'élève fièrement dans les airs, appuyée sur une autre montagne adjacente qui lui sert de point d'appui.

Après l'avoir contemplée à notre aise, nous commençâmes de la gravir, en montant lentement. Malgré sa pente escarpée, cette montagne est couverte d'herbes sur toute sa surface unie et assez semblable à celle d'une immense taupinière recouverte de gazon. Dans quelques endroits, des protubérances de laves, qui semblaient ne se montrer là que pour avertir qu'elle avait été volcanisée, avaient déchiré son envelope de terre et contrastaient avec la fraîcheur de son vaste manteau vert. La végétation était ornée de violettes sauvages, d'œillets, d'orchis, de gentiane, d'aigremoine, d'arnica, de digitale pourprée et de petites marguerites jaunes qui en tapissaient les flancs. Presque partout les bruyères se mêlaient à un gracieux arbrisseau assez semblable au buis des jardins : c'était le myrtille qui porte l'airelle noire. Le fruit avait un goût fade et sauvage, mais le suc aviné qu'il renfermait coloriait fortement les doigts et les lèvres.

À mesure que nous avancions, la montagne devenait de plus en plus difficile à escalader, et nous remarquâmes que l'air étant plus rare, plus vif et plus froid, manquait à nos poumons et contrariait notre marche. Nous nous assîmes plusieurs fois, harassés de fatigue et de soif. Tout semblait changé dans l'horizon et dans la nature. Les sons frappaient les oreilles d'une manière nouvelle ; à la chaleur de la plaine avait succédé la température presque froide des climats septentrionaux ; la vue devenait plus lucide et plongeait dans un lointain immense.

Enfin, nous arrivâmes au sommet après cinq quarts d'heure d'ascension et de lassitude. Nous étions à 1476 mètres au-dessus du niveau de la mer. L'aspect qui se déroulait sous nos yeux était magnifique. La moitié du département de l'Allier, une partie de celui de la Creuse et tout le département du Puy-de-Dôme s'offraient à nos regards étonnés. Accoutumé à ne mesurer que des espaces limités, l'œil était effrayé de cet horizon circulaire et presque sans bornes ; il craignait de s'égarer dans cette immensurable étendue, qui finissait par donner une sorte de vertige. Au levant se groupaient les montagnes du Forez couvertes de nuages blancs, pâles comme des brouillards flottants sur les vagues de l'Océan ; à droite, les Monts-Dores, le Cantal, le Mezenc; à gauche, une suite de volcans éteints avec leurs bouches béantes ; en face, se déroulaient les plaines riantes de la Limagne et du département de l'Allier, qui semblaient se réunir dans un lointain brumeux. Tout ce paysage était coupé par des routes, des ruisseaux, des rivières, par l'Allier qui fuyait comme un ruban lumineux à travers la plaine. De distance en distance, la vue se reposait sur des villages, des bourgs, des villes qui se dessinaient, miniatures charmantes, oasis perdues, au milieu d'une luxuriante végétation, et rompaient la monotonie de la plaine.

En abaissant nos regards à nos pieds, nous avions les ruines du vieux château de Montrodeix, bâti sur une éminence de basalte, et tout au tour un chaos de montagnes volcaniques amoncelées à la base du puy de Dôme. A leur forme arrondie et à leur rapprochement symétrique, on eût dit les immenses ondulations d'une mer de verdure aux vagues immobiles.

Au sommet nous trouvâmes une petite pyramide en lave de Volvic, qui portait la date de 1811, avec le nom du maréchal de Saint-Cyr, comme pour rappeler le passage du brave qui visita l'Auvergne et sa célèbre montagne.

Dans la chaîne des monts dont le puy de Dôme fait partie, nous remarquâmes le puy de Sarcouy, son voisin. Par sa forme sphérique et bizarre il ressemblait à un immense cuvier renversé qui serait sorti de terre poussé par les feux souterrains. Peut-être cette montagne, à l'époque où les eaux couvraient la terre, a-t-elle été formée de la même manière que beaucoup d'îles et de montagnes du globe qui sont le produit de boursouflures volcaniques. Le puy de Dôme lui-même, malgré son élévation, n'a peut-être aussi d'autre origine? Dans cette supposition qui ne répugne pas à la géologie, cette dernière montagne aurait été calcinée dans le sein de la terre. L'expansion volcanique l'aurait élevée à une grande hauteur à la surface du sol; et, en se moulant par le vaste orifice où elle aurait passé, elle aurait pris une forme pyramidale telle qu'on la voit aujourd'hui. Quoi qu'il en soit de cette opinion, nous laissons à plus savant que nous l'explication de la formation de cette montagne extraordinaire. Toutefois nous croyons qu'elle a été volcanisée, mais au lieu d'avoir des éruptions comme les monts environnants, elle a coulé sur elle-même. Les puys voisins, au contraire, portaient tous les traces du feu souterrain; et, à une époque reculée, ils durent couvrir des forêts entières qui sont maintenant carbonisées et couchées au milieu de vastes débris de cendres et de scories.

Quelques-uns de ces puys montraient leur sommet dénudé et couvert d'éruptions volcaniques;

d'autres étaient ornés de verdure et de bois taillis qui recouvraient leurs flancs d'un riche manteau végétal. Ce fut là, sans doute, ce qui leur valut, comme au puy de Dôme, le nom de *Dumum*, que lui donnèrent les Romains et qu'on a par la suite changé en *Dôme*, par corruption de langage.

Les plus importants de ces volcans éteints portent les noms de *Nid de la Poule*, situé à la base du puy de Dôme, le *puy de Parion*, le *puy de Côme*, le *puy de Mouchie*. Depuis Volvic jusqu'au Mont-Dore, c'est une chaîne de volcans qui ont vomi de leur sein en ébullition, d'immenses coulées de laves que les habitants du pays appellent *Cheyre*.

Sur le sommet du puy de Dôme, était autrefois une chapelle qui existait encore en 1648, lorsque Perrier, beau-frère du grand Pascal, fit la célèbre expérience sur la pesanteur de l'air. Cette chapelle était dédiée à saint Barnabé. L'époque de sa fondation et le motif de son érection sont restés jusqu'ici le secret du temps. On sait seulement que les comtes d'Auvergne l'avaient donnée au prieuré d'Orcival qui relevait de la Chaise-Dieu, avec des biens considérables sur ces montagnes. Pierre d'Aigrefeuille, abbé de la Chaise-Dieu, devenu évêque de Clermont, la réunit à Saint-Robert de Montferrand, vers le milieu du xive siècle. Tous les ans, le jour de la fête de Saint-Barnabé, le prieur d'Orcival suivi d'une foule nombreuse venait en procession célébrer les saints mystères dans cette chapelle flanquée comme un rocher de granit au sommet de cette montagne, puis elle restait close, et pas un pèlerin ne visitait son autel désert et perdu au milieu des nuages. Aussi, les chroniques locales disent-elles qu'il se passait dans ce sanctuaire délaissé des choses inouïes, dans un temps où la magie et la sorcellerie en imposaient à l'ignorance et à la crédulité. Loin de toute communication, au sommet d'une montagne isolée qui dominait toute l'Auvergne de son front couvert de frimas ou de nuages plus de la moitié de l'année, couronné de scories et de pierres fondues, véritables baves de l'enfer, cet asile sacré voyait des magiciens et des sorciers qui venaient se promener à l'aise sur les flancs solitaires de ce puy, s'ébattre à la lueur mystérieuse de la lune et banqueter sur le gazon (1).

La sorcellerie, cette hideuse révolte de l'esprit humain qui protestait dans l'ombre contre la religion chrétienne, ce dernier soupir d'un passé vaincu par la croix sur les orgies du paganisme, tristes restes qui essayèrent de revivre à l'encontre de la vérité catholique, par l'excitation des mauvaises passions, par la terreur et par le mal fait aux hommes, par la crainte superstitieuse qu'inspiraient à l'ignorance des peuples de la campagne, les vieilles traditions du druidisme qui avait jeté de profondes racines en Auvergne, par les souvenirs enfin de la magie payenne qui avait eu ses pythonisses et ses devins, la sorcellerie, cette manifestation audacieuse et impie de la pensée qui faisait appel au roi des enfers pour lutter contre le roi du ciel, fit trembler le moyen-âge. Elle venait chaque veille de la Saint-Jean d'été de tout le midi de la France et du Limousin, tenir ses assemblées générales sur le puy de Dôme. Plusieurs fois le prieur d'Orcival et celui de Montferrand avaient exorcisé cette montagne maudite et invoqué au secours de leurs prières la puissance du bras séculier; car les sorciers n'avaient jamais fui. En vain la justice séculière les frappait par intervalle, en

(1) Hist. des monast. d'Auv.

vain les officialités, les bailliages et les parlements avaient rendu des arrêts contre ces accusés immondes, ils renaissaient de leurs cendres et paraissaient aussi nombreux que jamais. Florimond de Rémond, conseiller au parlement de Bordeaux, raconte avec une profonde horreur le jugement d'une misérable sorcière, nommée Jeanne Bosdeau, qui avait assisté en 1594 au chapitre général des sorciers, tenu au puy de Dôme. Elle avoua « que les » assemblées, qui s'y tenaient tous les ans, étaient » pour empoisonner, ensorceler, guérir maladies » avec charmes, faire perdre les fruits de la terre » et telles autres méchancetez. » Le parlement de Bordeaux la condamna au supplice du feu (1).

Les assemblées nocturnes des sorciers du puy de Dôme n'étaient qu'une misérable imitation des anciennes Lupercales de Rome payenne, jointes à une ignoble parodie des mystères chrétiens qu'ils profanaient par leur coupable conduite. Les religieux de Montferrand, possesseurs de la chapelle de Saint-Barnabé, emportèrent les saintes images et ne laissèrent que les murs qui tombèrent en ruine par l'abandon et l'isolement.

Nous étions assis sur les ruines mêmes de cette chapelle : le lieu, l'occasion, le silence de notre guide qui était resté muet spectateur de nos recherches, tout piqua ma curiosité. On m'avait dit que les montagnards de l'Auvergne, malgré tous les efforts de la religion pour faire disparaître ces tristes abus, croyaient encore aux sorciers, qu'il y en avait encore qui abusaient de la simplicité des gens et de la crédulité auvergnate.

---

(1) Florimond de Rém., Rec. des arr. du parlem. de Bordeaux. — Branche, Hist. des monast. d'Auv.

Après avoir pris quelques rafraîchissements qu'avait apportés Jasmin, Amédée et Fernand se dispersèrent sur la montagne. J'étais resté seul avec notre guide. Nous étions assis sur un banc de pelouse qui recouvrait les murailles renversées de la chapelle de Saint-Barnabé. Il me tardait d'avoir quelques renseignements sur les sorciers du puy de Dôme, j'étais impatient d'éclaircir ce fait, mais je craignais, il faut le dire, d'échouer en brusquant mes questions. Une occasion se présenta ; ce fut le guide qui la fournit en rompant le silence le premier.

— Eh bien ! me dit-il, vous n'aviez jamais vu une chapelle placée sur une plus belle montagne, d'où l'on jouit du plus beau coup-d'œil? Les étrangers ne manquent jamais de venir ici quand ils visitent l'Auvergne : c'est presque toujours votre serviteur, ajouta-t-il en s'inclinant, qui a l'honneur de les conduire. J'ai accompagné des Anglais, des Allemands, des Américains, des dames et des messieurs qui parlaient entr'eux un langage que je ne comprenais pas. C'est que, voyez-vous, Monsieur, je suis connu pour ça dans le pays, et personne n'est meilleur guide que moi...

— C'est vrai, mon ami... je suis content de vous, mais une chose qui m'étonne, c'est que vous autres Auvergnats qui avez de la religion, vous n'ayez pas reconstruit cette chapelle... Savez-vous que ce serait le plus curieux pèlerinage du monde? Ne serait-ce pas attirer les bénédictions du ciel sur vos montagnes, sur vos champs et sur tout le département?

— Sans doute ; mais vous ne savez pas tout, vous êtes trop jeune : la jeunesse d'aujourd'hui se moque de tout ; voilà pourquoi les anciens usages se perdent.

— Vous êtes dans l'erreur, mon ami ; la jeunesse au contraire aime à savoir, conserve les bonnes

5.

traditions et se fait un devoir de marcher sur les traces de ses ancêtres, en prenant ce qu'il y a de bon, en rejetant ce qu'il y a de mauvais ; car dans tous les temps, il y a eu du bien et du mal : c'est un devoir, une vertu de faire le bien et d'éviter le mal.

A ma réponse le guide hocha la tête d'un air d'incrédulité ; puis, après une pause de quelques secondes, il ajouta : Aujourd'hui on visite cette montagne le jour, autrefois c'était la nuit, et on y venait de bien loin !... mais ce temps n'est plus.

— Vous voulez parler du temps des sorciers qui tenaient ici leurs assemblées générales ?...

Mes paroles étonnèrent si fort le guide que ses deux yeux fauves cachés sous des cils épais s'illuminèrent vivement, parurent sortir de leur orbite en me lançant un regard foudroyant. Je me contins et ne laissai trahir aucune émotion.

— Vous savez donc cela, continua le guide un peu embarrassé de mon indiscrétion.

— Certainement ! et je puis vous en donner des preuves : un jour que j'étais à la chasse sur les montagnes du Forez, après avoir battu inutilement les bois et les champs, je rencontrai, sur les bords d'un sentier, une station de Bohémiens sous un chêne touffu. Les chariots étaient vides et ne renfermaient que quelques misérables hardes. Trois ou quatre haridelles de chevaux étiques, dont on aurait pu compter les côtes qui perçaient la peau, paissaient sur le bord du chemin. Une vieille mégère, toute fumée, dont les vêtements tombaient en loques, était la seule gardienne de cet équipage nomade ; les autres Bohémiens étaient allés à la picorée. Comme il était tard et que le temps menaçait de la pluie, je hâtai le pas pour regagner un hameau que j'avais aperçu le matin, sur la lisière des bois. Force me fut de passer près de la sybille et de m'abriter sous l'arbre où elle avait élu son domicile transitoire, car déjà la pluie tombait par torrent. La pluie était un inconvénient, mais la rencontre et la société de cette femme m'en paraissaient un autre. J'inspectai les batteries de mon fusil et j'essuyai les gardes près du feu qu'elle alimentait de débris de bois pour empêcher que l'eau qui tombait de toutes parts ne l'éteignît. La vieille m'avait accueilli avec déférence. Ma bonne contenance l'encouragea à m'adresser la parole. Elle me demanda des nouvelles de la chasse, de mon pays, et, de propos en propos, nous vînmes à parler de bonne fortune, de secrets cabalistiques et de sortiléges. Elle me pria de lui montrer l'intérieur de ma main, en compta les lignes et finit enfin par tirer mon horoscope. Je remerciai la sorcière de sa bonne prédiction et la gratifiai de quelques pièces de monnaie. La pluie avait cessé; je saluai ma bohémienne qui m'annonça en le quittant que je ferais connaissance avec les affiliés du puy de Dôme.

Pendant cet entretien, Fernand et Amédée avaient disparu sur le versant de la montagne, à la recherche de cristaux de fer sublimé. Jasmin s'était couché dans un pli de terrain éloigné de nous et dormait à la belle étoile, sur un moelleux berceau d'herbe soyeuse et de mousse touffue.

Le guide essuya sa moustache avec le revers de la manche de sa veste de grosse serge, cracha à terre d'une certaine façon, posa son grand feutre noir à côté de lui, regarda le soleil qui le fit clignoter, et, comme s'il craignait que l'air, le soleil et le vent eussent pu répéter et trahir ses paroles, il se pencha vers moi d'un air mystérieux et me dit à demi-voix :

— Dans ma jeunesse j'ai entendu dire à mon grand-père que tous les ans, la veille de la Saint-Jean d'été, tous les sorciers prenaient leur vol et arrivaient de bien loin au puy de Dôme, à cheval sur un balai de jonc, sur l'appel du grand-maître qui présidait les assemblées générales. Le grand-maître avait la forme d'un bouc; il recevait les nouveaux arrivés au milieu d'un cercle tracé sur la terre. Il portait un flambeau noir sur les cornes où chaque initié venait allumer le sien. Il disait la messe à sa manière, en se servant d'une tranche de rave au lieu d'hostie, et de l'eau dans le calice au lieu de vin; puis, il faisait prêter serment à chaque associé de renier Jésus-Christ, de ne jamais révéler les secrets de la société, de ne respecter aucune loi divine et humaine, de tuer, d'empoisonner et de causer toutes sortes de maléfices. Il distribuait ensuite les métiers de sorcellerie, et chacun devait rendre compte de ce qu'il avait fait. Il donnait des formules secrètes qui avaient la vertu des charmes et des guérisons; enfin, il soufflait sur les assistants pour leur donner le pouvoir de prédire l'avenir. La cérémonie se terminait par un repas composé de pain, de vin et de fromage que chacun avait apportés en signe de fraternité. Les réunions avaient lieu pendant la nuit. On y venait non-seulement de l'Auvergne, mais encore du Limousin et du midi. Outre ces réunions générales, il y en avait encore de particulières qui s'y tenaient tous les mercredis et les vendredis de chaque mois. Malheur à l'imprudent qui aurait osé troubler ces assemblées ! Si la vie lui était laissée, il devait perdre son âme en faisant pacte avec le démon, et on l'obligeait de jurer sur un livre noir de ne jamais trahir la société.

Vous voyez, Monsieur, ajouta le guide, pourquoi la chapelle de Saint-Barnabé ne fut jamais rétablie. Comme elle contrariait les réunions et empêchait les charmes, le grand-maître s'en empara et y établit son quartier général. Les religieux qui la desservaient en eurent connaissance et en emportèrent les saintes images. Mais comme cela fit beaucoup de bruit dans le pays, on la laissa tomber et personne depuis n'a songé à la relever.

Cet entretien fut interrompu, à mon grand regret, par l'arrivée de Fernand et d'Amédée, chargés d'échantillons de fer spéculaire qu'ils avaient récoltés sur les protubérances volcaniques de la montagne. Jasmin avait achevé son somme, il ramassa les débris du déjeûner dans son havre-sac de voyage. L'heure était venue de descendre, car le soleil s'inclinait à l'horizon.

Le guide prit le devant, Jasmin suivait Fernand et Amédée, je me retardai de quelques pas, absorbé que j'étais dans les aveux que je venais d'entendre. Ce qui me frappait le plus, c'était la ressemblance frappante de ces sociétés secrètes d'autrefois avec celles de nos jours, qui ne sont qu'une misérable copie des anciennes affiliations. Ces sociétés criminelles et absurdes chez une nation de foi, comme l'était celle de l'ancien régime, semblent une anomalie monstrueuse, un contre-sens incroyable; cependant elles existaient, et avaient assez inspiré de crainte et d'horreur pour réveiller l'attention des anciens parlements, qui frappaient, de temps en temps, du glaive de la justice, quelques misérables créatures. Dans tous les siècles l'esprit humain a eu ses travers et ses folies, ses systèmes d'opposition à l'encontre de l'ordre et des lois établies. Qu'on appelle cela sorcellerie, magie, franc-maçonnerie, socialisme ou communisme, c'est changer le nom sans changer le fond, c'est modifier la forme sans annihiler les principes de perversité, de désordre et d'immoralité. C'est toujours la nature humaine aux prises avec les mauvais penchants, les mauvaises doctrines. Comme le caméléon, le génie du mal change de couleur et de nuance sans changer de nature. L'hydre des passions humaines se redresse sans cesse à mesure que la massue du bon sens, de l'instruction chrétienne, et du pouvoir conservateur des intérêts de la société, en abattent les têtes altières. La religion seule est capable d'éclairer les esprits, de faire disparaître des abus ridicules, des pratiques coupables que certains individus exploitent encore dans les montagnes de l'Auvergne sur la simplicité et la crédulité des gens, à cicatriser enfin à la longue les plaies de la société.

Nous descendîmes la montagne par le versant septentrional pour visiter le petit puy de Dôme et le Nid-de-la-Poule. Fernand et Amédée s'étaient laissés choir sur l'herbe molle et touffue, au préjudice de leurs habits et de leurs mains. Cette nouvelle manière de voyager fit naître un incident qui nous égaya beaucoup et fit oublier un instant les sorciers et leurs assemblées nocturnes. Les soubresauts et les cris que faisaient Fernand et Amédée vinrent déranger les songes paisibles d'un malheureux lièvre qui, surpris dans son gîte, se mit à bêler comme un chevreau et parut fort étonné d'avoir perdu l'agilité de ses jambes. Dans sa fuite précipitée il ne fit que bondir et rouler sur l'inclinaison du terrain. Mais arrivé à la jonction du petit puy de Dôme, il retrouva ses jambes, et dans un clin d'œil nous le perdîmes de vue.

Nous visitâmes, en passant, le cratère du Nid-de-la-Poule. Du côté du couchant, cette montagne offrait une immense et profonde déchirure dont les abords dépouillés, calcinés et nus contrastaient avec la partie orientale, couverte partout d'une riche végétation. Les bords de cette vaste déchirure étaient couverts de sables calcinés, d'une teinte rougeâtre et ferrugineuse, qui témoignaient des efforts et de la puissance des feux souterrains. Une vaste coulée de laves, comme un fleuve impétueux, partait de sa base occidentale et s'étendait à plusieurs lieues de distance.

La journée avait été si belle que nous avions oublié l'heure du retour. Le soleil venait de parcourir les trois-quarts de sa carrière pour aller se reposer derrière une vaste draperie de nuages brillants qui festonnaient le ciel. La chaleur qu'il avait répandue dans sa course donnait un nouveau prix à notre voyage et aux bienfaits qu'il avait prodigués dans la nature.

Nous arrivâmes à l'auberge de la Fontaine-du-Berger, placée sur la grand'route de la Barraque à Pontgibaud, où nous prîmes quelques rafraîchissements dont nous avions grand besoin. Nous nous hâtâmes de regagner la Barraque en suivant la grand'route. Là nous prîmes congé de notre guide. Nous nous dirigeâmes ensuite sur Clermont, où nous rentrâmes par la barrière de Fontgiève, surpris par la nuit qui commençait déjà à répandre ses ombres sur la terre.

CHAPITRE VII.

Les bains de Royat. — Pèlerinage de Saint-Mart, ancien prieuré. — Montagne de Châteix. — Château de Waifre, duc d'Aquitaine. — Greniers de César. — Village et Vallée de Royat. — Son église. — Célèbre grotte de Royat. — Sources de Fontanat. — Aqueduc romain. — Montjoli. — La poudrière. — Cebazat. — Eglise de Saint-Etienne. — Lanterne des morts. — Châteaugay. — Pierre de Giat. — Volvic. — Origine. — Carrières de pierres. — Légende de Saint-Priest. — Camp de Gaston d'Orléans. — Château de Tournoëlle, son histoire. — Crouzol.

Nous consacrâmes quelques jours au repos et à la rédaction de notre journal de voyage qui s'augmentait de jour en jour. Mais avant d'entreprendre des courses plus longues en Auvergne, nous ne voulions pas oublier l'établissement thermal de Royat et sa fameuse vallée qu'on a quelquefois comparée à celle de Tempée en Thessalie.

Par une belle matinée nous descendîmes sur la place de Jaude, où nous trouvâmes des fiacres qui attendaient les clients. Nous en prîmes un qui nous emporta rapidement aux bains de Royat, ainsi nommés du nom de ce village, quoiqu'en réalité ces bains ne soient qu'à Saint-Mart. Nous descendîmes de voiture en face de l'établissement thermal. C'est un beau local, distribué de manière à réunir l'utile à l'agréable. La source alimente quarante-huit baignoires, deux piscines, des douches et des bains de vapeur. Elle est abondante et d'une température élevée. Une grande quantité d'acide carbonique se dégage à sa surface par des bulles qui lui donnent l'apparence de l'eau en ébullition.

Ces eaux avaient dû être connues très-anciennement; mais depuis longtemps on les avait négligées : le hasard les fit découvrir. On avait remarqué, pendant les hivers, que le sol environnant n'était jamais soumis à la gelée. On fit des fouilles qui mirent à découvert une belle source contenant de l'acide carbonique, de la chaux et du fer en dissolution, ce qui la rendait propice aux bains recherchés pour les douleurs rhumatismales, les chloroses et les affections de poitrine. Dès lors un modeste établissement provisoire se forma. Aujourd'hui il est remplacé par un local où le confortable ne laisse rien à désirer.

Au-dessous des bains, on nous montra un vaste moulin et une vieille chapelle convertie en grenier à foin. C'étaient les bâtiments de l'ancien prieuré de Saint-Mart qui dépendaient de l'abbaye de Saint-Alyre de Clermont. La révolution en a changé la destination. Le tombeau de saint Mart était autrefois en grande vénération : c'était un des pèlerinages les plus fréquentés d'Auvergne. La foi y attirait jadis un grand concours de fidèles; les eaux thermales y amènent maintenant un grand nombre de malades et de touristes, qui viennent là chaque saison d'été, les uns pour se guérir, les autres pour distraire leurs loisirs. Singulière destinée des choses humaines! Depuis que l'intérêt et l'indifférence religieuse ont tout matérialisé, il semble qu'on n'a plus rien à attendre au-delà de la vie. Les buveurs d'eau qui viennent à Saint-Mart passent avec indifférence devant l'ancien oratoire de l'ermite qui sanctifia ces lieux par ses prières et ses vertus. Plusieurs peut-être ne songent qu'à soulager les infirmités corporelles. Il y en a cependant d'autres souvent plus difficiles à guérir, ce sont celles de l'âme et du cœur : pour celles-là il faut aller en chercher la guérison aux sources immortelles dont les eaux rejaillissent jusqu'au ciel !

En traversant le ruisseau au-delà des bains, nous arrivâmes, par un sentier rapide, à un éboulement de terrain, qui renferme, sous une couche épaisse de terre, des grains de blé réduits en charbon. Il y avait du froment, du seigle et des pois calcinés. C'est là ce qu'on appelle en Auvergne, les *Greniers de César*. Une louable tradition raconte que dans ce lieu étaient les approvisionnements de César : lorsqu'il assiégeait Gergovia, les Arvernes les auraient incendiés. Tel serait le motif qui explique la présence de ces grains brûlés, et la cause qui a donné lieu à cette opinion. Mais cette tradition n'est guère admissible, soit à cause de la distance des greniers de César de celle de Gergovia, soit qu'il est constant qu'il y avait là, au viiie siècle, un château connu sous le nom de Waifre (1). Or, Waifre était un duc d'Aquitaine, descendant du roi Caribert, à qui cette dernière province, dont l'Auvergne faisait partie, appartenait par droit de succession. Pépin le dépouilla de ses États. Après l'avoir poursuivi longtemps de châteaux en châteaux, dans les montagnes de l'Auvergne, il le fit assassiner en soudoyant un de ses serviteurs, vers l'an 761. Pépin incendia et ravagea Clermont, brûla toutes les forteresses et les châteaux de l'Auvergne. Celui de Waifre, bâti sur la montagne de Châteix, où l'on recueille mainte-

---

(1) En creusant les fondements d'une maison qu'on vient de bâtir sur cet emplacement, on a découvert des mosaïques magnifiques qui accusent la présence d'une antique habitation princière.

vant des grains calcinés, ne fut pas épargné et devint la proie des flammes.

En suivant la route des bains, on arrive au village de Royat dont l'aspect est charmant, au milieu des arbres et de la verdure, enclavé entre des montagnes qui s'élèvent à droite et à gauche. Royat est bâti sur un courant de laves, à l'entrée d'une gorge profonde creusée par le torrent qui roule ses eaux limpides au fond du vallon. Sur les bords de ce ruisseau se sont élevés péniblement des moulins, des foulons, des carderies, des fabriques de clouterie et de chocolat. Au bas du village se trouve la fameuse grotte qu'aucun voyageur n'oublie de visiter. Elle est formée par une seule coulée de laves de plusieurs mètres d'épaisseur. Sa longueur est de 7 à 8 mètres, sa profondeur de 22, et la plus grande hauteur de sa voûte est de 3 ou 4 mètres. 7 jets, dont quelques-uns sont aussi gros que le bras, jaillissent vivement, au fond de la grotte, des canaux qu'ils se sont formés entre les interstices de la lave. Ces eaux sont toujours pures et abondantes; les chaleurs de l'été ne les tarissent jamais; le bruit de leur chute, la douce obscurité et la fraîcheur qui règnent dans ce lieu, rappellent ces retraites mystérieuses que les anciens donnaient aux naïades, et présentent cette beauté rustique que l'art cherche en vain à imiter dans les jardins modernes.

Après sa grotte et son site, Royat n'a de remarquable que son église : on la regarde comme une des plus anciennes de l'Auvergne. Elle servit de chapelle à un monastère de filles, au commencement de la monarchie. Dans la suite, elle devint un prieuré d'hommes dépendant de l'abbaye de Mozat. Le prieur était comte de Lyon et seigneur de Royat. C'est à un de ces comtes qu'on doit la concession des eaux qui viennent de la vallée pour alimenter Clermont.

L'église de Royat est peut-être la seule en France qui ait conservé sa forme primitive. A l'intérieur, elle représente une croix grecque ; la crypte n'a rien de remarquable : c'est un caractère distinctif des églises romanes ; mais à l'extérieur, elle ressemble à une forteresse avec ses créneaux et ses machicoulis qui lui donnent l'aspect d'un donjon.

Quand on a dépassé le village dans la direction de l'ouest, on entre dans un chemin ombragé par de grands arbres. Ce chemin suit le fond de la vallée dans toute sa longueur. Les coteaux voisins sont couverts de coudriers, de bois taillis, de frênes et de châtaigniers magnifiques. Le fond de la vallée forme des prairies, des vergers, des tapis de gazon qui animent ce paysage et reposent la vue. Du pied des roches volcaniques jaillissent des sources abondantes, limpides comme le cristal et froides comme la glace. D'intervalle en intervalle, on trouve des glacis de verdure où l'on respire un air frais qui imprime à l'âme une volupté inconnue. Le ruisseau formé par l'abondance des sources qui sourdent à chaque pas, forme de petites îles dont il éternise la verdure. Dans cet Éden auvergnat on ne voit que tapis de fleurs aux mille couleurs, des arbres touffus qui prêtent le bienfait de leur ombrage au voyageur ; et toute cette richesse de la nature jointe au murmure des eaux, au chant des oiseaux, au bourdonnement des insectes de l'air, aux rayons du soleil qui percent à travers les branches des arbres, semblent faire de cette vallée, l'asile du repos et du plaisir. Le corps semble respirer la fraîcheur, l'âme recevoir une nouvelle vie, et l'esprit goûter la paix et le bonheur.

Nous cotoyâmes le ruisseau qui prend sa source au hameau de Fontanat, placé à la hauteur de la plaine où s'élève le puy de Dôme. La source magnifique qui lui a donné son nom jaillit au milieu même du village. Au-dessous de Fontanat commençait l'aqueduc romain qui passait sous les murs du château de Villars, traversait la voie romaine qui conduisait d'Augusto-Nemetum à Limoges, et allait aboutir à Chamalières pour conduire de là ses eaux dans la ville des Auvergnats.

Nous descendîmes par la vallée de Villars en suivant l'ancienne voie ferrée dont nous avons parlé. Cette voie venait de Lyon, traversait Vollore, touchait la ville de Billom, ensuite Pérignat-sur-Allier, et aboutissait à Clermont. Depuis qu'on a fait la nouvelle route qui part de Fontgiève et passe à la Barraque, cette voie a été abandonnée : aussi n'y a-t-on plus fait de réparations. Les pluies, les orages et le temps l'ont dégradée au point de faire oublier qu'elle était autrefois l'artère principale qui établissait la circulation au centre de l'Auvergne.

Nous visitâmes, en passant à Chamalières, le parc de Montjoli avec ses belles eaux et ses magnifiques allées; puis, la source des eaux minérales des Roches, la chapelle d'un ancien couvent de religieuses qui sert aujourd'hui de poudrière. Nous rentrâmes enfin à Clermont par la barrière de Jaude. Près de cette barrière, sur les abords de la route qui traverse des jardins appartenant à l'hôpital de Clermont, on nous montra un puits artésien déjà perforé à plus de deux cents mètres. On y travaillait tous les jours afin d'arriver à la nappe d'eau minérale qui jaillit sur plusieurs points dans les environs de la ville. On nous assura même que l'entrepreneur avait l'espérance d'arriver au niveau des sources thermales de

Saint-Mart et de fonder par là un établissement à Clermont. Nous souhaitâmes bonne chance aux ouvriers et à l'entrepreneur, puis nous rentrâmes chez M. de *** pour faire honneur au dîner qui nous attendait.

Le lendemain, nous quittâmes Clermont par la barrière des Jacobins. Nous prîmes près de l'abattoir un chemin solitaire qui longe des prairies et des vignes aux pieds des coteaux de Chanturgue renommé par son vin. Après une marche d'environ deux heures, nous arrivâmes au bourg de Cebazat caché au milieu des arbres. Cette bourgade est placée dans un site charmant, au fond des coteaux couverts de pampre, et à l'extrémité de la plaine de la Limagne. Elle portait autrefois le titre de ville au moyen-âge. Elle avait des fossés, des remparts, un château fortifié et des barrières crénelées. Tour-à-tour assiégée par les ligueurs et les protestants, elle vit son château forcé et ses remparts détruits. Son église dédiée à saint Etienne porte le cachet de l'antiquité. C'était autrefois la chapelle d'un chapitre composé d'un doyen et de onze chanoines. En sortant par la porte principale, nous remarquâmes un petit bâtiment à tourelle percée à jour. C'était une lanterne des morts, placée au milieu du vieux cimetière qui entourait l'église.

De Cebazat nous montâmes à Châteaugay situé au sommet d'une côte couverte de vignes. De ce village on jouit d'un superbe coup-d'œil sur toute la Limagne. Châteaugay, d'après quelques auteurs, portait autrefois le nom de Vigosche. Le chancelier de Giat le fit bâtir en 1381, et donna cette terre pour douaire à sa femme Marguerite Campandu. Ce fut lui qui changea alors son nom et lui donna celui de Châteaugay. Son fils Louis, seigneur de

Châteaugay, épousa Jeanne de Peschin de Bréon, le dernier avril 1376. De cette union vint Pierre de Giat qui fut chambellan de Charles VII. Le connétable de Richemont et Georges de la Trémouille le firent noyer à Dun-le-Roy, le 3 janvier 1426, malgré tout le crédit dont il jouissait à la cour. La seigneurie de Châteaugay passa ensuite dans la maison de Laqueuille par le mariage de Louise de Giat, dernière fille du chambellan, avec Jacques de Laqueuille, dont la postérité la posséda jusqu'à la révolution.

En sortant de Châteaugay, nous parcourûmes un plateau couvert de champs cultivés et de noyers plantés le long des sentiers et sur les bords des héritages. Après avoir traversé un ravin, nous escaladâmes une côte rapide au sommet de laquelle se trouve un bourg magnifique, dont presque toutes les maisons sont bâties en pierre de taille : c'était Volvic si renommé par ses superbes et inépuisables carrières de pierres volcaniques. Dans les anciens titres, ce bourg est connu sous le nom de *Volovicum*; mais l'énorme coulée de lave dont les environs sont comblés, les volcans qui l'ont produite, et les torrents de feu qui, pendant plusieurs siècles, durent dévaster ce pays, ont fait croire que ce nom venait de *volcani vicum*, bourg de feu. Quoi qu'il en soit de cette étymologie, Volvic offre une masse de laves d'une grande étendue, sorties des puys de Louchardière, de Jumes, de Taur, de la Nugère. Cette lave forme des carrières qui occupent un grand nombre d'ouvriers. On peut en trouver dont le grain soit plus fin, la couleur plus agréable ; mais on n'en trouve guère qui soit plus aptes à résister à toutes les intempéries. Elle a la couleur de l'ardoise et la durée du fer. A la surface de la coulée, elle est poreuse, mais à mesure qu'on descend elle est plus compacte et devient inaltérable. On l'emploie non-seulement pour les ouvrages de maçonnerie, mais encore pour tous les genres de sculpture que nous avions déjà admirés en Auvergne et ailleurs.

Volvic avait autrefois trois paroisses : Saint-Priest, Saint-Julien et Notre-Dame de l'Arc. Il ne reste aujourd'hui que Saint-Priest. On conserve encore dans cette église, qui était autrefois un prieuré fondé par saint Avit, évêque de Clermont, et réuni plus tard à l'abbaye de Mozat, les restes de saint Priest, patron de la paroisse. La fête se célèbre le 12 juillet et attire chaque année un grand concours de fidèles. C'est le jour de la translation des reliques du saint. Saint Priest était évêque de Clermont, sous le règne de Childéric : son zèle l'engagea à aller à la cour porter des plaintes contre Hector de Marseille qui pillait les églises. A son retour, vers l'an 670, les partisans du comte Hector lui dressèrent des embûches pour le faire périr. Un jour que le saint évêque goûtait dans sa maison de campagne de Volvic le plaisir de revoir Amarinus son ancien ami, Agricius, le saxon Radbert, Ursion et d'autres seigneurs accompagnés d'une troupe de sicaires, vinrent attaquer saint Priest dans sa retraite. Le prêtre Elodius était en compagnie des deux amis. Ceux-ci voyant venir les meurtriers se mirent à genoux pour se préparer à la mort. Amarinus qu'on prit pour l'évêque fut immolé le premier, et déjà les assassins se retiraient, lorsque le saint prélat leur dit : « Voici celui que vous cherchez. » Alors Radbert lui plongea son poignard ou skramasax dans le sein, tandis qu'il priait pour ses meurtriers, à l'exemple de Jésus-Christ. Ce crime ne profita pas à ses persécuteurs; Radbert, ce farouche Saxon, éprouva une maladie si affreuse qu'il fut rongé vivant par les vers. Ursion fit une chute de cheval, à la chasse, et se brisa tous les membres ; les autres complices périrent misérablement. C'est ainsi que le ciel venge, même sur la terre, le sang du juste et de l'innocent, et ne laisse pas le crime impuni !

Depuis cette époque, l'histoire de Volvic est muette et n'offre rien de remarquable jusqu'en 1632, où Gaston, duc d'Orléans, frère de Louis XIII, vint y former un camp qu'il commandait en personne, le 8 juillet. C'était dans le temps qu'il prenait le titre de *lieutenant-général des armées du roi, pour la réforme des abus introduits dans le gouvernement de l'État par le cardinal Richelieu.* Ce prince révolté contre son souverain et son ministre, s'était retiré en Lorraine. Mais poursuivi dans cette contrée par Louis XIII et par le baron d'Estissac, ne sachant où se retirer, il pénétra dans le royaume, suivi de cinq mille hommes, Allemands, Liégeois, Napolitains et Croates ; ces étrangers se livrèrent aux plus affreux excès. Gaston était rentré en France par la Champagne. Toutes les villes lui fermèrent leurs portes ; il eut le temps de passer la Loire et l'Allier, de venir occuper le château de Tournoëlle et de former un camp à Volvic. Le petit nombre de gentilshommes qui l'accompagnaient, l'avaient bercé du chimérique espoir de ne rencontrer que des amis, de voir les provinces se soulever à son apparition ; il ne trouva que de l'indifférence parmi la noblesse et de l'horreur parmi le peuple. Gaston, repoussé partout, poursuivi par les maréchaux de la Force et de Schombert, quitta Volvic et se retira dans le Languedoc auprès du duc de Montmorency qui se laissa séduire par ses émissaires. On connaît la fin tragique de Montmorency:

il fut recueilli dans un fossé, engagé sous son cheval, par le capitaine Saint-Preuil qui le fit prisonnier, au combat de Castelnaudari. Quant au duc d'Orléans, il était resté dans l'inaction sans chercher à sauver Montmorency qui s'était sacrifié pour sa cause. Accablé du mépris public et honteux du rôle qu'il venait de jouer, il s'exila pour toujours et se retira en Flandre auprès de sa mère Marie de Médicis.

En sortant de Volvic, nous prîmes un chemin étroit qui conduit aux ruines du château de Tournoëlle. Il reste de cet antique manoir plusieurs corps de bâtiments, des tours et des appartements peints à la fresque, qui ont résisté à l'abandon et aux ravages de la révolution. Sa construction primitive remonte au IXe siècle; avant l'invention de l'artillerie, il était regardé comme imprenable. A la fin du XIIe siècle, il appartenait aux comtes d'Auvergne. Ce château a soutenu deux siéges mémorables. Le premier en 1213, à l'occasion de la guerre entre le comte Guy II et Robert de la Tour, son frère, évêque de Clermont. Ce dernier ayant porté des plaintes à Philippe-Auguste, contre les vexations du comte, le roi envoya une armée considérable en Auvergne sous le commandement de Guy de Dampierre, seigneur de Bourbon, qui s'empara de la ville de Riom et assiégea Tournoëlle. Baluze raconte le détail des munitions de guerre qu'on trouva à la prise de cette place remise par Gualéran de Corbelles.

Le second siége eut lieu en 1590 : Charles d'Apchon, qui en était alors seigneur, le défendait contre les Ligueurs. Il périt dans une sortie, sur le chemin de Charbonnières-les-Varennes. Ce château fut encore pris, pillé et en partie brûlé, en 1594, au mois de mars, par les troupes du duc de Nemours.

Réparé au xvi⁰ siècle, il n'a succombé qu'au vandalisme révolutionnaire.

La terre de Tournoëlle appartenait, à une époque reculée, à la maison de la Roche. Hugues de la Roche était capitaine du pays d'Auvergne, en 1358, sous Jean de Berry, alors lieutenant du roi en Auvergne. D'après Chabrol, Nicolas de la Roche, seigneur de Tournoëlle et de Château-Neuf, vivait en 1403 : son fils, possesseur des mêmes terres, épousa Louise Môtier de la Fayette, fille de Gilbert et de Dauphine de Mont-Rognon. La maison de la Roche s'éteignit dans la personne unique de Charlotte de la Roche qui se maria, en 1509, avec Jean d'Albon de Saint-André, gouverneur du Lyonnais, Bourbonnais, Marche et Combraille. Jean d'Albon, leur fils, premier gentilhomme de la chambre, gouverneur du Lyonnais, du Beaujolais, du Bourbonnais et de l'Auvergne, succéda à son père et fournit sa déclaration au roi pour Tournoëlle. Il fut fait prisonnier à la bataille de Dreux, et tué de sang-froid, en 1562, d'un coup de pistolet, par Perdriel de Bobigny, seigneur de Mézières. Il ne laissa qu'une fille qui mourut, dit-on, empoisonnée par sa mère.

La mort de Catherine d'Albon fit passer la terre de Tournoëlle à Marguerite d'Albon, sœur du maréchal, et fille comme lui de Charlotte de la Roche. Elle fut dame d'honneur de Catherine de Médicis. Elle avait épousé le chevalier Artaud d'Apchon, qui mourut en défendant le château de Tournoëlle contre les Ligueurs. Une des descendantes des Apchons nommée Gabrielle, porta cette terre dans la famille des Montvallat. La dernière héritière des Montvallat, du nom de Françoise, fut mariée en 1734 avec Claude-Joseph de Naucaze. Leurs deux enfants, Jean-Baptiste-Godefroi de Naucaze, et Elisabeth de Naucaze, sa sœur, se partagèrent la terre de Tournoëlle en 1765. L'émigration de 93 et la torche incendiaire des terroristes ne laissèrent que des ruines de cette antique forteresse, dont la solidité, destinée à braver les injures des hommes et des siècles, projette au loin son ombre imposante et silencieuse.

Au pied de la montagne où gisent les ruines de Tournoëlle, est situé le village de Crouzol, remarquable par son château et son parc. Ce château a été bâti par le comte de Chabrol, préfet de la Seine sous l'Empire, et petit-fils de l'auteur des *Coutumes d'Auvergne*. Sa digne veuve, la fille de Lebrun, collègue de Bonaparte au consulat, y fait sa demeure et répand ses bienfaits sur les populations environnantes.

De Crouzol nous partîmes pour Riom, où nous arrivâmes en moins d'une heure. De là nous nous dirigeâmes sur la gare pour prendre le convoi du soir qui partait pour Clermont.

CHAPITRE VIII.

Village de Theix. — Lac d'Aydat et ses environs. — Ruine du château de Montredon. — Episode du lac d'Aydat. — Maison d'Avitac de Sidoine-Apollinaire. — Aspect des volcans éteints de Lassolas, de la Rodde, de Monjugheat, de la Vache, de Monchaud et de la Meye. — Village de Fontfreyde. — Jasmin.

Deux jours après nous étions en route avec le lever du soleil. Nous avions enjambé de petits chevaux, solides et bons marcheurs, que nous avait procurés M. de *** chez un maquignon de Clermont.

Nous perdîmes bientôt de vue le groupe des montagnes qui couronnent cette ville. Nous entrâmes dans le territoire de Theix dont le village se dessinait au milieu des touffes d'arbres, comme une oasis parmi les arides monticules environnants. Le fond de cette vallée était couvert de bouleaux et de noisetiers. A mesure qu'on avançait, on découvrait le sommet des puys de Charmont, de la Vache et de Lassolas, qui présentaient la bouche béante de leur cratère silencieux. La fraîcheur du lieu, la pureté du ciel, la douce et bienfaisante chaleur du soleil favorisaient les dispositions de l'âme pour admirer la puissance divine à la vue de ces champs calcinés par le feu souterrain. Du haut du plateau où l'on arrive en venant de Theix, on aperçoit la chaîne des Monts-Dores qui ferme l'horizon comme une muraille de granit. Les villages de Verneuge, de Sautera et de Fontclairant se développaient insensiblement et semblaient s'approcher de nous à mesure que nous avancions.

Nos chevaux marchaient sur des masses de scories, de sable calciné étendu comme dans les allées d'un jardin. C'était partout une terre sillonnée par des commotions volcaniques, qui offrait un spectacle imposant et terrible. Nous étions à peu près au centre de cette chaîne de montagnes volcanisées, qui commence près de Volvic et va se perdre derrière le groupe du Mont-Dore. La vue s'étendait sur une rangée de cratères encore béants qui paraissaient avoir vomi leurs feux et leurs laves du même côté, comme des projectiles d'immenses mines de guerre. En face et dans le lointain, on apercevait les ruines du vieux château de Montredon. Cet antique castel faisait partie au XIIe siècle du patrimoine de l'illustre maison de Montgacon. Par une suite successive de changements de propriétaires, ce manoir féodal tomba au XVIIe siècle dans la famille de Broglie qui a laissé en Auvergne des souvenirs ineffaçables de générosité et de bienfaisance.

Notre caravane marchait sur une pelouse fine cachant une terre partout calcinée. Le terrain allait en pente douce. Le soleil était ardent et le ciel pur. La réverbération du sable fuyant parfois sous les pieds des chevaux, commençait à embraser l'atmosphère. Le vent était muet et aucun souffle ne venait rafraîchir notre haleine : tout annonçait une journée des plus chaudes.

Bientôt nous arrivâmes par une rampe assez douce aux abords d'une belle nappe d'eau, limpide comme le cristal, et qui semblait fuir par ses côtés anguleux. Quelques oiseaux aquatiques flottaient sur la surface unie comme une glace : c'était le lac d'Aydat.

Nous mîmes pied à terre, et Jasmin alla remiser

nos chevaux sous l'ombre des arbres qui avoisinent la maison du garde-pêche. Nous descendîmes sur le rivage pour contempler plus à notre aise cet immense amas d'eau encaissée entre deux collines profondes, réunies par une immense chaussée volcanique. Nous étions encore à regarder ce jeu de la nature lorsque nous vîmes une barque sillonner la surface de l'eau, guidée par un pêcheur. Aussitôt la pensée nous vint de louer le canot du pêcheur pour faire une promenade sur l'eau, qui faillit nous coûter la vie.

Nous ignorions la profondeur du lac et le peu de densité des eaux pour faire flotter les corps. Nous entrâmes dans ce canot incommode sur l'avis du pêcheur qui nous garantissait de tout danger. Un méchant aviron placé à l'arrière faisait mouvoir ce fragile esquif. Tout alla bien d'abord; mais parvenu à une certaine distance, le bachot commença à faire eau. Nous fîmes virer de bord pour regagner la rive. Il s'emplissait d'instant en instant, et par surcroît de malheur une voie d'eau se déclara au fond du canot, minime d'abord, mais plus grande ensuite. Nous essayâmes de le tamponner avec un de nos mouchoirs dont nous nous hâtâmes de faire le sacrifice. Vain espoir! en enfonçant le linge avec la pointe d'un couteau, le trou s'augmenta par le frottement de la lame. Les planches usées et pourries cédèrent en cet endroit, il fallut se hâter d'arrêter la voie d'eau inondant déjà nos pieds. Tous nos mouchoirs y passèrent. De nos chapeaux nous fîmes des pelles pour la rejeter et lester le bachot qui s'élevait à mesure que nous le vidions. Déjà nous touchions presque la rive. Nous nous croyions sauvés; mais, hélas! soit précipitation, soit frayeur, soit le poids de notre charge, soit peut-être imprudence d'Amédée se levant pour héler Jasmin accouru aux bords du lac pour nous porter secours, la barque chavira et nous disparûmes dans l'eau. La Providence nous sauva. Jasmin, ce dévoué serviteur de notre jeunesse, criait, se lamentait, appelait du secours et nous tendait une longue latte qu'il avait trouvée chez le garde-pêche. Nous nous en tirâmes en nageant : Fernand arriva le premier soutenu par le pêcheur qui se montra plein de courage et de dévouement ; j'avais suivi, soutenu, relevé Amédée plusieurs fois au-dessus de l'eau ; mais comme les bords étaient à pic, au moment où nous arrivions ensemble à la rive, il retombait dans ce perfide élément : nouveaux efforts, nouvelles tentatives, nouvelles chutes ; j'étais épuisé, Amédée n'en pouvait plus. Jasmin et le garde-pêche nous tendirent une latte et des cordes. Je soutins Amédée en cotoyant un peu le rivage pour pouvoir prendre pied dans un lieu moins à pic. Jasmin y descendit : il était retenu par le pêcheur qui connaissait son lac. Il fit des efforts surhumains pour attirer Amédée à lui. Je le laissai une seconde, le croyant hors de danger. Les mouvements que nous avions faits avaient agité l'eau ; un flot me passa sur la tête, j'arrivai au rivage harassé et dégouttant d'eau par tous les pores. D'un clin d'œil je cherchai Amédée : pas d'Amédée !... Grand Dieu ! il avait encore disparu. Sa main avait abandonné l'extrémité de la corde que le pêcheur et Jasmin lui avaient tendue. Hélas ! elle avait glissé de sa main. Au moment où tout ce drame se passait en moins de temps que je n'en mets pour le dire, Amédée reparaît en se débattant au milieu des flots. Se jeter à l'eau, voler à son secours, lui tendre une corde à nœud et le saisir, fut l'affaire d'un instant... Porté demi-mort sur le rivage, il recouvra promptement ses forces par les soins que nous lui donnâmes et que réclamait son état de faiblesse et de lassitude. Mais doué d'une constitution forte et vigoureuse, il reprit promptement ses sens, et la vie lui revint avec la chaleur du soleil, l'exposition au grand air et quelques gouttes de bon vin qu'avait apporté Jasmin pour notre déjeûner.

Nous en fûmes quittes pour la peur et pour un bain. Le bain nous fit du bien, car la chaleur était si intense que dans peu de temps nos vêtements furent secs; quant à la peur, nous jurâmes, mais un peu tard, comme le corbeau de la fable, qu'on ne nous y reprendrait plus. Mais réfléchit-on quand on est jeune! qu'on a vingt ans qui fleurissent sur votre tête, que le feu de la vie circule dans les veines? Connaît-on le danger à cet âge? et puis, l'aspect séduisant d'un beau lac qui vous engage à une promenade poétique, tout enfin ne semble-t-il pas vous fasciner, vous entraîner, vous séduire! Nous engageons vivement nos jeunes lecteurs à ne pas répéter notre expérience. Elle leur coûterait peut-être trop cher, comme déjà elle a coûté à tant d'autres jeunes visiteurs de ce lac perfide et dangereux qui n'a rendu que leurs cadavres. Ils reposent maintenant à l'ombre des cyprès de l'humble cimetière de la paroisse d'Aydat! Quand on est jeune, le plaisir cache le danger, et cependant la vie n'est qu'une planche qui flotte sur les eaux du monde et nous sépare d'un abîme.

L'emplacement occupé aujourd'hui par les eaux du lac d'Aydat, était autrefois une vallée profonde et spacieuse, où coulait le ruisseau qui l'alimente. Lorsque les volcans voisins éclatèrent et couvrirent le sol de leurs laves incandescentes, une coulée suivant la pente du terrain, vint traverser cette vallée et intercepter le cours du ruisseau. L'eau s'arrêta et son niveau s'éleva peu à peu devant cette digue en fusion. La lave, coulant toujours, lutta contre les eaux et devint une barrière naturelle d'une élévation prodigieuse, qui en fermant la vallée forma un vaste bassin emprisonné de tous côtés. Cette coulée était sortie du puy de Lassolas et de la Vache. Après un parcours d'une lieue, elle s'était versée par sa pente naturelle dans le vallon d'Aydat, qu'elle combla. Longtemps sans doute une vive ébullition signala dans ces lieux un des plus grands phénomènes de la nature. Mais les années se sont écoulées, la lave s'est refroidie, l'eau a mouillé ces masses entassées, et la mousse favorisant la fécondation des graines herbacées, a couvert de verdure cette chaussée qui semble l'ouvrage des géants.

Ce lac n'est pas seulement remarquable par sa profondeur, par sa formation, son paysage et même ses sinistres, mais encore par les souvenirs qui se rattachent à l'un des bienfaiteurs de l'Auvergne, au vertueux Sidoine-Apollinaire, dont la plupart des historiens placent la maison de campagne sur ses bords.

Ce saint et savant évêque décrit lui-même sa maison d'Avitac, dans une lettre charmante à un de ses amis. « Le lac, dit-il, était à l'orient; il avait
» 2,125 pas géométriques, ou près d'une lieue; ses
» eaux s'écoulaient à l'est. Avant de couler dans
» le lac, continue Sidoine, le ruisseau qui le forme,
» se précipite en écumant à travers des rochers
» élevés qui en gênent le cours. Tous les ans les
» habitants du village d'Avitac célébraient une fête,
» dans laquelle ils représentaient une sorte de
» course navale, à l'imitation des Naumachies

» qu'Enée avait célébrées à Drépane. Une île placée
» au milieu du lac, et formée de rochers entassés
» par la nature, servait de but aux rameurs, et leurs
» barques étaient obligées de tourner à l'entour,
» de même que les chariots, dans les jeux du cirque,
» tournaient autour de la borne. A l'occident la vue
» est arrêtée par une haute montagne herbue et
» d'un accès difficile, des flancs de laquelle d'autres
» montagnes moins élevées se détachent et forment
» deux prolongements séparés d'environ quatre
» arpents; ces prolongements s'avancent en ligne
» droite, et la vallée qu'ils encadrent, s'élargit à
» mesure qu'elle se rapproche d'Avitac; les bains
» de la maison, à l'aspect du sud-ouest, sont adossés
» contre une montagne boisée; les arbres que l'on
» coupe roulent d'eux-mêmes jusqu'à la fournaise
» où l'on fait chauffer l'eau. Du haut de cette mon-
» tagne, un ruisseau descend dans la piscine qui
» peut contenir vingt mille modius d'eau, et dans
» laquelle on peut facilement nager. L'eau est ame-
» née dans cette piscine par des conduits qui, après
» avoir serpenté autour de la natatoire, y débou-
» chaient pas six ouvertures qui représentent des
» têtes de lion à gueule béante (1). »

Il ne reste aujourd'hui aucun vestige de cette
charmante habitation d'Avitac, qui a dû probablement donner son nom, par corruption de langage,
au village d'Aydat. Nous cherchâmes un instant à
rapprocher ce qu'écrivait Sidoine à son ami, au
paysage qui nous environnait. Nous remarquâmes
en effet une île au milieu du lac, du côté du levant,
et à l'ouest l'immense puy de Dôme, cette montagne herbue et d'un accès difficile, dans la direction

(1) Sid. Apoll. à Domitius, t. 1, liv. 2, lettre 2.

du couchant. C'était bien encore là ce ruisseau qui alimente le lac, et dont les eaux se précipitent en écumant à travers des rochers. Moins la montagne boisée dont parle Sidoine, tout l'ensemble de ce paysage présentait une grande analogie avec le site d'Avitac.

Sur une pierre qu'on nous montra dans l'église d'Aydat, nous lûmes cette inscription latine : *Hic sunt duo innocentes, et S.* † *Sidonius :* Là sont deux innocents et saint Sidoine. On pense généralement que les restes immortels de l'illustre évêque de Clermont reposent dans ce tombeau. C'est tout ce que nous pûmes découvrir de ce qui se rattachait à Avitac et à son illustre possesseur. L'herbe couvre aujourd'hui les ruines de Troie et de Carthage, mais les monuments de l'histoire les empêchent de se perdre dans l'oubli. La demeure de l'homme est périssable comme lui-même. Mais que sont tous les monuments élevés par la main des humains, en présence de ceux que la nature a gravés au sommet des montagnes de l'Auvergne. La puissance de Dieu, en se jouant des éléments, a gravé son nom en caractères ineffaçables au milieu des abîmes de la terre.

Après un simple déjeûner que Jasmin nous avait préparé sur la pelouse, à l'ombre d'un arbre, près de la maison du garde, et que des milliers de mouches nous disputèrent, nous remontâmes à cheval. Nous laissâmes successivement derrière nous les puys de Combegrasse, de Charmont, de la Taupe et de Vichâtel. Là nous envoyâmes nos chevaux à l'auberge de Randanne et nous essayâmes de gravir à pied le puy de la Rodde, l'un des plus beaux volcans du groupe. Sur le flanc de cette montagne était adossé le puy de Chalard avec son cratère en miniature, entouré de scories incohérentes, et montrant un soupirail volcanique qui dut répandre des gerbes de feu, en même temps que le puissant volcan, auquel il est appuyé, répandait des torrents de laves. Le sommet du puy de la Rodde est un large cratère d'où s'échappa une coulée de lave qui s'étendait jusqu'au village d'Aydat. Ce point de vue nous offrit le plus beau panorama qu'on puisse voir au milieu d'un nombre infini de monts calcinés, tronqués, bouleversés et portant des traces si vivaces des feux souterrains qu'on eût dit que nous assistions encore à leur refroidissement. C'était un spectacle curieux et grandiose de voir si près de nous ces longues coulées de laves dont une enceinte de scories annonce le départ, et sur lesquelles les hommes et les plantes cherchent à s'établir.

En nous rapprochant de Randanne, nous montâmes sur le puy de Montjugheat. Sa pente était douce et gazonnée sur toute sa surface; le sommet fortement évasé annonçait un cratère. Nous descendîmes au fond de l'entonnoir où gisaient des blocs de lave qui avaient roulé des parois du volcan. Des débris de roche calcinée perçaient çà et là la pelouse; mais tout était encore à la même place qu'aux jours de la déflagration.

De Montjugheat nous descendîmes dans un vallon transformé en prairie sur les bords de laquelle passe la route de traverse de Clermont au Mont-Dore. Nous entrâmes ensuite dans le bois du puy de Montchaux. Cette montagne, dont le cratère est caché par la végétation, est couverte d'arbres touffus d'une végétation vigoureuse.

L'aventure du lac d'Aydat, la panique du matin, la fatigue de la promenade, la fraîcheur du lieu, l'animation de cette nature bouleversée partout sous nos pas, tout enfin nous engagea à faire halte quelques instants. Nous avions voyagé presque constamment dans la moyenne de 8 à 900 mètres au-dessus du niveau de la mer. L'air était plus pur, plus raréfié; pas un souffle de vent ne venait rafraîchir l'atmosphère; nous respirions plus à notre aise. Nous éprouvions ce bien-être qu'on ne trouve, dans les beaux jours, que sur les hautes montagnes et à l'ombre de quelque arbre qui prête son dais de verdure. Nous avions déjà eu l'occasion, depuis nos promenades en Auvergne, d'admirer d'autres monts calcinés, d'autres volcans, d'autres cratères éteints, d'autres commotions gigantesques de la nature, mais jamais nous n'avions vu une série si grandiose des effets du feu souterrain. On eût dit que Dieu s'était joué des éléments et s'était plu à bouleverser cette terre désolée. Tout était grand, solennel, terrible au milieu de ces colossales montagnes formées de rochers fondus. La plupart étaient drapées d'un riche manteau de verdure qui recouvrait leurs flancs; mais quelques-unes étaient dépouillées de végétation et étalaient les bouches béantes de leurs immenses cratères, les déchirures profondes de leur sommet rougi par le feu.

Ce qui nous étonna le plus fut de nous trouver, après quelques heures de marche, en face de deux montagnes d'une ressemblance frappante, comme deux sentinelles avancées de ce groupe de volcans. Leur lave bouillonnante semblait couler encore : c'étaient les puys de la Vache et de Lassolas. Le premier a 1,198 mètres au-dessus du niveau de la mer, et le second 1,181. Le puy de la Vache est un immense cratère dont les bords se sont écroulés en entier du côté où la lave s'est fait jour. Là, tout est à découvert et prend en quelque sorte la nature sur le fait.

Les murailles du cratère, conservées jusqu'au sommet, marquent le point où le bain de matières fondues s'est élevé avant que son poids lui ait ouvert une issue. Au fond de l'entonnoir on voit la cheminée du volcan, indiquée par la calotte de lave qui en bouche l'orifice. Les regards sont étonnés de la nudité des parois intérieures, de la fraîcheur des scories et de la couleur ardente de ces antiques ruines de la nature. Nous descendîmes au fond du cratère. La chaleur était intense : le soleil dardait ses rayons avec une force centuplée par la réverbération des sables et des rochers brûlés. L'atmosphère était devenue comme une étuve, une fournaise suffocante. On aurait dit que le volcan venait de s'éteindre et que nous marchions sur les débris de sa dernière éruption. D'innombrables scories, couvertes de rouille, ressemblaient à des masses de fer sorties récemment des fourneaux souterrains. D'énormes bombes volcaniques étaient éparpillées à la base de la montagne, et des parcelles de fer sublimé étincelaient aux rayons du soleil. De tous les volcans éteints que nous venions de visiter, c'était celui de la Vache qui offrait les traces plutoniques les mieux conservées.

Le puy de Lassolas présentait un vaste cratère déchiré du côté du midi. Quelques arbustes avaient essayé d'y implanter leurs racines, mais la pluie et les orages les entraînaient au fond du ravin. La lave en s'échappant du fond du cratère avait formé comme une cascade vitrifiée qui s'étendait dans la plaine à plusieurs lieues de distance. Elle allait se confondre avec celle du puy de la Vache pour ne former qu'un seul fleuve de feu cristallisé sur place. Leur surface refroidie depuis des siècles paraissait encore ne dater que d'hier. Sans les arbrisseaux et les plantes sauvages qui s'étaient emparés d'une partie de ce désert, on aurait cru assister à cette immense déflagration des montagnes du Puy-de-Dôme (1).

Avant de quitter cette terre de feu, nous allâmes visiter le puy Noir, plus connu sous le nom de puy de la Meye ; ses éruptions sont toutes différentes de celles des autres montagnes. Elles sont noires, couleur de charbon terre. De la base de cette montagne recouverte de cendres noires qui lui ont donné son nom, part une large coulée qui s'étend jusqu'aux villages de Fontfreide et de Theix.

Couverts de sueur et de cendres volcaniques qui s'étaient attachées à nos vêtements comme des atomes de poussière, nous allâmes chercher un moment de repos sur les bords du bois qui avoisine le puy Noir. Des noisetiers aux amandes parfumées, des bouleaux à la tige argentée et aux scions pliants, nous offrirent le bienfait de leur ombrage, pendant que nous attendions nos chevaux qu'on devait nous conduire de l'auberge de Randanne. Après leur arrivée nous descendîmes au village de Fontfreide, pour aller reprendre à Theix le chemin qui nous avait conduits le matin au lac d'Aydat, puis nous chevauchâmes sur la route de Clermont.

Pendant que nos chevaux nous emportaient au trot modéré, je cherchai à me rapprocher de Jasmin qui nous suivait à distance. Ce bon et fidèle serviteur avait été le compagnon de mon enfance et de mes études, le confident de mes joies et de mes chagrins. Il était né à côté du toit paternel, était entré au service de ma mère fort jeune et m'avait vu grandir à côté de lui. Sa mère, ancienne femme de chambre de la mienne, lui avait inculqué cette affection,

---

(1) Ramond, Nivellement barom. des monts Dores et des monts Dômes. — Lecoq, le Mont-Dore et ses environs.

ce dévouement qui font des serviteurs des amis et des commensaux de la famille. Jasmin était un de ces domestiques de vieille souche qui deviennent plutôt les enfants d'adoption de la maison que les salariés de la domesticité. Il s'était incorporé à mon existence, à ma vie, à mon service, à mes courses, comme l'ombre l'est au corps, je dis plus, comme l'écorce l'est à l'arbre. Je l'aimais parce que chez lui ce n'était pas cette domesticité automatique qui ne sert que parce qu'on le paie, mais parce que c'était un office de cœur, bien rare de nos jours. Ce n'était pas non plus une de ces consciences de gens subalternes qui ressemblent plutôt à des mannequins de chair et de galons que la fortune façonne pour en décorer ses salons, pour en faire les complaisants de ses caprices et de sa vanité : ce ne sont plus les auxiliaires de la vertu, du besoin domestique et les soutiens dans les périls de la vie. On recherche plutôt dans ses serviteurs les qualités dont on peùt tirer profit pour sa satisfaction ; on se préoccupe beaucoup trop de la machine humaine, et on oublie souvent que derrière le valet qui nous flatte se dresse l'ennemi qui nous trahit. Jasmin, au contraire, était un serviteur dont l'existence était liée à la mienne par des bienfaits, des souvenirs et des dangers communs. Ses bonnes qualités me l'avaient fait donner par ma mère pour le compagnon de mon voyage en Auvergne. Je tenais à lui et j'étais sûr de son dévouement. Dans mes courses il me servait souvent d'éclaireur et secondait merveilleusement les indications que je lui signalais. Il pensait à tout et ne négligeait aucun des soins domestiques si précieux dans un pays que je parcourais pour la première fois. Dans les circonstances difficiles du genre de celles où nous nous étions trouvés le matin, c'était toujours lui qui se dévouait. J'approchai mon cheval du sien destiné à porter nos provisions, et je lui ordonnai de marcher de front.

— Eh bien! Jasmin, tu n'as pas eu peur ce matin?

— Ah! monsieur, ne m'en parlez pas, vous me faites trembler seulement d'y songer....

— Maintenant que tout cela est passé, il faut l'oublier : si ma mère le savait, elle en mourrait de chagrin!...

— Vous avez donc bien raison.

— C'est un avertissement d'être plus sages à l'avenir....

— Ah bien oui! vous dites ça : mais cela ne vous empêche pas de toujours courir sur vos montagnes et vos rochers pour vous écharper la peau ou bien vous casser le cou.

— Est-ce que tu ne trouves pas ce plaisir agréable, Jasmin?

— Mais oui, dame! puisque cela vous plaît... Cependant avouez que la Bourgogne n'est pas si dangereuse.

— Est-ce que tu t'ennuis en Auvergne?

— Non, monsieur! jamais l'ennui ne peut s'emparer de moi quand je suis avec vous ; si vous alliez au bout du monde je voudrais vous suivre.

— Puisque ce sont là tes dispositions, demain tu peux faire tes préparatifs pour une plus longue promenade que celle d'aujourd'hui.

— Durera-t-elle longtemps?

— Certainement! je ne puis dire le nombre de jours, car tu verras des choses que tu n'as plus connues.

— Oui! si je savais faire comme vous, avec vos crayons et vos papiers; vous emporteriez bien toute l'Auvergne dans votre porte-manteau et votre album, si vous le pouviez !

— Tu peux te rassurer, tu vois le puy de Dôme, en le lui montrant de la main, eh bien ! il est trop pesant... Et quant aux beautés de l'Auvergne, il y a de quoi choisir... Nous allons entreprendre une campagne qui sera moins dangereuse que celle de Crimée, et dans tes vieux jours tu pourras parler des villes, des montagnes, des forêts, des lacs et des châteaux de l'Auvergne que tu auras visités : ces souvenirs en valent bien d'autres...

Là-dessus Jasmin nous quitta : je me rapprochai de Fernand et d'Amédée. Ce dernier avait oublié le bain qu'il avait pris le matin au lac d'Aydat. Nous piquâmes des deux, et bientôt nous eûmes dépassé le Sauzet, Ceyrat et Beaumont, pour nous trouver aux barrières de Clermont avant le coucher du soleil qui disparaissait derrière le puy de Dôme.

CHAPITRE IX.

Le Pont-du-Château. — Siége de cette ville par **Louis-le-Gros** et **Guy de Dampierre**. — Les dauphins du Viennois. — Humber et Guillaume Roger. — Les Montboissier. — Les Canillac. — Vertaizon. — Beauregard. — Lezoux. — Châteaux de Fontenille, de L'gone, de Ravel, de la Garde, de la Gagère, de Haute-Rive. — Courpière. — Couvent des Bénédictines. — **La Barge**. — Vollore, son antiquité. — Châteaux de Vollore et de **Montguerlhe**. — Colonne milliaire. — Communauté des Dunaud. — Ravin d'Aubusson. — Château d'Aubusson. — Augerolles. — Prieuré de Cluny. — Château de la Faye. — L'Hermite de la Faye. — Le Trévy. — Le village de Rossias. — **La famille R*****. — **La Michon**. — Réception généreuse.

Nous venions d'adopter un système de voyage dans les chemins de traverse, qui correspondait parfaitement à nos goûts, à la facilité de transporter nos bagages et nos provisions de route. Malgré le chemin de fer et les voitures publiques qui sillonnent l'Auvergne, il nous eût été difficile de nous procurer un mode de locomotion plus facile et plus avantageux. Les diverses espèces de voitures qu'on nous offrit à Clermont avaient l'inconvénient de ne pouvoir nous servir qu'autant que nous suivrions des chemins frayés. Nos chevaux, au contraire, pouvaient nous transporter partout, avec l'agrément d'avoir toujours avec nous notre mobilier de voyage. Déjà plus d'une fois nous avions été obligés, comme le philosophe Bias, de parcourir les campagnes d'Auvergne le sac sur le dos. Nos promenades précédentes nous avaient familiarisés avec nos montures dont nous avions apprécié la marche et la solidité : c'était plus qu'il n'en fallait pour fixer notre choix.

Notre caravane partit donc de la ville de Clermont vers la mi-juillet. Les jours étaient longs, le temps serein, et le plaisir de voyager à cheval ajoutait encore du prix à cette longue promenade de vacances.

La première ville que nous traversâmes, après avoir quitté Clermont, était le Pont-du-Château. Son nom lui vient d'un superbe pont en pierres jeté sur l'Allier au commencement du xviiie siècle et d'un ancien château qui s'élevait sur une des rives escarpées de la rivière. Cette ville n'a de remarquable que son entrepôt de houille de Brassac et de céréales qu'elle transporte par bateaux.

Au-dessous du pont actuel il existait autrefois une pelière qui alimentait des moulins et arrêtait les poissons qui remontent l'Allier pour frayer, lorsque vient le printemps. En 1827, une crue extraordinaire de la rivière emporta les moulins et détruisit la pelière.

Cette ville a soutenu plusieurs siéges. Le plus mémorable eut lieu en 1126, sous Louis-le-Gros, qui vint en Auvergne pour protéger l'évêque de Clermont contre la tyrannie du comte Guillaume VIII. Le roi ravagea le pays, s'empara de la ville et obligea le comte à reconnaître l'autorité du prélat.

Sous Philippe-Auguste, Guy de Dampierre fit encore le siége de cette ville et la réunit au domaine de la couronne. Dans la suite les rois de France la cédèrent aux dauphins du Viennois. Le dernier de ces dauphins, Humbert II, la vendit à Guillaume Roger, frère du pape Clément VI. Après cette acquisition, Guillaume Roger prit le nom et les armoiries de la maison de Beaufort. Mais en 1511, Jacques de Beaufort, marquis de Canillac, par son testament donna son château et ses biens à son neveu Jacques de Montboissier. Les descendants de ce dernier furent seigneurs de cette ville jusqu'à la révolution. Un des membres de cette famille s'était acquis une triste célébrité par ses rapines et son brigandage, à la tête de douze scélérats qu'il appelait ses douze apôtres. Les Grands-Jours de Clermont en firent justice et le condamnèrent par contumace (1).

En quittant la ville du Pont-du-Château, nous passâmes devant une gracieuse maison de campagne. C'était Chignat, célèbre par sa fameuse foire qui s'y tient chaque année le 14 septembre. Sur la droite de la route, on aperçoit la petite ville de Vertaizon, groupée au sommet d'une butte très-élevée. C'est aujourd'hui un canton du Puy-de-Dôme. Cette ville, qui ressemble à un gros bourg, avait autrefois un château-fort entouré d'une triple enceinte de murailles. La justice relevait de l'évêché de Clermont, et un chapitre de chanoines desservait l'église qu'on aperçoit au sommet de la butte.

En avançant sur la route de Lezoux l'œil découvre à gauche, sur une hauteur, la délicieuse bourgade de Beaugerard, d'où l'on a la perspective la plus riante et la plus variée sur la Limagne. C'était jadis une villa épiscopale avec son parc et ses remparts. Du château bâti au xve siècle par Charles de Bourbon, évêque de Clermont, il ne reste plus que le pavillon où furent reçues Mesdames de France, en 1785. Là venaient se délasser de leurs travaux, les Duprat, les d'Estaing, et surtout Mas-

---

(1) Cout. d'Auv. — Hist. des dauphins d'Auv, par Lequien de la Neuville. — Dulaure, Description de l'Auv. — Arrêts des Grands-Jours, Ch. Dumoulin.

sillon qui voulut y terminer ses jours. Les habitants de Beauregard purent bien ignorer les charmes de son éloquence, mais ils n'oublièrent pas sa douce et tendre charité. Ils suivirent son cortége funèbre jusqu'à Clermont, où devaient avoir lieu ses obsèques, en se prosternant et en pleurant leur père et leur bienfaiteur.

Après avoir jeté un dernier coup-d'œil sur le paysage de Beauregard et un dernier adieu à l'asile de Massillon, nous nous dirigeâmes sur Lezoux. Cette ville est bâtie dans une plaine fertile en céréales, comme toute la Limagne d'Auvergne. Après que Guy de Dampierre se fut emparé de la province, il donna Lezoux en garde, au nom de Philippe-Auguste, à l'évêque de Clermont. Cette donation causa de vives querelles entre le prélat et les comtes d'Auvergne. Ces querelles furent renouvelées par Catherine de Médicis, qui se fit adjuger cette seigneurie par un arrêt du parlement de Paris.

Elle avait autrefois un ancien chapitre de chanoines, un couvent d'Augustins et un hôpital. De tout cela il ne reste que la chapelle du chapitre qui a été restaurée dans ces derniers temps et sert aujourd'hui d'église paroissiale.

Près de Lezoux était le château de Fontenille, antique forteresse entourée de fossés remplis d'eau vive. Sur une éminence qui domine les ruines de cet antique manoir, on découvre Ligone, habitation de campagne qui appartenait avant la révolution à la famille de Chazerat. C'était un pavillon à l'italienne, surmonté d'un dôme, orné d'une terrasse décorée de vases, de statues, de colonnes et de bas-reliefs. Les principaux corps de bâtiments ont été jetés à terre en 93; il ne reste maintenant que le parc et une partie des allées restaurées par son honorable propriétaire actuel qui nous en fit les honneurs avec cette grâce et cette urbanité qui sied si bien à la fortune désintéressée. C'est à Ligone qu'on a essayé de renouveler l'art céramique des Romains. Une fabrique de poterie, à l'instar des vases étrusques, fonctionne et livre au commerce des produits magnifiques, où le fini de l'ouvrage l'emporte sur les anciens s'il ne l'égale pas en solidité.

En quittant Lezoux par la route de Courpière, on traverse des bois taillis d'une grande étendue ; sur une éminence, à droite, s'élève l'antique château de Ravel qui avait appartenu à la famille d'Estaing. Un de ces d'Estaing avait sauvé la vie à Philippe-Auguste, à la bataille de Bouvines. Ce noble Auvergnat voyant le roi jeté à terre, son cheval tué sous lui et les ennemis prêts à le faire prisonnier, s'avance l'épée à la main, écarte les Allemands, les terrasse, donne son propre cheval à son souverain et lui sauve la vie. Philippe aussitôt reprit l'offensive, joignit Othon, qui, à son tour, courut les plus grands dangers ; et, après huit heures d'une lutte terrible, la victoire la plus complète couronna la valeur des Français.

A mesure qu'on avance, on laisse successivement à droite de superbes maisons de campagne, la Gagère, la Garde, Haute-Rive. Cette dernière diffère des autres par son antiquité et son paysage. On arrive à Courpière par une côte inclinée, plantée de vignes et d'arbres fruitiers. Cette petite ville est située sur la rivière de la Dore, qu'on traverse sur un pont en pierres de Volvic, construit il y a peu d'années.

Vers le milieu du XIIe siècle, sous l'épiscopat d'Etienne VI, on y fonda un monastère de religieuses de l'ordre de Saint-Benoît. La prieure partageait la souveraineté de la ville avec l'évêque de Clermont. Elle était sous la juridiction de l'abbaye du Moutier de Thiers, et avait le droit d'assister et de répondre à tous les services divins célébrés à haute voix dans l'église. En 1630, Joachim d'Estaing, évêque de Clermont, voulut réformer cet usage, mais un arrêt de 1639 maintint les religieuses dans leur possession. Cette ville avait autrefois un hôpital et un monastère de religieux Minimes. Elle a eu le mérite, au xive siècle, de donner un évêque à Sisteron ; il s'appelait Robert Dufour.

Après avoir jeté un dernier regard sur la Dore qui roule ses flots jaunâtres sous le pont, nous allâmes à la Barge, située aux pieds d'un riche vignoble baigné par la rivière. Ce château avait jadis donné son nom à une ancienne famille qui se confondit avec celle des Montgon, passa dans la suite par alliance dans celle de Montmorin, puis à celle de Montmorin de Seymier, enfin à celle de Montmorin de Saint-Hérem qui possédait la terre de Vollore. M. le comte d'Aurelle, aide-de-camp du général qui commande la division de Clermont, en est maintenant le propriétaire.

Au sortir de la Barge nous suivîmes un chemin montueux qu'on croit être l'ancienne voie romaine qui allait de Feurs à Clermont, en passant par Vollore. Après avoir traversé une belle plaine parsemée de riches moissons et de bois taillis, nous gravîmes une côte très-difficile, au sommet de laquelle est bâtie Vollore, sur les dernières rampes du *grun de Chignore* qui forme l'extrémité des soubassements des montagnes du Forez. Entourée jadis de remparts dont il subsiste encore des ruines, cette ville dut être, entre *Augusto-Nemetum* et *Forum-Segustavorum*, une position d'une certaine importance. On prétend que sous les Mérovingiens elle avait un atelier de monnaie. Selon quelques auteurs, elle était connue dès les premiers temps de la monarchie sous le nom de *Volovotrum*, dont parle Grégoire de Tours. L'an 532, le château fut assiégé par Thierry sur Childebert qui s'était emparé de l'Auvergne. Les ennemis désespérant de prendre une place aussi forte et si bien défendue, se disposaient à lever le siége, les assiégés le crurent et se relâchèrent de leur vigilance ordinaire. Mais Thierry s'en étant aperçu, fit doubler les postes pendant la nuit et ordonna l'assaut. Les assiégés surpris se défendirent vaillamment et se réfugièrent en partie dans l'église. Les vainqueurs s'emparèrent de la citadelle, passèrent les défenseurs par les armes et massacrèrent même ceux des habitants qui avaient cherché un asile dans la maison de Dieu. Au nombre des victimes se trouvait le prêtre Probus, qui fut tué sur les marches de l'autel. Ceux qui survécurent furent faits prisonniers et durent suivre les nombreux chariots qui conduisirent à Metz les riches dépouilles de l'Auvergne.

Dans la partie de la ville qui forme le bourg ancien, se trouve la moitié d'un château flanqué de tourelles démantelées. C'était une seigneurie qui passa de la maison d'Auvergne dans celle de Thiers, qui en était une branche au XIIIe siècle. Louis de Thiers possédait les terres de Vollore et de Montguerlhe; ensuite Pierre de Besse de Bellefaye ayant épousé la dernière et l'unique héritière de la maison de Thiers, ces deux châteaux confondirent leur nom avec celui de sa famille; de là, ces terres passèrent successivement dans la maison de Chazeron et de Montmorin Saint-Hérem. Mais, ajoute un des rédacteurs des *Annales d'Auvergne*, « Il paraît que bour-
» geois et châtelains n'ont pas toujours sommeillé
» sur leur escarpement ; les cultivateurs rencon-
» trent souvent, au bas de la côte, de petits bou-
» lets, dont leurs enfants s'amusent. »

En quittant Vollore par la rue de la Chaussade, on rencontrait autrefois, au bout de cent pas, une colonne en granit sur laquelle était gravée une inscription latine en l'honneur de l'empereur Claude. Cette colonne avait dû être érigée en 43 de notre ère, sous le troisième consulat de Claude, lorsqu'il revint de son expédition en Bretagne. Elle marquait *trente-un mille pas* de Vollore à *Augusto-Nemetum*. D'un autre côté, elle était située sur la limite des Arvernes et des Ségusiens, limite qui fut maintenue (comme le fait remarquer le savant publiciste que nous avons déjà cité), lors de la division de la Gaule par Auguste; le territoire de Chignore a fait partie, jusqu'en 1601, de la justice du Forez. La colonne pouvait, dès lors, remplir à la fois le double rôle de milliaire et de borne limitante entre l'Aquitaine et la Lyonnaise (1).

Après avoir visité l'église actuelle de Vollore, qui était jadis celle du prieuré de Saint-Maurice, dépendant de Sauviat, et salué la montagne de Chignore, qui cachait ses trois dômes dans la région des nuages, nous nous dirigeâmes sur un coteau couvert de maisons, de vergers et de vignes, au milieu duquel s'élevait une vaste exploitation rurale : c'était l'habitation de l'honorable famille des Dunaud qui, depuis des siècles, vivent en communauté, sous un chef électif, à l'instar des anciens clans d'Ecosse, et ont toujours conservé les vieilles traditions d'hospitalité, d'honneur et de bienfaisance (2).

---

(1) M. Mathieu, Ann. de l'Auv., t. XXIX.
(2) Il existait naguère, dans les environs de Vollore, plusieurs communautés de laboureurs : c'étaient les Bourgade, les Beaujeu, les Chassaigne, les Chastel, les Planat, etc.

Nous descendîmes ensuite un ravin profond où mugit le ruisseau d'Aubusson, comme un torrent impétueux, encaissé entre deux collines très-escarpées, et nous vinmes nous heurter aux ruines imposantes d'un vieux château qui a donné son nom au village et au cours d'eau. C'était une seigneurie qui appartenait, aux XIVe et XVe siècles, à la maison de Montboissier; puis, par alliance, à celle de La Fin; ensuite, à celle de Montgon; enfin, à celle de Sampini qui la vendit à M. de Chazerat, premier président de la cour des aides de Clermont, quelques années avant nos troubles révolutionnaires.

Le site d'Aubusson est pittoresque et présente une nature sauvage et animée. D'un côté, se dresse une montagne hérissée de rochers blanchis de lichens, qui se cachent sous le feuillage des châtaigniers; de l'autre, s'élève un coteau planté de vignes, de cerisiers et de pommiers : dans la vallée, de superbes prairies; le village lui-même est jeté à cheval sur le torrent qui fait mouvoir des moulins à patouille et des foulons gaulois.

Lorsqu'on quitte Aubusson, on prend un chemin de traverse qui conduit à la jolie bourgade d'Augerolles, montrant de loin, dans la plaine, la hauteur de son clocher. L'église est une des plus belles de l'Auvergne : le chœur a dû faire partie d'une ancienne église romane; mais le reste est moderne et d'un style ogival fleuri. Nous y remarquâmes de curieuses boiseries qu'on dit être très-anciennes. C'était autrefois un prieuré clunisien qui possédait de belles terres et de riches vergers.

Augerolles se divisait jadis en quatre quartiers : Augerolles, Frédeville, Aubusson et la Montagne. Frédeville n'est plus qu'un pauvre village de la paroisse d'Olmet; Aubusson a pour église l'ancienne chapelle du château, et le quartier de la Montagne a formé la paroisse de la Renaudie.

A une époque où le relâchement des mœurs s'était introduit dans les corporations religieuses par suite de l'abandon de la discipline, souvent du manque de vocation et quelquefois du désœuvrement d'une vie inoccupée, les évêques de Clermont demandèrent la suppression et la réunion de plusieurs couvents et prieurés. Massillon, en frappant quelques maisons religieuses, en avait utilisé les bâtiments en y substituant des écoles ou des hôpitaux. Mgr de la Garlaye, s'inspirant de la pensée de son illustre prédécesseur envoya, en 1767, un triple mémoire détaillé à M. de Ballainvilliers, intendant d'Auvergne; à M. de Jarente, ministre des affaires ecclésiastiques, et à l'archevêque de Rheims, président de la commission du clergé. Il sollicitait des réformes et des suppressions; car ces religieux, écrivait-il, « n'étaient point
» approuvés de l'ordinaire, ne rendaient aucun se-
» cours au ministère, faisaient fort mal ou ne faisaient
» point l'office divin, laissaient dégrader leurs bâti-
» ments, étaient continuellement en discussion avec
» les curés au sujet de la juridiction, avec les vicaires
» perpétuels au sujet de la portion congrue. » Puis il ajoutait : « Le soulagement des pauvres et le bien
» public semblent être préférables à l'existence des
» gens inutiles, et par eux-mêmes réclamer les
» biens que la charité des fidèles a autrefois donnés
» à ces religieux qui ne rendent aucun secours ni
» à l'église, ni à la société (1). »

Mgr de la Garlaye ne vit pas s'effectuer toutes les réformes qu'il avait projetées. Le clergé séculier

---

(1) Pièces relatives à l'hist. eccl. de l'Auv. S. B., Clerm., n° 5698. Coll. par M. Gonod.

n'avait cessé, de son côté, d'exprimer le même vœu dans ses réunions qui avaient lieu tous les cinq ans ; les notables, ces pâles et obscurs devanciers des constituants, avaient aussi émis le même désir. Alors Pie VI, par un bref de 1782, supprima l'abbaye de Thiers, le couvent des capucins de Vichy, réunit le prieuré de Sauxillanges à l'abbaye de Blesle, et en 1788 celui d'Augerolles aux religieuses de Courpière.

On touchait alors à une époque qui allait tout engloutir et tout refaire, tout démolir et tout reconstruire dans la société. Augerolles ne perdit pas sa belle église, mais son clocher à flèche, ses cloches, ses ornements et ses vases sacrés furent pillés et anéantis. Les terroristes avaient des affidés et des émissaires jusque dans les hameaux les plus reculés. Un maréchal d'Augerolles abattit le clocher, s'appropria les cercles de fer qui reliaient et consolidaient la tour, et vendit les cloches après les avoir mises en pièces: Il avait été assisté dans son œuvre de destruction par un menuisier du village du Clef, dans le quartier de la Montagne. De nos jours, le clocher a été restauré et orné d'une belle sonnerie, grâce aux soins des dignes curés qui se sont succédé dans cette paroisse, et à la bienveillante et protectrice administration municipale de M. de Provenchère.

Au sortir d'Augerolles, nous suivions la route de la montagne qui va de Courpière à Noirétable, lorsque nous rencontrâmes à notre droite, à quelque distance du chemin, un vieux manoir couvert de lierre et flanqué au sommet d'un désert qui se drapait d'une forêt de hêtres. Avant d'y arriver, on gravit une gorge profonde au fond de laquelle coule un fort ruisseau dont les ondes impétueuses se jettent dans la Dore. Au sommet se dresse le château de la Faye qui doit peut-être sa dénomination à la forêt de hêtres qui l'environne (1). Il appartenait jadis à une ancienne maison issue de la famille de Bouillé (2) qui existait au xive siècle. Cette maison prit le nom de l'Hermite de la Faye, à cause sans doute de la situation du château qui ressemble à un ermitage, au milieu de l'horreur d'un désert, du silence des bois et du bruit prolongé, vague, mélancolique, du torrent qui baigne le pied de ce vieux castel.

En 1413, l'Hermite de la Faye, noble chevalier, était chambellan de Charles VI et sénéchal de Nimes et de Beaucaire.

Un. l'Hermite de la Faye fut du nombre de six nobles députés de la Basse-Auvergne pour la rédaction de la *Coutume*, cet ancien recueil de lois basées sur les *us et coutumes* des anciennes provinces.

La terre de la Faye passa ensuite à Jacques Duplessis, président du parlement de Paris, et qui, par ce motif, se fit appeler Faye-Duplessis en 1570. Le 12 février 1576, il épousa Françoise de Chalvet. Charles Duplessis, leur fils, conseiller d'Etat, garda cette terre jusqu'à sa mort qui eut lieu en 1638. Ses descendants la vendirent ensuite, quelques années avant la révolution, au grand-père de MM. de Provenchère qui la possèdent aujourd'hui, et qui ont laissé le château dans son état primitif (3).

Après avoir salué d'un dernier regard le vieux manoir de la Faye, sa forêt de hêtres touffus et

---

(1) Dans ces montagnes on nomme fayards les hêtres, et faye une forêt de fayards.

(2) Le comte de Bouillé, lieutenant-général des armées du roi, gouverneur des îles d'Amérique, se distingua dans la guerre contre les Anglais, à l'époque de l'indépendance des Etats-Unis.

(3) Baluze, t. 2. — Chab., t. 4.

son ravin effrayant où mugissait le torrent, nous arrivâmes au Trévy, modeste hameau jeté sur la croupe d'une vaste montagne dénudée, comme un jalon de secours pour le voyageur attardé ou perdu dans la saison des neiges. Nous avions pris à Clermont des lettres de recommandation auprès de quelques familles de ces montagnes qui font le commerce des bois de construction et de planches de sapins. Au Trévy, nous prîmes donc un guide pour nous conduire à Rossias, dans la commune de Vollore-Montagne, où nous voulions arriver avant la chute du jour.

Le chemin qui conduit du Trévy à Rossias est très-mauvais, mais il présente tant d'accidents divers en sinuosités, en perspectives, en ombrage et en isolement, qu'il fait oublier la fatigue et le cahot du cheval.

Après deux heures de route que nous fîmes lentement, nous arrivâmes à l'extrémité d'une prairie vaste et légèrement inclinée qu'arrosait un petit ruisseau aux eaux fraîches et limpides comme le cristal. Nous passâmes sous une scierie de planches dont les piles encombraient les abords. Le village de Rossias se découvrait déjà à la cime de la prairie, et une maison blanche se présentait sur le premier plan. « C'est là, nous dit notre guide, l'habitation » des hôtes que vous cherchez. » La nuit s'approchait : nous voyions le soleil disparaître insensiblement derrière les monts du puy de Dôme, en éclairant de ses derniers rayons ce paysage d'une teinte rougeâtre qui lui donnait quelque chose d'oriental. Nous fîmes halte un instant pour contempler le site de ce village noyé dans les arbres, encadré au milieu des champs, des prés, des montagnes qui ferment l'horizon au nord, et des bois de sapins qui s'élèvent au levant, à une distance très-rapprochée. Ce paysage eût été digne de la plume de Virgile, ce chantre immortel de la nature, ou des pinceaux de Paul Lorrain, qui a si bien traduit sur la toile la vie des champs.

Tout remplis des émotions de cette perspective agreste, nous arrivâmes à la maison R***. Nous présentâmes notre lettre au chef de la famille qui vint nous recevoir. Au seul nom de M. de ***, il se découvrit, prit une figure riante et nous dit du ton le plus gracieux : « Messieurs, soyez les bienvenus! » Aussitôt il donna des ordres pour remiser nos chevaux et nous fit entrer au foyer domestique. Toute sa famille qui était nombreuse était rentrée des champs et prenait en commun un repas frugal. A notre vue tout le monde s'était levé, mais sur nos instances chacun reprit sa place. La maîtresse de la maison prit un flambeau et nous fit entrer dans un appartement voisin de la cuisine, qui servait de lieu de réception pour les réunions de famille ou la visite des étrangers. Le maître nous y accompagna lui-même et nous fit asseoir à ses côtés. Il s'excusa de n'avoir pas été prévenu de notre arrivée, et nous dit avec le sourire sur les lèvres : « Si vous n'avez pas bon couvert, vous aurez du » moins bon gîte. » Nous ne tenions pas au couvert, mais nous avions besoin d'un gîte pour la nuit, attardés que nous étions dans ces montagnes inconnues. L'hospitalité franche et cordiale que nous recevions, il faut le dire, était en harmonie avec la modestie simple et patriarcale du maître de la maison. C'était un beau vieillard dont les cheveux blancs retombaient en flocons de neige sur les épaules, digne, simple et encore vigoureux, qui nous questionna beaucoup sur le motif de notre voyage.

7.

Il encouragea chacune de nos réponses et nous donna lui-même des renseignements si précis sur le couvent de l'Hermitage, situé dans les bois voisins, que nous résolûmes de faire sa connaissance le lendemain de notre arrivée. Par son grand âge il appartenait à deux siècles ; il avait traversé les mauvais jours de la révolution dont il ne parlait qu'en frémissant. C'était un de ces chrétiens d'antique roche qui conservent, loin du fracas et du bruit des villes, les vieilles traditions populaires, les légendes pieuses et les souvenirs des choses célestes qu'ont semées sur leurs traces les hommes de Dieu. Sa nombreuse famille se composait de plusieurs branches qui vivaient en commun, et dont il était regardé comme le père et le patriarche... Elle avait plus de trois cents ans d'existence et tenait sa souche d'un R*** qui sortit du lieu de La Jalérie et entra gendre dans la famille des Rossias, dont le village avait pris le nom... Les mariages se faisaient ordinairement entre cousins issus de germains, et le plus souvent entre cousins-germains. Cette maison, pendant cette longue période, a bien fait des alliances étrangères avec les familles les plus importantes de ces montagnes, mais c'était seulement des héritières qu'elle allait chercher ailleurs, sans jamais briser la filiation qui a conservé sa généalogie intacte. Aussi, comme le patrimoine héréditaire restait toujours dans la maison, les familles de ce genre n'ont jamais éprouvé ces divisions, ces partages qui les appauvrissent et les font même disparaître. Les humbles existences qui s'allumaient et s'éteignaient dans cette vie de communauté qu'on trouvait jadis fréquemment sur ces montagnes, restaient à l'état latent. Ces hommes simples et bons, ntelligents et honnêtes, vivaient paisibles au milieu de leurs champs sans revêtir la toge virile et l'armure du combat. Les fils faisaient ce que faisaient les pères, pensaient ce que les pères avaient pensé, aimaient ce qu'avaient aimé les pères. Le travail gagnait le pain de l'année : le dimanche on se reposait, on priait. Les anciens exerçaient une espèce de sacerdoce au sein de la famille ; et, la nuit venue, chacun répondait à la prière faite à haute voix par la maîtresse de la maison. Ces antiques familles, qui tendent à disparaître aujourd'hui sous l'empire des ambitions et de l'égalité des droits patrimoniaux, sous la sape de l'égoïsme et des partages, sont toujours fières de leur passé. Pour former leurs blasons, elles ne vont pas additionner les morts et asseoir leurs titres sur la poussière des tombeaux, elles les trouvent dans la noblesse de leur foi et de leur honneur. Par intervalle, quelques membres se consacraient à l'état religieux ; et il n'était pas rare qu'une même famille en eût jusqu'à deux et quelquefois trois, dans les ordres sacrés. Ils puisaient avec le lait maternel, au sein de leur famille, ces vertus qui enfantent le sacrifice et le dévouement du représentant de Dieu sur la terre. Dès leur jeunesse, ils avaient appris cette sollicitude chrétienne qui n'a pas seulement en vue le salut individuel des âmes, mais encore les misères de la société, par l'exemple des leçons de charité et de piété qu'ils ont sans cesse sous les yeux. Le contact journalier de ces nobles familles d'Auvergne avec les souffrances du pauvre, avec les misères de l'humanité, donnent à l'âme une trempe plus solide et plus ferme que toutes les belles théories des humanitaires des villes policées.

Le lendemain nous fûmes sur pied de bonne heure. Notre digne hôte qui nous avait si bien accueillis la veille, nous offrit un guide pour l'Hermitage, dans la personne d'un de ses anciens serviteurs qui avait la connaissance parfaite des lieux. Comme il nous engagea à le garder toute la journée, nous acceptâmes avec reconnaissance une offre aussi généreuse, et nous renvoyâmes celui que nous avions pris au Trévy.

Jasmin avait eu soin de tenir prêtes nos montures. Nous étions descendus de notre chambre pour prendre congé de notre hôte et le remercier de notre couchée. Nous le trouvâmes devant le seuil de la maison qui distribuait ses ordres aux divers membres de la famille, les uns aux champs, les autres aux prés, d'autres aux bois ou bien aux divers services d'une grande exploitation. En voyant que nous étions disposés à partir il nous arrêta vivement : « Vous ignorez, dit-il, que lorsqu'on couche à » Rossias on y déjeûne? Vous ne partirez pas en-» core... » Nous eûmes beau lui présenter nos excuses, bon gré mal gré, il nous fit entrer dans l'appartement où nous avions été accueillis la veille avec tant de cordialité. Nous fûmes si surpris du déjeûner confortable qui nous attendait, que nous ne pûmes nous empêcher d'en témoigner notre impression. « Ah! cette fois, ajouta l'honorable vieil-» lard, notre Michon n'a pas été prise d'assaut » comme vous l'aviez fait hier soir. Aujourd'hui » elle s'est mise en mesure de vous régaler de sa » façon. Car, voyez-vous, vous avez besoin de bien » vous lester avant de partir pour l'Hermitage; vous » n'y trouverez que des airelles, des framboises et » de l'eau claire... »

Ce digne vieillard était petit de taille, mais sa noble figure et ses yeux brillants avaient pris une expression qui le grandit encore dans notre estime et notre admiration. Par déférence, il avait retenu les principaux membres de sa maison pour nous tenir compagnie. Nous n'avions jamais vu une réunion de famille présidée par un seul maître qui avait plutôt l'air d'un patriarche au milieu de ses enfants ou d'un roi au milieu de son peuple. La paix et la concorde, assises au foyer domestique, s'unissaient aux convenances et à l'empressement envers des convives qu'il aimait à recevoir. Sous le costume du laboureur on découvrait cette franchise, cette grandeur d'âme qui fait le mérite des cœurs bien nés. C'est qu'en effet il y avait plus de noblesse de cœur chez notre hôte que dans les fades manières des gens du monde, où l'étiquette cache souvent l'égoïsme et la fausseté.

Nous l'avons vu ce noble vieillard, et le souvenir ne s'effacera jamais de notre mémoire, causer des choses du ciel, comme Jacob au milieu de ses enfants, ne s'occuper des intérêts matériels que pour le soutien de la vie qu'il regardait comme une transition, comme un pèlerinage sur la terre. Nous l'avons entendu dire que le travail était la condition de l'homme ; que Jésus-Christ l'ayant sanctifié de ses mains, personne ne pouvait en rougir, et devait se trouver fier d'avoir avec lui cette ressemblance ; car, ajoutait-il, « le jour où Jésus cessa de gagner son » pain à la sueur de son front, ce fut pour gagner » les hommes à la sueur de son sang. »

Le déjeûner fini, nous saluâmes notre hôte et son intéressante famille. Nous n'oubliâmes pas de complimenter la maîtresse qui avait improvisé une réfection si bien assortie et si inattendue. Cette personne était jeune ; malgré son âge, sa haute intelligence et ses mérites lui avaient valu la direction de l'intérieur de la maison qu'elle gouvernait avec une sagesse, une aménité bienveillante qui lui attiraient le respect, l'estime et les sympathies des autres membres. Elle s'excusa beaucoup de nos éloges. Il faut le dire, son talent, son aisance, ses manières nobles et gracieuses étaient dignes de sa modestie : elle convenait à la tête d'une famille qui était l'image de celles qu'on ne retrouve que dans les souvenirs bibliques. Digne et chère enfant des montagnes, qui vis ignorée au sein de tes forêts et de tes bruyères, comme l'humble violette de tes bois ou la fleur de tes champs, reçois ici l'hommage de nos vives sympathies et de notre touchant souvenir! Que tes modestes vertus éclairent toujours le sentier de ta jeune existence! Que Dieu protége longtemps tes années et celles de ton honorable famille!

CHAPITRE X.

Limites du Puy-de-Dôme et de la Loire. — Forêts de sapins. — — Vallon de l'Hermitage. — Couvent de l'Hermitage. — Rocher de Pérotine. — Légende. — Notre-Dame de l'Hermitage. — La prairie et l'orage. — Le village du Reculon. — Les moulins à scie du Goth. — La forêt et le plateau de Lholade. — Monuments druidiques. — Origine, lois, usages, mythologie, sacrifices des druides. — Fées. — Camp républicain de 1793. — Aspect des montagnes du Forez et de l'Auvergne. — Mœurs, coutumes, usages des habitants. — Une ancienne famille.

Nous allions faire un pas de plus dans le domaine des légendes, dans les souvenirs du passé. Les traditions de l'Hermitage sont encore si vivaces au milieu de ces montagnes qu'il nous fut facile de compléter nos recherches.

Le sentier que nous suivîmes en sortant du village de Rossias, était à peine tracé le long de la montagne que nous avions à gravir. Après une heure et quart d'une montée fatigante, nous arrivâmes sur un glacis. Nous avions rencontré en passant quelques hameaux chétifs qui se cachaient dans les plis du terrain. Cette montagne est dépouillée de bois, hérissée partout de rochers épars qui annoncent la pauvreté et la tristesse, comme ses mélancoliques bruyères dont elle est tapissée du côté de l'Auvergne. A son sommet elle s'arrondit en deux pentes contraires, l'une du côté de la Loire, l'autre du côté du Puy-de-Dôme. Du glacis où nous étions parvenus, s'étendait une esplanade bordée de rochers et de bois de sapins, au centre de laquelle s'élevait un monolithe de granit entouré d'un gazon soyeux : nous y lûmes les noms du Puy-de-Dôme et de la Loire, dont il faisait les limites départementales.

Nous entrâmes ensuite dans un bois de sapins. Quelques-uns semblaient s'élever au-dessus des autres pour jouir de la lumière, élevant dans les airs leurs cimes verdoyantes, comme un symbole d'immortalité. D'autres avaient le tronc droit, élancé et garni de branches chenues qui abaissaient leurs extrémités sous le poids des cônes dont le soleil ouvrait les écailles et dont le vent dispersait les graines ; les inférieures desséchées adhéraient encore aux arbres par l'extrémité de leurs tronçons concassés ; leurs racines tortueuses formaient à la surface du sol un réseau captieux qui embarrassait les pas de nos chevaux.

Nous venions d'entrer dans le département de la Loire, qui s'est agrandi d'une partie de ces montagnes lors de la création des départements que décréta la Convention. Après vingt minutes environ de descente, nous fûmes surpris de nous trouver à l'extrémité d'une immense clairière. Les branches des arbres nous en avaient dérobé la vue jusqu'au moment où nous débouchâmes à l'un des angles de cette terre que les bois encadraient de tous côtés : c'était le vallon de l'Hermitage. Les ruines d'une église et une ferme de peu d'élévation se noyaient dans les herbes hautes de cette solitude. Une large prairie, ombragée par des arbres séculaires, descendait mollement vers le fond de la vallée, comme une cascade de foin vert ondé sur sa tige par le vent, et allait se perdre dans la masse des arbres.

Nous laissâmes les ruines de l'église à droite pour

arriver à la maison de l'Hermitage. Un pauvre fermier qui nous reçut en faisait sa demeure : c'est un parallélogramme entouré d'une cour et de quelques hangars qui tombaient en ruines. Le corps de ce bâtiment se composait d'une chapelle, d'une salle d'exercices religieux, du réfectoire, des cellules des pères, de la lingerie et de la bibliothèque. Les murs balafrés, les salles dégradées, les parquets disloqués et les croisées veuves de leurs glaces attestaient les ravages du temps et les outrages des hommes. Dans l'une des pièces du rez-de-chaussée, nous remarquâmes des boiseries, un parquet et une cheminée en marbre dans un assez bon état de conservation, grâce aux voûtes solides qui les avaient protégés. La charpente de la toiture était une des curiosités qu'on aime à voir : elle avait résisté aux vents, aux frimas et à toutes les intempéries d'un climat glacial. Vers la façade du midi s'ouvrait une porte cochère qui donnait sur un carré de légumes appartenant au gardien : c'était autrefois le jardin des Pères. A l'extrémité de ce jardin, près de l'angle gauche de la maison, s'élève un rocher du nom de Pérotine, au-dessus d'un précipice. Quelques arbres résineux avaient jeté et ancré leurs racines dans les interstices de cette masse de pierres : leurs sommets pyramidaux viennent fouetter les flancs du rocher quand le vent les agite.

Les pères de l'Hermitage avaient fait creuser un escalier à hélice qui conduisait au sommet du rocher de Pérotine : nous eûmes le plaisir de faire cette ascension qui nous procura la plus belle perspective qu'on puisse voir. A nos pieds, au fond de la montagne, nous apercevions la petite et gracieuse ville de Noirétable traversée par la route de Thiers à Montbrison; plus loin, sur la gauche, s'élevait une butte couronnée par la bourgade de Servières qui avait porté le titre de ville au moyen-âge; devant nous, s'étendaient les plaines du Forez, parsemées de riants villages et de hameaux, qui allaient se perdre dans l'horizon.

L'Hermitage est situé sous un ciel de fer où ne germe aucune graine céréale. Avant la révolution, il servait de maison de campagne aux missionnaires de La Chasse que Massillon avait établis dans le faubourg de Fontgiève. Les gens du pays lui avaient donné le nom de *Couvent de Pérotine* qu'il conserve encore. Mais cette habitation est antérieure à l'épiscopat de l'illustre évêque de Clermont : sa légende offre trop d'intérêt pour que nous la passions sous silence.

A une époque où il n'était pas rare de voir grand nombre d'âmes quitter le monde pour se consacrer à la vie contemplative et pénitente, par le désir de rapprocher la vie humaine de la perfection divine, un homme illustre par sa naissance, sa vie licencieuse et ses crimes, vint chasser dans ce désert : c'était, dit-on, un chevalier au service du seigneur Thomas d'Urfé, gouverneur du Forez, dont le château n'était qu'à quelques lieues de l'Hermitage. Ce chevalier avait assassiné son maître : le crime commis vers les dernières années du xvie siècle ou au commencement du xviie (car la date est incertaine), resta caché à la justice humaine (1). Mais Dieu qui ne laisse jamais le forfait impuni, poursuivit le coupable par le remords. Ce gentilhomme, comme Caïn, devint errant et vagabond. Il chercha dans le jeu, la chasse et les voyages, des distractions qui pussent

---

(1) Ans., t. 8, p. 500. — Cout. d'Auv., t. 4, p. 237. — Hist. du Forez, t. 6. — Tradit. oral.

lui faire oublier son crime (1). Mais rien ne pouvait le soulager : le fantôme de Thomas d'Urfé le poursuivait sans cesse. Plusieurs fois peut-être il avait eu la pensée d'en finir avec la vie, lorsqu'un jour il s'égara dans les forêts de sapins qui limitent le Forez et l'Auvergne, entre Noirétable, Vollore-Montagne et la Chambonnie. Pressé par la soif, il alla se désaltérer à une fontaine qui sourdait au milieu d'une clairière, sous un sapin touffu. La chaleur du jour et la fatigue l'invitèrent sans doute à s'asseoir au pied de l'arbre ; un instant il oublie ses armes et sa meute : il laisse tomber sa tête dans ses mains. Le silence de ce désert, l'horreur de cette solitude, le souvenir de son crime impriment à son âme une commotion étrange, vive et profonde ; c'est un éclair qui sillonne son âme agitée. Au milieu de son trouble il lui semble entendre une voix inconnue qui s'échappe d'un nuage brillant dont il se sent environné : la sainte Vierge venait de lui apparaître. Il veut s'incliner devant sa noble Dame qui le presse de mettre ordre à sa conscience, d'aller se jeter aux genoux du prieur de Noirétable pour obtenir l'absolution de son forfait et de se retirer dans ce désert pour y faire pénitence ; mais il tombe anéanti (2). Une grande révolution venait de s'opé-

(1) Thomas d'Urfé étant mort sans postérité, par un assassinat, dans son château, la terre d'Urfé devint la propriété de sa sœur Isabeau, qui abandonna ce château maudit, déjà trop célèbre, deux cents ans auparavant, par l'affreux massacre que les domestiques, les pages et les gentilshommes avaient fait de leurs maîtres. — Dul., Descr. du Forez. — Ans., t. 8. — Cout. d'Auv., t. 4. — Le Rom. d'Astrée. — Trad. orale.

(2) La tradition raconte que la sainte Vierge, avant de quitter le chevalier, imprima son pied dans le roc de la Rochette, qui domine les bois de l'Hermitage, pour lui indiquer que c'était là qu'il fallait fixer son séjour. — Nous avons vu en effet le pied d'une femme moulé au sommet de cette roche granitique.

rer en lui : il pouvait désormais espérer son pardon par une austère pénitence.

Dès ce moment son projet fut arrêté : il descend au fond de cette clairière ; il y trouve une grotte sous un énorme rocher de granit. Deux jeunes chèvres sauvages, que ses chiens mettent en fuite, en avaient fait leur retraite : ce fut là qu'il résolut de vivre désormais seul et sans témoins. Il quitte momentanément ce désert pour régler ses affaires ; puis il y revient pour en faire son séjour. Quelques branches de sapins recouvertes de terre et de mousse le protégent contre l'intempérie des frimas ; un petit carré de terre qu'il défricha près du rocher lui donna quelques racines et quelques plantes légumineuses. Sa couche se composait de feuilles sèches et de fougères. Sa vie s'écoula entre la prière, la méditation de la justice et de la miséricorde divine, et la culture de son petit jardin.

Dès ce moment le rocher prit le nom de *Pérotine* et l'oratoire du pénitent celui d'*Hermitage* (1), noms que les pèlerins et la tradition lui ont conservé. Sous l'épiscopat de Gilbert d'Arbouze, évêque de Clermont, et possesseur de la forêt de sapins qui s'élève derrière l'Hermitage, on construisit la maison actuelle et on grava sur le rocher de Pérotine cette modeste inscription : *speculum pœnitentiæ* (miroir de pénitence), avec la date de 1664.

L'Hermitage resta longtemps la propriété des évêques de Clermont qui fondèrent une église sous l'invocable de Notre-Dame de l'Hermitage, en souvenir de la conversion miraculeuse de l'ermite. Ils

---

(1) Pérotine vient du gaëlique *pierr-o-tines* (pierre aux chèvres). Dans le patois de ces montagnes la désinence *tine* signifie une jeune chèvre.

créèrent une prairie et fondèrent une ferme qui subsiste encore.

Sous Massillon, l'Hermitage acquit un nouveau lustre. Ce prélat donna cette solitude avec toutes ses dépendances aux missionnaires diocésains qu'il avait établis dans sa ville épiscopale. Ces montagnes faisaient alors partie du territoire auvergnat. Les missionnaires embellirent l'Hermitage; ils élevèrent une petite chapelle au-dessus de la fontaine miraculeuse où l'ermite avait trouvé sa conversion, placèrent une statue de saint Jean-Baptiste sur la première aiguille du rocher de Pérotine, fondèrent un oratoire rustique dédié à saint Antoine, au milieu de l'allée de sapins qui conduisait du couvent à l'église de Notre-Dame, éloignée d'un kilomètre, dans la direction du nord.

Pendant longtemps l'Hermitage fut un pèlerinage très-fréquenté : on y accourait de bien loin pour invoquer le secours de la sainte Vierge et puiser de l'eau à la fontaine qui lui était consacrée. L'église était en style gothique et d'une seule nef. Une partie du chœur, quelques croisées et le portail existent encore, mais tendent tous les jours à disparaître sous la puissance destructive des climats et des hivers.

De tous ces pieux souvenirs il ne reste que la maison de l'Hermitage, qui elle-même menace ruines : tous les autres ont disparu sous le pillage et le ravage des révolutionnaires de 93. Ces derniers, qui croyaient décapiter Dieu lui-même dans la personne de ses ministres, proscrivirent les missionnaires, portèrent l'incendie et la dévastation jusque dans les lieux les plus reculés.

L'Hermitage à son tour fut pillé et livré aux outrages des hommes et du temps. L'autel et l'image de Notre-Dame furent sauvés par les soins d'une famille de ces montagnes, où la foi et la piété sont traditionnelles. Ces objets vénérés restèrent cachés sous une masse de foin, dans la grange de Rochefolle, une des fermes de cette famille, jusqu'au moment où Bonaparte ouvrit les églises et rendit au culte ses solennités par le Concordat de 1802. L'Hermitage néanmoins resta désert et dépouillé de ses saintes images, mais l'autel et la statue de Notre-Dame furent placés dans une église que la même famille fit construire à ses frais près de son patrimoine, sur le communal de Charagnoux : c'était celle de la Renaudie qui a été incendiée en octobre 1844. Tout a disparu dans cet incendie, et l'autel et l'image de Notre-Dame de l'Hermitage. Les révolutionnaires les avaient respectés, une pieuse famille les avait recueillis comme Obédédon avait fait de l'arche sainte, la torche incendiaire de quelques malfaiteurs restés impunis les a détruits (1).

Après la révolution, les bois de l'Hermitage devinrent propriété nationale et furent vendus. Depuis cette époque la maison des missionnaires éprouva peu à peu toutes les vicissitudes de l'abandon et de l'isolement. En quittant ce désert si bien fait pour la vie du silence, de la retraite et de la prière, le cœur devient gros de soupirs, l'âme de mélancolie

---

(1) L'autel de l'Hermitage était en chêne, doré et peint en marbre de couleur. Il était composé de quatre colonnes corinthiennes, canelées, avec chapiteaux et fronton artistement ciselés. Au-dessus du tabernacle était une niche rentrante, où était placée l'image dorée de Notre-Dame. Deux autres statues garnissaient les niches latérales : l'une représentait un *Ecce homo*, et l'autre un *saint Pierre*, richement sculptés; un beau Christ en ivoire surmontait le tabernacle. Tout l'ensemble de cet autel était regardé comme un objet d'art par les connaisseurs. (Communiqué par M. C., ancien curé de la R.)

et je ne sais quoi de pénible s'empare des sens et les remplit de tristesse. Après le jardin du couvent et le troupeau de vaches qui erraient sur la lisière des bois, l'Hermitage n'a plus que les animaux sauvages et les oiseaux de proie pour témoins de ses vicissitudes et de sa désolation. L'oiseau des nuits avait établi sa demeure sur les ruines des murailles de l'église : ses cris sinistres avaient seuls remplacé les chants de Sion dans le parvis du temple du Seigneur. La gloire de l'Hermitage s'est éclipsée sous les derniers pas des missionnaires qui le quittèrent en 92. Qu'est devenu ce temps où les vénérables pères Gachon et Marcland animaient cette solitude de leur parole, de leurs prières et de leurs vertus? Leur souvenir vit encore ; mais quelle sera la main pieuse qui viendra relever ce que la main des hommes a renversé et renouer la chaîne de ce saint pèlerinage que le temps a brisée (1) !

Pour nous arracher à ces réflexions que nous avaient inspirées les ruines de l'Hermitage, nous parcourûmes la rampe de la prairie qui borde la lisière des bois. C'était l'heure où cette solitude n'avait pour hôte que le troupeau de vaches du fermier. Quoique la végétation fût tardive sous ce climat norvégien où le printemps est inconnu, elle n'était pas moins belle et moins vigoureuse. Jamais nos regards n'avaient été frappés d'un parterre formé par la nature, aussi riche en variété de

(1) Deux essais récents de restauration de l'Hermitage ont eu lieu: le premier, par des hommes sans aveu, venus de je ne sais où ; le second, par un nommé Lamartine. Ce dernier avait sans doute de bonnes intentions et acheta cette propriété de M. Charbonnier de Noirétable. Il prit l'habit des Franciscains qui envoyèrent un supérieur; mais la mésintelligence les força à une séparation : dès lors l'Hermitage est redevenu désert.

plantes et de fleurs. Des scabieuses, des grappes de campanules bleues, des œillets sauvages aux corolles carminées, des touffes de marguerites sauvages aux pétales lactés, des milliers de plantes dont la tige soutenait les panicules mobiles agitées par le vent, formaient le plus gracieux tapis de verdure. Quelques papillons voltigeaient et butinaient sur les fleurs: c'étaient le satyre des montagnes aux ailes noires et veloutées, le vulcain planant dans les airs, l'argine qui étalait ses ailes fauves mouchetées de noir, le sphinx au vol rapide et brisé qui planait au-dessus des fleurs.

Sur la lisière des bois croissait l'airelle myrtille chargée de fruit noir, le framboisier sauvage dont les feuilles prennent au gré du vent une teinte argentée ou le vert marin sur chacune de leur surface. De jolis insectes couraient sur les feuilles des plantes, et diverses espèces de mouches remplissaient l'air de leur bourdonnement.

Pour oublier l'impression que nous avait faite la dévastation de l'Hermitage et jouir du ravissant spectacle que nous offrait la nature, nous nous assîmes sur les abords de la forêt. Il y avait des siècles dans la charpente vigoureuse de ces arbres résineux et dans les ramifications de leurs rameaux verts aux banderolles filamenteuses. Leurs racines, en se gonflant de sève pour nourrir le tronc, les entouraient d'un talus de mousse qui formait un banc dont les arbres formaient le dossier et les branches le dais.

La journée était belle, mais la chaleur était devenue intense. Les rayons du soleil tombaient d'un ciel embrasé sur la colline des bois. Ces rayons ressortaient à travers les branches des sapins comme des vagues imbibées de soleil. On n'entendait d'autre bruit que le cri perçant des oiseaux de proie qui se balançaient dans les airs comme des miniatures de nacelles sur l'Océan éthéré. Quelques oiseaux se froissaient les ailes contre les branches chenues, et un vague bourdonnement d'insectes, ivres de lumière, sortaient et rentraient à la moindre ondulation de la prairie en fleur. Il y avait une telle harmonie entre notre jeunesse et cette fraîcheur de la nature, entre cette lumière, cette chaleur, ce silence, cette ivresse expansive des habitants de la terre et de l'air et nos propres sensations, que nous aurions voulu y rester des mois entiers, reconstruire l'Hermitage, en faire notre séjour loin des soucis du monde et des préoccupations de la vie. Dans notre enthousiasme nous portions envie à l'ermite qui lui donna son nom. Heureuse solitude, charmant paysage, ô pieuse retraite, ô fortuné séjour dont les prés, les bois et les aspects touchants avaient séduit notre âme, fasciné notre cœur, puisses-tu un jour recouvrer ton antique gloire, trouver des pèlerins qui viendront y planter leur tente !

Pendant que je prenais le croquis de l'Hermitage, des vapeurs rougeâtres commencèrent à voiler le soleil qui semblait noyé dans un océan de feu. Le vent commença à siffler à travers les branches des arbres. Peu à peu ses rafales se multiplièrent et produisirent un bruit semblable aux vagues agitées de la mer. Insensiblement les nuages s'amoncelèrent, le vent augmenta, et un sifflement particulier, qui nous fit frissonner, vint nous avertir qu'il était temps de chercher un abri plus assuré que celui des arbres résineux. Soudain un éclair parut et fut bientôt suivi d'un coup de tonnerre qui se prolongea sur les hauteurs. Le silence le plus absolu s'était fait comme par enchantement à la première commotion électrique. Les oiseaux se turent et les insectes se cachèrent sous les feuilles des plantes. Le temps devint obscur, le ciel chargé. Le vent agitait les arbres et produisait un bruit lugubre qui allait se perdre dans la profondeur des bois. Il recommença plus intense et plus rapproché. De longues mousses arrachées aux sapins tourbillonnaient sur nos têtes. Des nuages sombres couvrirent la montagne de l'Hermitage : les éclairs et la foudre redoublèrent d'intensité. L'obscurité qui régnait augmenta nos craintes. Le vent engoufré dans les gorges du vallon, froissé par les arbres, avait des murmures sonores et plaintifs que rendaient les soupirs et les mugissements de la forêt. Des silences comme l'oreille n'en perçoit jamais lui succédaient par intervalle et assoupissaient en nous jusqu'au bruit de la respiration.

A peine étions-nous arrivés au couvent de l'Hermitage que l'orage éclata et nous offrit le plus imposant des spectacles de la nature. La pluie tombait par torrent. A travers les croisées délabrées nous la voyions tantôt onduler sur le rideau des sapins qui s'élevaient en face de nous, tantôt se transformer en lames d'eau qui se brisaient sur la cime des arbres. Tout conspirait à rendre cette scène émouvante : le bruit répété de la foudre, le craquement des branches, les échos, le vent, la pluie, tout augmentait notre effroi et notre admiration.

Demi-heure après, le vent s'arrêta, la pluie parut se dissoudre dans l'air, et une immense fumée s'éleva au-dessus des bois comme s'ils avaient été embrasés : c'était la fin de l'orage.

Pendant que le ciel s'épurait et que les arbres et les plantes s'égouttaient, nous fîmes préparer nos chevaux.

Nous reprîmes le sentier que nous avions suivi le matin. Nous nous engageâmes à travers les bois dans un chemin d'exploitation qui nous conduisit au village du Reculon. Ce village se compose de deux groupes de maisons aux murailles blanchies, au sommet d'une belle prairie qui se resserre en pointe de triangle. Son isolement de toute communication lui avait sans doute valu son nom dans ce site reculé. C'était là que vivait, il y a quelques années, un de ces hommes ignorés, M. Bartholin, qui consacrent leur vie à l'instruction de la jeunesse pour l'initier aux premiers éléments classiques de l'éducation chrétienne.

Nous descendîmes la rampe de la prairie du Reculon et nous arrivâmes au point où deux forêts de sapins encadrent ce champ de verdure. Sous l'ombre des arbres nous entendions le bruit des eaux d'un petit ruisseau caché entre des rochers et des herbes vivaces qui s'élèvent sur les bords. Deux moulins à scie étaient en activité. Placés l'un au-dessous de l'autre, ils contribuaient à donner de l'animation à ce paysage. Le bruit des scies interrompait la solitude de ce désert et lui donnait un nouveau charme. De là on entre dans un chemin couvert et ombragé par les bois d'Aubusson et la forêt de Lholade. Avant la révolution, les bois d'Aubusson appartenaient à M. de Chazerat : en 1795, ils furent rasés par les révolutionnaires qui envoyèrent des charbonniers pour mieux les faire disparaître ; les bûcherons ne laissèrent que le sol, mais les arbrisseaux ont grandi depuis et forment aujourd'hui une magnifique forêt de sapins qui appartient à M. Dumas, de Vollore. La forêt de Lholade fut respectée, comme communal appartenant à quelques village de la Montagne d'Augerolles. Un procès-verbal de 1756 relate les droits et les usages des ayants droits : elle est maintenant sous le régime de l'administration forestière qui règle chaque année les coupes de bois en faveur des habitants.

Lorsqu'on quitte ces forêts de sapins, on arrive sur un plateau couvert de genévriers, de genêts, de fougères et de broussailles. Sur un sol marécageux, à droite, croissent péniblement quelques pins silvestres : c'est l'esplanade de Lholade qui ressemble à un vaste promontoire au milieu des collines sans nombre qui s'enchevêtrent les unes dans les autres. A l'extrémité de la plaine, près de la lisière des pins, s'élève une modeste croix en granit grossièrement façonnée, comme une sentinelle avancée du tombeau, protégeant ces montagnes et leurs religieux habitants. Les mousses et les lichens rongeurs recouvrent d'un manteau de vétusté ce symbole de la rédemption éternelle.

Si l'on prend la direction du nord de ce vaste plateau, on découvre un bloc de granit colossal, de forme ronde, se balançant légèrement sur un autre rocher. Les montagnards lui ont donné le nom de *Pierre-Ronde*. C'était sans doute quelque monument druidique servant de pierre probatoire, tel qu'il en existe plusieurs en Auvergne. On sait que les druides étaient tout à la fois prêtres, sacrificateurs et magistrats. Ils rendaient la justice auprès de ces monuments, absolvaient ou condamnaient selon que l'accusé faisait remuer le rocher de l'épreuve ou ne pouvait le faire osciller sur sa base. Le druidisme était la plus grande institution gauloise qui a laissé des monuments, malgré les efforts des Romains pour les faire disparaître.

L'origine du druidisme se perd dans la nuit des temps. Les auteurs racontent que les Kimris, sous la conduite de Hu-Gadarn (Hu-le-Puissant), le prêtre-Dieu, le roi des bardes, élevé à la présidence dans le cercle de pierres, les Kimris, dis-je, descendirent des bords de la Baltique, envahirent les Gaules et vinrent s'implanter en Auvergne, dont les forêts, les rochers et les montagnes souriaient à leurs coutumes religieuses.

Cette religion, toute barbare et sanguinaire qu'elle était, admettait un Dieu unique. Mais cette divinité prenait pour l'intelligence du peuple autant de formes qu'elle avait d'attributs, par exemple celle de l'eau, du vent, du soleil ou de la lune. Le nombre trois était le nom sacré qu'on retrouve dans toutes les traditions des bardes. Les druides enseignaient que l'esprit et la matière étaient éternels, que le monde inaltérable dans sa substance variait perpétuellement dans sa forme. L'âme était immortelle, mais en quittant le corps elle passait dans une sphère inférieure ou supérieure, selon qu'elle avait mérité un châtiment ou une récompense. Il y avait pour elle trois cercles d'existence : celui de l'immortalité où résidait la divinité ; celui de l'épreuve, habité par l'homme qui avait besoin de se purifier ; celui de la félicité, qui conduisait l'âme dans le séjour des heureux. Mais trois causes pouvaient faire revenir l'homme dans le cercle d'épreuves : la négligence à s'instruire, le peu d'attachement à faire le bien et la persévérance dans le mal. L'homme qui avait bien vécu reprenait dans le cercle de félicité ses passions et ses habitudes ; le guerrier y retrouvait son cheval et ses armes, le chasseur ses chiens et son épieu, le chef ses sujets, le client dévoué son patron. Ces croyances religieuses enfantèrent les dévouements les plus affreux et les plus sublimes ; des femmes, des enfants, des soldures se jetaient par troupes dans les flammes pour rejoindre ceux qu'ils pleuraient (1). Le fatalisme et la superstition firent de ces dévouements un devoir exécrable. Afin que le chef mort conservât son rang dans l'autre monde, sa famille enterrait ou brûlait avec lui non-seulement son cheval de guerre, ses armes et ses parures, mais quelquefois des hécatombes de clients.

Il y avait trois classes de druides : les bardes, les ovates et les druides. Les bardes étaient les poètes, les improvisateurs sacrés qui chantaient dans les fêtes publiques et les combats, les exploits des chefs en s'accompagnant de la rotte, instrument à trois rangs de cordes; ils encourageaient la victime sur la pierre du sacrifice et les guerriers sur le champ de bataille (2).

Les ovates étaient les devins chargés du culte et des sacrifices. Ils étudiaient les siences naturelles, l'astronomie, la médecine, la divination par le vol des oiseaux ou par les entrailles des victimes.

Les druides formaient la classe supérieure de l'ordre religieux (3). Ils étaient les arbitres de la paix et de la guerre entre les tribus et avaient le privilége exclusif de l'enseignement. Ils étaient tout à la fois prêtres, législateurs et instituteurs. Ils n'écrivaient pas : leur enseignement était verbal et rédigé

---

(1) Les soldures étaient des soldats gaulois qui se vouaient à la vie ou à la mort du chef qui les conduisait; s'il périssait, ils mouraient avec lui, ou se donnaient la mort de suite après la sienne.

(2) Edm. Davies, Rech. celt. — Orig. celt., par Pitre-Chev. — Chateaubriand, Étud. hist., les Martyrs. — Am. Thierry, Hist. des Gaul. — Dion, 49. — Strabon, VII, IV. — Diodore, V, 308. — Pline, XXIX, 2, 5. — Posidonius, fragments, — César, Bello Gall., IV, 16. — Fréret, XVIII.

(3) Druide vient du gaëlique *derr*; selon d'autres, du grec δρῦς, chêne : c'étaient les *hommes des chênes (des forêts).*

en vers, que le nouvel initié apprenait de mémoire. Leur noviciat, mêlé d'épreuves sévères, se faisait au fond des cavernes ou dans la profondeur des forêts et durait de longues années. Ils discutaient et jugeaient en cour de justice toutes les questions d'intérêt public et privé. Plusieurs réunions avaient lieu tous les ans, sur quelques montagnes de l'Auvergne, dans les lieux les plus sauvages et les plus reculés.

Leur costume se composait d'une tunique de lin blanc et d'un manteau de même étoffe. Le chef suprême des druides portait une ceinture de lames d'or, une couronne de branches de chêne, de lierre ou de verveine sur la tête et une faucille d'or à la main.

Revêtus du pouvoir suprême, juges et bourreaux à la fois, les druides faisaient trembler les peuples et les chefs de tribus. Malheur à celui qui encourait leur malédiction! On pouvait l'abandonner, le dépouiller et le tuer impunément. Cette puissance s'affaiblit peu à peu par les chefs de tribus qui cherchèrent à la contrebalancer par un pouvoir militaire. Mais la dégradation ne porta que sur les ovates et les bardes : les druides conservèrent une partie de leur influence civile. Les ovates devinrent les sorciers des campagnes, les médecins des villes, les compagnons des chefs. Les bardes descendirent davantage et ne furent que des parasites attachés à la personne des nobles, pour les glorifier en public ou les amuser en particulier. Posidonius, qui avait voyagé en Auvergne, en raconte un exemple frappant dont il fut témoin à la cour du roi Luern, si célèbre par ses richesses dans sa ville de Gergovia. Un jour que ce prince arverne traitait dignement les principaux de sa tribu, un barde n'arriva qu'au moment où il montait sur son char. Chagrin de ce contre-temps, le poète saisit sa rotte, chante la générosité de son maître, la splendeur de ses festins, et déplore néanmoins le sort du pauvre barde que sa mauvaise fortune y amène trop tard. Luern pour le consoler lui jette une bourse remplie d'or. « O roi, poursuit le » barde, l'or germe sous les roues de ton char, et » tu fais naître sur ton passage la félicité des mor- » tels. »

César représente ce peuple comme superstitieux : « Les Gaulois, dit-il, croyaient ne pouvoir se racheter de la peine due à leurs fautes que par des sacrifices expiatoires, par la substitution de la victime immolée à leur place, celle d'un homme par celle d'un autre homme. »

Ces sacrifices se faisaient sur de grossiers autels de pierre : les victimes étaient des malfaiteurs condamnés à mort ou des prisonniers de guerre. Les criminels réservés aux sacrifices étaient sous la garde des druides. Au jour indiqué, le condamné était étendu sur un dolmen, autel grossier de granit (1). Le chef des druides, tourné vers l'orient, invoquait la lumière du soleil, l'ovate frappait ensuite la victime avec un couteau de pierre, et, au bruit des voix et des instruments des bardes, il interrogeait l'agonie du supplicié. D'autres fois les victimes étaient crucifiées et percées de mille flèches. Dans les grandes circonstances, une hécatombe vivante était enfermée dans un colosse d'osier à figure humaine, qu'on faisait brûler au milieu d'horribles clameurs et du chant des bardes.

Les druides attachaient certaines propriétés médicinales au samolus, au sélage et à la verveine (2).

---

(1) La grande divinité des druides était **Teutatès**.
(2) Le samolus était le mourron de fontaine ; le sélage, une mousse purgative ; tout le monde connaît la verveine.

Mais la panacée de toutes les plantes et les végétaux dont ils faisaient un antidote universel pour leur médecine cabalistique, était le gui du chêne, arbrisseau parasite, vivace et ligneux, qui naît et se développe sur les branches dépouillées des arbres. La cérémonie du gui se faisait ordinairement en hiver, le sixième jour de la lune. La verdure éternelle de ce parasite était le symbole de l'éternité du monde et ne pouvait se réunir au chêne sans lui donner des vertus merveilleuses. Lorsqu'on l'avait trouvé, un druide en robe blanche montait sur l'arbre désigné, et avec une faucille d'or il coupait l'arbrisseau qui était déposé sur un linge blanc. Alors on immolait deux taureaux, et la journée se passait en réjouissances et en fêtes.

Outre les druides, il y avait encore en Auvergne des magiciennes plus connues sous le nom de fées ou de fades. Elles étaient soumises aux druides qui dirigeaient ces espèces d'associations religieuses (1). Au dire de Pline, elles assistaient parfois à des sacrifices nocturnes, échevelées, le corps peint en noir, dans des transports frénétiques, un coutelas et une torche ardente à la main. Leurs danses, dans les fêtes publiques, selon Strabon, ressemblaient à celles des bacchantes romaines et aux saturnales de Samotrace. S'il arrivait qu'une sécheresse prolongée menaçât les récoltes, les druidesses revêtaient leur robe blanche, leur voile trainant et la ceinture d'airain. Elles s'emparaient d'une jeune fille, lui faisaient cueillir avec elles une plante appelée *belisa :* puis, accompagnées d'un grand nom-

---

(1) On distinguait trois classes de druidesses : 1°. les vierges qui avaient quelque analogie avec les Vestales romaines ; 2°. les gardiennes des temples ; 3°. les femmes des druides.

bre d'autres jeunes filles, elles plongeaient la victime dans l'eau d'une rivière ou d'un ruisseau, l'aspergeaient, avec des rameaux verts et la ramenaient au temple druidique pour offrir un sacrifice et demander la pluie.

Si nous nous sommes étendus sur ces bizarres institutions religieuses des Arvernes idolâtres, que le lecteur nous le pardonne, c'est que la nationalité des anciens habitants de ces montagnes se reflète toute entière dans ces mœurs barbares, dans ces traditions druidiques qui ont survécu jusqu'à nous, avec de grandes modifications, il est vrai, mais avec leurs abus ridicules, leurs pratiques de magie, de sortilége, de superstition, que n'a pu complétement détruire le flambeau de la religion chrétienne ; c'est qu'aussi nous étions dans un pays parsemé de monuments druidiques, chez un peuple fortement trempé dans la foi, mais au milieu duquel nombre d'âmes simples et superstitieuses croient encore aux fées, aux revenants, aux lutins, aux loups-garous, aux sorciers, abus ridicules qui firent trembler le moyen-âge, en protestant dans l'ombre contre le joug de Dieu, en essayant de faire revivre, à l'encontre du christianisme, un passé vaincu par la croix du Calvaire. Les montagnes de Lholade nous en révélèrent la preuve.

Au sommet de la forêt de sapins que nous avions à gauche, sur un terrain qui s'élève en mamelon, couvert de rochers, de sapins et de broussailles, le guide nous montra des cavernes profondes ; peut-être avaient-elles servi de retraite aux anciens druides, ou, tout au moins, d'asile aux premiers habitants de ces montagnes reculées. Les montagnards leur ont donné le nom de *Caves des Fades*. Près de là, en descendant la lisière des bois qui se resserrent pour former un demi-cercle, nous rencontrâmes un monolithe de granit brut : c'était une pierre allongée, fichée en terre verticalement, et semblable par sa forme aux ménhirs si communs en Auvergne. Ce grossier monument, ignoré là depuis des siècles, indiquait peut-être un champ de bataille entre les Ségusiens (anciens habitants du Forez) et les Arvernes qui s'étaient disputé longtemps la possession de ces montagnes ; mais peut-être encore la sépulture de quelque chef de tribu mort en héros dans le combat.

Quoi qu'il en soit de ces suppositions, la plaine de Lholade ne fut connue pendant longtemps que du berger et des animaux sauvages, lorsque vers l'automne de 1793, les terroristes du district de Thiers envoyèrent un corps d'armée qui campa pendant trois semaines sous les rochers de Pierre-Ronde. Les habitants de ces montagnes, accusés *de receler les ci-devant prêtres et de haïr la révolution*, eurent à supporter toutes les réquisitions, les avanies et les perquisitions domiciliaires qu'on pouvait attendre d'une bande armée, sous le régime de la terreur (1). Une famille qui faisait le commerce des bois de sapins perdit, dans cette étape inquisitoriale, plus de la moitié de ses bestiaux et deux cents chars de

---

(1) C'est vers cette époque que le vénérable prêtre Carton (Guillaume), prieur de la Servilie, dans le voisinage de ces montagnes, fut pris par les bandes de Javogue, conduit à Feurs et mis à mort par la justice révolutionnaire, le 5 décembre 1793. C'est en parlant des dépouilles qui enrichirent les terroristes que Barrère disait : « Nous avons vu avec plaisir qu'ils laissaient après eux plus » d'or que de regrets, et qu'ils avaient rendu sur l'échafaud plus de » tabac que de sang. » Cette horrible plaisanterie peint toute une époque et dispense de tout commentaire sur les brigandages et les victimes de la révolution.

planches déposées près de ce bivouac républicain. Tous les principaux chefs de famille avaient fui dans les bois ou s'étaient cachés dans les antres des montagnes. Une troupe de Tartares n'aurait pas laissé de plus fâcheuses impressions que le passage momentané des fédérés de Thiers, dans la mémoire des vieillards qui en furent témoins, à une époque où Couthon et Javogue faisaient trembler l'Auvergne et le Forez.

Passé la plaine de Lholade, il n'y a plus de route fréquentée. Un chemin pierreux, étroit et difficile, se traîne, se roule et se déroule sur les flancs massifs d'un chaos de montagnes et de vallées. C'est à peine si d'un village à l'autre on rencontre quelques montagnards, le bâton ferré à la main; mais de distance en distance des génisses paresseuses gravissent lentement les pentes ondulées des pâturages; des troupeaux de moutons tachent de blanc les sommets les plus écartés; et, couchée à l'ombre d'une haie, la chèvre mordille les jeunes pousses des genêts ou la pointe tendre des aubépines.

Partout où l'homme s'est défriché un champ, on voit des hameaux, des maisons solitaires pousser à fleur de terre comme des champignons à fleur du gazon, contrastant par la couleur gaie de la tuile rouge avec la verdure des prairies. De légères colonnes de fumée tremblent au sommet des arbres, des châlets et des burons se cramponnent aux arêtes des montagnes comme des nids d'hirondelles aux murailles d'une vieille tour. Les hommes qui vivent dans ces montagnes, sans être pauvres, se contentent de peu et changent rarement de condition; les fils font ce qu'ont fait leurs pères, et conservent les mêmes habitudes d'industrie et de labeur. Les uns cultivent l'héritage paternel, d'autres façonnent des sabots qu'on expédie à Lyon, ou fabriquent des planches de sapin qui alimentent les grandes villes des rives de l'Allier et de la Loire; les femmes s'occupent des soins du ménage, élèvent leur famille; deux fois le jour elles vont traire le lait des vaches et font elles-mêmes ces *fourmes* qu'on expédie à Montbrison et à Saint-Etienne. Le dimanche venu, on se repose, on remplit les églises, on écoute la parole de Dieu qui tombe des livres du vénérable curé de la paroisse. Une seule chose nous parut regrettable, c'est l'antique coutume qu'ont ces montagnards de ne traiter la moindre affaire qu'au cabaret, le dimanche, à l'issu des offices divins, au milieu de copieuses libations : mais tout n'est pas parfait sur la terre !

Les montagnes du Forez et de l'Auvergne semblent dessinées par le génie de l'utilité. Le gazon rampe sur les sommets dénudés, le sapin vigoureux drape d'une mante noire les flancs des collines et fait l'aumône de ses cônes aux écureuils sauvages ; les hêtres centenaires croissent sur les mamelons inférieurs, et donnent, quand les années sont propices, la faîne oléagineuse qui remplace les huiles des climats tempérés. Sur la lisière des bois et au fond des vallons, de gras pâturages nourrissent des troupeaux de vaches laitières. Pour servir de dôme à ce paysage agreste et animé, Dieu lui a donné un air pur, un soleil radieux et un ciel d'un azur inimitable aux beaux jours de l'été. On ne peut passer par ces lieux ignorés sans admirer cette harmonie de la nature et cette perspective inattendue, qui font de ces montagnes un modèle de pittoresque raisonné. Mais le trait le plus caractéristique du tableau, ce sont les montagnes du Forez, gigantesque boursouflure qui cache la chaîne de ses dômes dans la région des nuages, et ferme l'horizon au levant. C'est un coup d'œil qui prend l'imagination par les yeux, l'âme par l'admiration et le cœur par la sensibilité ; c'est un paysage qui défierait un peintre de l'égaler en grâce, en rusticité, où respire la paix, où palpite la vie.

En quittant le plateau de Lholade, nous descendîmes au hameau de la Chaunias. Nous fûmes reçus par un vieillard respectable dont le langage, l'urbanité et l'esprit nous révélèrent une personne de mérite. C'était un homme de Dieu de vieille souche, cachant de profondes vertus sous la plus grande simplicité. Elevé dans le sacerdoce qui est traditionnel chez la plupart des *bonnes familles* de ces parages, il consacra sa vie à faire des améliorations au pays dont il a été longtemps l'apôtre et le bienfaiteur. L'âge et des infirmités contractées dans l'exercice du ministère pastoral, l'ont relégué dans cette solitude où il vit ignoré et content de peu. Il était le quatrième fils de ce digne père de famille qui sauva du vandalisme révolutionnaire l'autel et l'image de Notre-Dame de l'Hermitage. Ses parents vivaient depuis des siècles en communauté (1). Ils

---

(1) L'esprit d'association s'est conservé longtemps dans ces montagnes. Il existait autrefois plusieurs familles de laboureurs qui, depuis longtemps, vivaient en communauté, ayant leur chef, leurs usages, le domicile, le vêtement, la table et les travaux communs : C'étaient les Chomette, les Rappe, les Fafournoux, les Rallière, les Carton, les Bartholin, les Pichoir, les Goutte-Gattas. Leurs maisons formaient de petites républiques qui durent prendre naissance aux plus mauvais jours du moyen-âge, lorsqu'il n'y avait de sécurité nulle part dans les campagnes spoliées sans cesse par les Routiers, Côtereaux, Brabançons, Meinadres, etc. Peut-être aussi par esprit religieux, à l'exemple des patriarches bibliques. Retirées dans leurs hameaux, ces associations ont subsisté longtemps et sont restées étrangères aux commotions politiques. Mais il leur est arrivé ce que

ne se sont séparés qu'en 1822, époque où des partages et des revers de fortune sont venus les appauvrir, sans leur rien faire perdre des antiques traditions d'hospitalité pour l'étranger, de sympathie pour le malheur, de respect pour les devoirs religieux et sociaux, de générosité et d'honneur. Pendant le régime de la terreur, le chef de cette famille n'échappa à la mort qu'en demandant un asile aux antres des forêts; mais l'estime et l'affection de ses compatriotes le dédommagèrent de ses pertes et de ses persécutions.

Pendant le peu de jours que nous passâmes chez notre hôte, nous les mimes à profit pour compléter nos récoltes sur l'Auvergne. Nous devons à son obligeance bien des renseignements que la tradition a conservés, et des détails précieux pour l'histoire. Noble vieillard, que le ciel prolonge la trame de vos jours de toute l'étendue de notre estime, de notre affection et de notre reconnaissance!

Lafontaine raconte dans sa fable du *vieillard et ses enfants*, prédiction que Micipsa faisait à son neveu Jugurtha : « L'union fait prospérer les « établissements les plus faibles, la discorde détruit les plus puis- « sants. » (Salluste, X.)

CHAPITRE XI.

Le village de la Chambonnie. — Incident du voyage. — Caractère des habitants. — Aventure de la nuit. — Les moulins à scie. — Les forêts de sapins. — Pierre-sur-Haute, point de vue admirable. — Un dolmen druidique. — Les burons de la Chamboëte, de Couleigne, de la Grôle. — Usages, coutumes, mœurs des montagnards. — Episode de Madeleine.

Lorsqu'on quitte le hameau de la Chaunias, en se dirigeant au levant, on traverse un bas-fonds, appelé les Ribes parsemé de fondrières, où existait jadis une forêt de pins et de bouleaux. On arrive ensuite sur la croupe d'une montagne cultivée, d'où l'œil aperçoit le grand village de la Chambonnie, bâti à l'extrémité d'une espèce de cap bordé de vastes prairies. Sous le hameau des Sagnes, que longe le chemin, on rencontre, dans la plaine, au nord, une immense agglomération de rochers roulés, de forme arrondie, que les géologues nomment *blocs erratiques*.

La Chambonnie dépendait autrefois de l'Auvergne et n'a été annexée à la Loire qu'à l'époque de la délimitation des départements (1). C'est la pre-

(1) Ce village et les hameaux du Chatelard, du Reculon, du Trève, dépendaient autrefois de la paroisse de Noirétable qui faisait partie de la Généralité d'Auvergne. A cause de la distance éloignée du chef-lieu, et de la difficulté des chemins, souvent dangereux et impraticables à travers des forêts et des montagnes couvertes de neiges six mois de l'année, les habitants, privés des secours de la religion, adressèrent, le 29 décembre 1788, une requête à l'évêque de Clermont, à l'effet d'obtenir l'érection d'une église succursale à la

mière étape en deçà des montagnes du Forez. L'activité qui règne dans cette bourgade reculée lui vient de l'exploitation des bois et du commerce de fromages. Située à neuf cents mètres au-dessus du niveau de la mer, elle récolte peu de grains ; mais, en compensation, ses forêts et ses troupeaux de vaches lui fournissent des richesses inépuisables. En 1595, Henri IV, par lettres patentes de Lyon, *l'exempta de l'impôt de la taille*, pour avoir fourni des bois de lances à ses armées, à l'époque des troubles civils.

Nous y arrivâmes nuit close, et allâmes frapper

Chambonnie. Mgr de Bonal nomma une commission qui se transporta sur les lieux l'année suivante, 29 juin 1788. Elle était composée de Joseph Martin Dugard, curé de Saint-Genès de Thiers ; de Raynaud, curé d'Escoutoux ; du prêtre Alexandre Morin et de Louis de Pont, prieur de Job, fondé de procuration par le chapitre des religieuses de la Veine.

Les commissaires se rendirent au domicile du sieur François Grange-Versanne. Après avoir entendu les dépositions des témoins, cités en faveur des habitants de la Chambonnie, et les protestations du sieur Verdier, syndic de la paroisse de Noirétable, de Louis de Pont, prieur de Job, en faveur du curé de ladite paroisse, ils relatèrent dans leur rapport : « Que les motifs employés par les gens
» de la Chambonnie cessent à la vue du clocher de la Chamba, qui
» est à une très-petite distance, et à laquelle ils ont recours dans les
» cas pressants et imprévus ; que le bien de la chose exigeait la réunion
» de ce village à cette paroisse de la Chamba, et que, quoiqu'elle soit
» d'un diocèse différent, la vertu, la piété, les éminentes qualités des
» deux prélats qui président à ces deux diocèses se prêteront faci-
» lement à cette réunion, sans qu'il en coûte rien aux deux pa-
» roisses. »

La commission ne décida rien ; la requête du village de la Chambonnie fut ajournée jusqu'à la révolution de 93, qui trancha la difficulté, en détachant de l'Auvergne la paroisse de Noirétable, par le changement de délimitation des anciennes poovinces.

(Procès-verbal d'Anq., fait par M. Martin, curé de Thiers, à la requête des hab. du village de la Chamb., arch. de la mairie de Thiers.)

à la porte d'une auberge. Le maître du logis, qui nous prit pour des employés de la régie, nous refusa l'hospitalité que nous demandions comme voyageurs. A sa réponse fortement accentuée il ne nous restait qu'à chercher fortune ailleurs. Jasmin flaira quelque temps l'air du pays et essaya de prendre langue auprès de quelques travailleurs qui rentraient des bois ou des champs. On se contentait de nous regarder d'un air étonné ; puis, nous entendions les maisons se fermer, et personne ne se présentait pour nous indiquer un gîte. Les uns chuchotaient entr'eux, d'autres passaient leur chemin en silence : les chiens seuls s'occupaient de nous, et, par leurs aboiements, ils faisaient un vacarme infernal, capable de réveiller les morts ou d'assourdir les vivants. Quelques bandes d'enfants, attirés par le bruit, nous suivaient de loin et se cachaient à l'angle des rues, quand nous cherchions à pénétrer dans le village. Grands étaient notre embarras et notre inquiétude ! on nous prenait pour des gens suspects ; et, je l'avoue, nous croyions être tombés dans un guêpier d'Iroquois. Nous étions dans l'erreur, comme nous pûmes nous en convaincre par la suite.

Pendant que j'étais livré à mes réflexions et que je contemplais mes compagnons de voyage aussi étonnés que moi, il me vint à la pensée de détacher Jasmin en éclaireur : Ce stratagème nous réussit. Ce fidèle serviteur nous amena au fond du village et nous présenta à la porte d'une auberge d'assez bonne apparence. Un gros gaillard à larges épaules et à haute stature vint ouvrir. A notre vue il recula d'effroi, fit un demi-tour, comme frappé par une commotion électrique, et se hâtait de refermer la porte sur nous, lorsque la maîtresse de la maison accourut tenant un flambeau à la main et nous re-

çut avec déférence. Il était temps, car nous avions vu le moment où nos tribulations allaient recommencer. Mais ce qui mit le comble à nos préoccupations fut de nous trouver en face d'un jeune homme à force herculéenne, le visage balafré et tout couvert de cicatrices récentes. La maîtresse de l'auberge s'aperçut de nos craintes : « Soyez sans
» inquiétude, nous dit-elle, Francy est un bon do-
» mestique, mais c'est une tête brûlée qui s'est fait
» écharper hier à la fête d'un village voisin ; il vous
» a pris pour des gendarmes déguisés... excusez sa
» bêtise et soyez les bienvenus ! » Ce langage réconcilia un peu le *valet batailleur* dans notre estime : il prit nos chevaux et alla les remiser, en compagnie de Jasmin qui hésita un instant s'il devait le suivre.

Après avoir pris place au coin de l'âtre d'une large cheminée où flambait un feu de sapin qui répandait une forte odeur de résine, nous priâmes notre hôtesse de nous procurer un guide pour le lendemain. Pendant que nous causions de cette affaire, Francy arriva suivi de Jasmin qui portait nos effets, et avec lequel il semblait avoir déjà fait connaissance.

— Eh bien! Francy, lui dis-je, vous n'avez plus peur maintenant? Vous voyez que nous ne sommes pas des gens à redouter...

— Moi, avoir peur ! reprit-il aussitôt, sinon que le ciel ne tombe...

— Demain, ajouta l'hôtesse, tu accompagneras ces messieurs à la grande montagne.

— Oui bien! mais c'est peut-être pour me happer lorsque nous traverserons la forêt de Sagne-Ronde?

— Imbécile! je crois que tu tombes dans les oiseaux..... Va te guérir de tes blessures par un bon somme, et sois prêt de bonne heure, entends-tu?

Après ce colloque, la maîtresse de l'auberge, qui avait appris que nous étions Bourguignons, se surpassa elle-même et ne voulut jamais considérer que comme une simple collation le souper qu'elle nous servit; du reste, il est vrai de dire que la carte, que nous eûmes à payer avant notre départ, était en harmonie avec sa modestie.

Lorsque nous fûmes installés dans la chambre qu'on nous assigna pour la nuit, je demandai à Jasmin son opinion sur les gens de ces parages.

— Ah! Monsieur, dit-il, ce sont de fameux durs-à-cuire qui ont la peau aussi solide que l'écorce de leurs sapins!

— Si pareil accident te fût arrivé, tu en aurais gardé le lit pendant trois semaines, tandis que ce garçon n'a par l'air d'y faire attention.

— Ces gens-là sont endurcis par le froid, le travail et le grand air des montagnes, qui leur ont chevillé l'âme dans le corps.

— Cela prouve que les habitants des régions froides sont plus robustes et supportent mieux la douleur que ceux des pays chauds : plus on s'avance dans les climats du Nord, plus la vie s'ancre dans l'espèce humaine pour résister aux rigueurs d'une température glaciale.

Une partie de la nuit s'écoula en causeries sur les incidents de notre arrivée; et ce ne fut que bien tard que nous pûmes prendre sur nous d'essayer de dormir. A peine notre lumière fut-elle éteinte qu'un bruit sourd, prolongé, inconnu, semblable à un murmure du vent qui se répercutait dans la profondeur des bois, nous réveilla en sursaut. Mon cœur bondissait si violemment que j'en entendais les battements précipités. Je voyais la chambre remplie de fantômes et de rumeurs ; une sueur froide, accompagnée d'un frisson indéfinissable, parcourut mes membres. Je me levai avec effort pour rallumer le flambeau, et j'ouvris la croisée de l'appartement : elle donnait sur une colline couverte de forêts. Tous mes compagnons vinrent me joindre, prêtèrent une oreille attentive au bruit qu'on entendait et qui semblait se rapprocher de nous. C'étaient des gémissements, des plaintes, des hurlements qui, se croisant sur tous les tons, se confondant avec les ronflements du ruisseau qui coulait au fond du ravin, imprimaient à l'âme un saisissement fébrile difficile à rendre. La lune, cachée par moments derrière quelques nuages qui flottaient dans le ciel étoilé, éclairait par intervalle cette scène d'horreur : nous croyions être sous l'empire de quelque hallucination. L'aubergiste, attiré par le bruit que nous avions fait au-dessus de sa tête, s'était levé, et vint se joindre à nous pour nous rassurer.

— C'est une scène bien étrange, lui dis-je !
— Ah bah ! ce sont des loups qui parcourent les bois, pendant la nuit, et qui sont venus, d'une façon insolite et peu courtoise, régaler votre bienvenue d'une aubade à leur manière.
— Ils sont donc bien communs ?
— C'est le gibier à l'ordinaire... Tous les ans on en détruit plusieurs pour avoir la prime et vendre la peau pour fourrure, mais il en reste toujours beaucoup.....

Malgré l'invitation de notre hôte de reposer tranquilles, notre sommeil fut agité et pénible. Aussitôt que le jour parut, nous fûmes sur pied ; mais nous étions brisés de fatigue, nous souvenant vaguement d'avoir eu des rêves pénibles, comme dans une longue insomnie. Nous avions besoin du grand air : nous descendîmes dans la rue pour dissiper la pesanteur de tête que nous éprouvions, faire connaissance avec le village et ses habitants.

La vallée de la Chambonnie est encadrée, à l'est, par de magnifiques forêts de sapins ; au nord-ouest, s'élève la montagne si chère aux renards, *les Rechanes*, hérissée de rochers que blanchissent les lichens ; au nord, apparait le *Ché-de-Vimont*, dont la silhouette se dessine à l'horizon sous la forme d'un vieux château en ruines. C'est un roc isolé qui couronne la montagne et domine tout ce sauvage mais pittoresque panorama.

Cette bourgade est dotée d'une charmante petite église que les habitants ont fait récemment construire à frais communs. Sur une place, à l'entrée du village, on remarque une belle croix en pierre de Volvic, dont le socle est surmonté de la statue de saint Roch, d'une bonne exécution.

Quand de la place où se dresse le monument religieux, on se dirige au levant, en suivant une rue tortueuse, on voit se déployer une perspective inattendue par la variété des objets qu'elle présente aux regards du voyageur. Au fond d'une gorge profonde, creusée par le ruisseau de la Chambonnie, s'étagent un grand nombre de scieries qui longent les forêts de sapins ; des écluses, construites en pierres et en grosses poutres, laissent tomber le courant sur les palettes des roues qui impriment le mouvement à la scie. L'eau qui s'en échappe, en faisant cascade contre les murs grossièrement construits, les mousses verdâtres qui s'y attachent et qui donnent aux pierres l'apparence du vert antique, le bruit strident de la scie qui mord dans les rouleaux de sapins noueux, les murmures du ruisseau impatient de jaillir de l'écluse par de longs chenaux en bois, les gouttes d'eau écumante qui retombent en pluie sur les rochers de granit, les piles de planches entassées avec symétrie sur les abords des scieries, le sentier tournant qu'il a fallu construire pour y arriver, les amas de sapins empilés les uns sur les autres à l'entrée de l'exploitation, les bords du ruisseau couverts de sciure de bois, la proximité des forêts qui s'élèvent en amphithéâtre et bornent l'horizon de leur tête pyramidale, quelques moulins gaulois cachés dans les îles du ruisseau, des hameaux, des burons solitaires disséminés çà et là, comme en Germanie, contrastent par la fumée qui s'échappe de leurs toits recouverts en tuile rouge avec la verdure des prairies et la teinte noire des bois : c'est un tableau que le pinceau de l'artiste ne saurait reproduire, un paysage où la grâce s'unit à la rusticité, l'activité au désert.

Nous quittâmes la Chambonnie au moment où le soleil, paraissant avec tout son éclat dans un ciel pur et tranquille, dorait de ses premiers rayons la cime des montagnes. Nous descendîmes au *Sceythol du Forez* où commençait le sentier qui devait nous conduire, à travers les bois, à Pierre-sur-Haute. Quelques sorbiers sauvages entouraient les hameaux solitaires et présentaient leur feuillage dentelé et leurs grappes écarlates; des bouleaux, semblables à de hautes pyramides renversées, se mêlaient aux sapins; on les voyait laisser flotter dans les airs leurs scions pendants garnis de petites feuilles lancéolées qui se balançaient sous le vent du matin. Peu à peu les sapins commencèrent à nous dérober le sentier. Leurs troncs noirs élevaient vers le ciel leurs rameaux toujours verts et décorés de mousse. Pressés les uns contre les autres, ces arbres séculaires confondaient leurs branches et formaient un clair-obscur qui imprimait à l'âme une douce sensation. Des lichens barbus, se détachant en filaments, semblables à des quenouillées de chanvre végétal, formaient des festons, des guirlandes de mousse qui pendaient d'une branche à l'autre. Çà et là gisaient quelques arbres abattus par l'orage, et dont la destruction s'opérait lentement. Leurs fibres, imprégnées d'humidité, avaient l'apparence d'éponges. Dans quelques années, ils serviront peut-être d'asile à d'autres ruines végétales qui activeront encore la décomposition de leurs tissus. Là on voyait la main de Dieu qui transforme et renouvelle incessamment la nature, préside à sa mort et à son réveil comme au premier souffle du printemps. Le silence n'était interrompu que par le bourdonnement des mouches et le bruit des fers de nos chevaux qui se heurtaient contre les pierres du sentier. Sur les bords des glacis, le framboisier nourrissait son fruit écarlate, et le myrtille, son airelle noire. Quelques troupeaux de vaches étaient disséminés dans des clairières qu'elles animaient du bruit de leurs clochettes ; et des burons isolés, dont la fumée se perdait au sommet des arbres, annonçaient la présence de l'homme sous ce climat de Sibérie.

Pendant la montée qui dura trois heures, à travers les bois et les anfractuosités du terrain, je m'approchai du guide et lui demandai la cause des balafres que je lui voyais à la figure.

— Simple bagatelle de plaisanter, me dit-il, avec un *loustic* d'Auvergnat qui eut l'air de me narguer, l'autre jour à la fête de ***.

— Est-ce que vous ne les aimez pas les Auvergnats?

— Je ne hais personne, mais quand on m'embête, dame ! c'est bientôt fait.

— Racontez-moi cela, pendant que nous marchons tranquilles sous ces sapins.

— Nous étions à trinquer ensemble avec quelques camarades du pays, et voilà que *notre Auvergnat*, suivi de quelques autres du voisinage, vint s'asseoir à côté de nous et eut l'air de nous fixer de travers. Eh ben ! que je lui dis : pas de bêtises ici, file un peu plus loin, l'ancien. Il voulut faire le malin et me dit que ça ne me regardait pas... Il continuait de jacasser lorsqu'il s'aperçut qu'il avait déjà été gratifié d'une estafilade de chenaffes (1). Un de ses compères prit la bouteille qui était sur la table et me la lança à la figure... Ah ! Monsieur, en ce moment-là, je ne me possédais plus, et pata-tric et pata-trac, j'en esquintai une kyrielle, et dans moins de temps qu'il n'en faut pour le dire, la salle fut vidée. Le maître de l'auberge voulait se fâcher et me faire prendre par les gendarmes qui étaient accourus au brouhaha que tout cela avait fait, lorsqu'un de mes amis me fit sortir par une porte dérobée et je me retirai tranquille... J'avais bien envie, le soir, d'aller les attendre et leur taner le cuir, mais mon camarade qui s'était échappé pour me rejoindre, m'emmena à la Chambonnie : je m'en applaudis aujourd'hui ; ils en ont eu assez pour se souvenir de Francy....

— Vous êtes un fameux fier-à-bras !.... mais vous devriez soigner vos blessures.

— Et ma besogne donc, qui la fera ?

— Mais frottez au moins vos plaies avec quelque onguent pour les adoucir ; et lavez-les avec de l'eau de guimauve ?...

— Je me lave avec l'eau fraîche et j'y mets l'on-

(1) Coups de poings.

guent de moelle de loup, mêlée de résine qu'on retire de l'écorce du sapin, et puis voilà!... c'est plus qu'il n'en faut pour être guéri dans quelques jours.

Notre conversation était à peine finie, que nous nous trouvâmes sur une pelouse unie qui recouvre le front des montagnes de Pierre-sur-Haute. Le terrain divisé par zones légèrement arrondies, court du sud vers le nord. La croupe de ces monts aériens s'incline en deux pentes opposées, l'une vers le département de la Loire, l'autre vers celui du Puy-de-Dôme.

Quand on a franchi cette série de sinuosités, on arrive en présence d'une masse énorme de terre et de rochers : c'est Pierre-sur-Haute, qui semble sortie de terre tout d'une pièce et se cache dans les nues. Sur le point le plus culminant, élevé de 1,638 mètres au-dessus du niveau de la mer, se dresse un bloc carré de granit, ayant l'apparence d'une table : on dirait un dolmen druidique qui sert de limite entre le Forez et l'Auvergne. L'horizon est sans bornes : d'un côté les montagnes du Dauphiné et les Alpes semblent toucher le ciel dans un lointain vaporeux; de l'autre se dressent le Cantal, les monts Dores et la chaîne des Dômes qui festonnent la Limagne, au milieu desquels apparait le puy de Dôme, comme un immense tumulus élevé, près des ruines de Gergovia, aux mânes des Arvernes. Le ciel était pur et transparent, d'une finesse de ton qu'aucun pinceau ne saurait rendre. Un air de vie, de calme et de bonheur donnait à notre âme quelque chose de plus appréciable encore que l'aspect des montagnes. Nous éprouvions un changement subit, un bien-être indéfinissable : nous nous sentions rajeunis; la respiration était plus libre, le corps plus léger et l'esprit plus serein. La perspective qui se déroulait sous nos yeux imprimait en nous je ne sais quelle volupté tranquille qui n'a rien de terrestre. On eût dit qu'en nous élevant dans les régions éthérées, nous nous rapprochions du ciel, cet Océan de délices, inconnu aux passions humaines. Oh! qu'ils sont téméraires ceux qui nient l'existence de Dieu! Ils ressemblent à des pygmées qui voudraient souffler sur le soleil pour en éteindre la lumière. C'est une vérité écrite en lettres d'or sur la voûte azurée du ciel et en caractères de granit au sommet des montagnes, d'où l'œil contemple les merveilles de la création (1).

Au levant, se déploie la plaine du Forez avec ses villes, ses villages, ses étangs et ses fleuves ; au couchant, toute la Limagne avec ses champs fertiles, ses riantes bourgades et ses rivières sinueuses. D'immenses herbages se développent sous les pieds et nourrissent de beaux troupeaux de vaches, pendant plusieurs mois de l'été. Tout autour s'étagent les burons de Couleigne, de la Grôle et de la Cham-

(1) Les montagnes du Forez sont couronnées de neige pendant cinq ou six mois de l'année, et forment comme d'immenses réservoirs, d'où s'échappent des sources abondantes, qui, changées en ruisseaux, en rivières, vont porter dans la plaine la richesse et la fécondité, alimenter les villes, favoriser l'industrie et tenir sans cesse au même niveau, avec le concours des fleuves du globe, le vaste bassin des mers, qui baisserait par l'évaporation. — Cette terre produisant ce qui est nécessaire aux besoins de l'homme ; ce retour périodique des saisons, qui fait reposer ou germer la nature ; cette admirable harmonie de l'univers, ne sont-ce pas là des preuves palpables d'un souverain créateur qui fait marcher toutes les créatures à leur fin avec autant de sagesse que de puissance? O mon Dieu! que vos œuvres sont belles et que votre bonté est grande! A la vue des bienfaits dont vous environnez l'homme sur la terre, je m'incline devant vous; car, il n'est pas plus en mon pouvoir de vous bannir de mon cœur que de cet univers!

boëte, semblables à des villages indiens (1). Dans chaque pâturage la garde du bétail est organisée comme un service régulier. Chaque case doit, à tour de rôle, fournir la vachère qui aura soin du troupeau. A l'heure fixée elle vient crier de sa plus forte voix sur le *coup-d'air : Lâchez les vaches!* et puis, elle va avec son troupeau parcourir *les Fumades* où les bestiaux prennent le premier repas avant de les diriger vers la grande montagne.

La neige couvre ces monts élevés pendant plusieurs mois; mais, à la fin du printemps, ils se parent d'herbe la plus touffue et la plus émaillée de fleurs : c'est la violette des champs, le pied-de-chat, la marguerite de tout genre, la primevère, la jacinthe, l'œillet, le muguet sauvage, la gentiane officinale, l'aigremoine, l'orchis violacée, la digitale pourprée avec ses clochettes amarantes et la réglisse sucrée.

Tout autour de Pierre-sur-Haute s'étagent d'autres montagnes qui vont en surbaissant se confondre avec la plaine. De leurs flancs latéraux se forment des collines profondes recouvertes de sapins séculaires. Au fond des vallées coulent des ruisseaux qui alimentent des scieries, des moulins et des foulons primitifs. Sur le flanc de ces montagnes se groupent des villages entourés de jardins, de prairies et de champs séparés par des haies ou des clôtures de pierres. La pierre est commune et à la portée, et le montagnard auvergnat a un goût très-prononcé pour la propriété foncière, qui fait souvent l'objet de vives contestations.

---

(1) Ces stations d'été sont groupées comme un village et portent le nom de *jaceries*, du latin *jacere* (lieu de repos, et par extension, habitation, demeure).

Les vaches laitières descendent des burons, quand l'automne est venue, pour passer l'hiver dans de vastes étables dont l'étage supérieur renferme le fourrage qui doit les nourrir jusqu'au printemps suivant.

Pour échapper aux cinq mois d'oisiveté de l'hiver, un grand nombre d'habitants émigrent à l'arrière-saison, comme sabotiers, dans l'Ain, la Loire et le Rhône. Le grand mouvement s'opère à la Saint-Michel, et la rentrée a lieu vers la Saint-Jean d'été. Les émigrants appartiennent en grand nombre à la classe des laboureurs, qui, sans manquer d'aisance, veulent procurer un peu plus de bien-être à leur famille. A force d'émigrer et de se trouver en contact avec les habitants des villes par leur commerce de bois et de bestiaux, les paysans de ces montagnes ont perdu l'ancien costume national de leurs pères ; ils portent aujourd'hui le chapeau rond, avec la veste, le pantalon et la *limousine* (blouse en coton bleu). Du reste ils n'ont rien perdu de leurs habitudes traditionnelles ; leurs fêtes religieuses, domestiques et civiles, sont aussi décentes, animées et patriarcales qu'autrefois.

Nous quittâmes la montagne de Pierre-sur-Haute, par le versant qui regarde l'Auvergne. Nous fîmes halte aux burons de la Chamboëte où nous trouvâmes du lait, du beurre et du fromage par excellence. On aurait dit un village d'Océanie, composé de sept à huit cases couvertes de planches en sapin, mais si basses que nous fûmes obligés de nous courber pour entrer dans celle où nous allâmes frapper. Une légère cloison en planches séparait les vaches du domicile des gardiennes qui étaient deux Auvergnates appelées Madeleine et Marie. Madeleine, qu'on eût prise pour la maîtresse du logis, nous reçut avec affabilité, et nous fit les honneurs de sa *loge* avec cette réserve et cette modestie empressées qui caractérisent l'enfant naïve des montagnes. Elle vint elle-même ouvrir la porte de l'étable qui était vide de ses vaches dispersées sur la montagne, commanda à Marie, plus jeune qu'elle, d'aller couper de l'herbe au pré de la Fumade qui s'étendait devant la porte du buron, d'en remplir la crèche pour nos chevaux à jeûn depuis la Chambonnie; puis, elle nous fit entrer dans sa *loge*, s'excusant de n'avoir pas de siéges pour nous faire asseoir. Tout son pauvre mobilier se composait d'un méchant escabeau monté sur trois pieds dont elle se servait pour traire ses vaches; de quelques vases en bois de sapin, alignés sur une planche à fleur de terre, où elle enfermait le lait de son troupeau; *la selle aux fourmes*, espèce de table ronde à rebord, ornée d'une aiguière pour laisser épancher le petit-lait; quelques grossiers ustensiles de cuisine; une pauvre couchette en feuilles de hêtre, tel était tout son ameublement. Mais heureuse et contente, au milieu de cette pauvreté, elle ignorait le luxe de nos villes et les ambitions qui avilissent l'homme. Après les ferventes prières qu'elle adressait à Dieu, son troupeau de vaches et la confection de ses fromages faisaient toute sa préoccupation, ses soucis, son ambition de chaque jour; car, dans sa pensée d'amour-propre, elle ne rêvait que vases les plus blancs, que vaches bien tenues et fromages les mieux confectionnés. Elle était heureuse, elle jouissait de la vie quand un passant ou un marchand de fromages du Forez lui faisait l'honneur d'estimer son troupeau, d'acheter à haut prix les fourmes de sa cave. Alors, dans sa simplicité, elle disait à Marie : « Va! ne

» t'inquiète pas, la maîtresse sera contente, les
» vaches retourneront en bon état à la maison; les
» fourmes se sont bien vendues, nous partagerons
» les étrennes. La maîtresse aura soin de nous l'hi-
» ver, et au printemps prochain nous reviendrons
» ici. Dieu bénit le travail de celles qui sont sages
» et vertueuses, il n'oubliera pas ses humbles ser-
» vantes. »

Après une patriarcale réfection, composée d'une partie des provisions que nous avions prises le matin à la Chambonnie, du lait, du beurre et du fromage de la Chamboëte, et d'une espèce de beignet, appelé *Panlade* dont voulut nous régaler Madeleine, nous allâmes visiter la cave *aux fourmes*. Nous vîmes là alignés sur des planches et dans un état de propreté, rare plus de cinq ou six cents fromages coniques, connus dans le commerce sous le nom de *fromages* de Roche, *fromages* d'Ambert, et plus souvent sous celui de *fourmes* de Pierre-sur-Haute.

Après une station de deux heures au buron de la Chamboëte, nous saluâmes Madeleine, en lui faisant compliment des bonnes choses qu'elle nous avait données et de l'ordre qui régnait dans sa chétive cabane. Elle déclina nos compliments avec autant de modestie que de simplicité; nous eûmes beaucoup de peine à lui faire accepter l'offrande que méritaient sa bienveillante hospitalité et ses soins empressés. Sa position de gouvernante, qui semblerait une anomalie dans toute autre circonstance, lui donnait le droit, d'après un antique usage de ces montagnes, d'exercer l'hospitalité au nom de ses maîtres qui l'y autorisaient. Pauvre Madeleine! qui te contentes de si peu, vrai cœur d'ange et trésor de tes maîtres, tu nous révélas des vertus si rares de nos jours! Heureux tes maîtres s'ils comprennent leur bonheur! Non, tu n'as pas cette domesticité automatique qui se marchande et qui s'achète; tu sers par le cœur et par la foi; ton existence est liée à celle de la maison où tu consumes tes jours, tes forces et ton dévouement. Permets, ici, de rendre hommage à ton mérite, et reçois le tribut de notre passage à la Chamboëte! Que de vertus vivent ignorées au fond des hameaux! ces humbles existences s'allument et s'éteignent dans le silence de l'oubli; mais si le monde les ignore, Dieu, à qui rien n'est caché, les pèse dans sa justice et les récompensera au jour des miséricordes.

CHAPITRE XII.

Vallées des montagnes de Pierre-sur-Haute. — Les Huguenots, leurs prédications; le village de Pailhat, dans la commune de Job. — Le duc d'Anjou. — Le comte de Saint-Hérem. — L'officier royal. — Incendie de Pailhat. — Ambert. — Origine. — Antiques traditions. — Le Livradois. Maison de Baffie. — Le comte de Merle. — Le seigneur du Lac. — Le capitaine Merle et Chavagnac. — Ravages des Huguenots. — Reprise d'Ambert par les catholiques

Les montagnes de Pierre-sur-Haute avaient fixé notre attention non-seulement par leur élévation, leur paysage, leurs burons et leurs habitants, mais encore par des souvenirs qui se rattachent à l'histoire de la province. Nous sommes obligé ici de faire un retour vers le passé. Commençons d'abord par une succincte topographie des lieux : sur le versant occidental de la chaîne de Pierre-sur-Haute s'ouvrent des vallées profondes, du côté de l'Auvergne, qui leur donnent quelque chose de semblable à celles de la Suisse. Elles sont habitées par de rudes montagnards vivant de pain noir et de lait, mais fidèles aux croyances catholiques. Ces hommes de foi et de labeur ont accroché leurs demeures dans les plis du terrain et jusqu'à l'origine des dernières ramifications des vallées qui touchent au sommet des monts. Dans ces sites sauvages qui forment la limite des bois, habite une population active, commerçante, industrielle, que l'émigration, l'exploitation des bois et du laitage font vivre aisément. A mesure que les coteaux s'allongent dans la plaine on aperçoit des habitations plus nom-

9.

breuses former des villages, des bourgs, et même de petites villes qui se sont établies sur les dernières rampes des collines.

Or, à une époque où les dissensions religieuses bouleversèrent la France, causèrent tant de scandales et amenèrent tant de haines, cette partie des montagnes de l'Auvergne fut étonnée de voir quelques partisans de Luther et de Calvin s'implanter au milieu d'elles. Ces misérables sectateurs qui prétendaient réformer l'Évangile (comme si l'Evangile, qui est divin, pouvait subir des variations, des changements et des réformes!), essayèrent de prêcher leurs doctrines chez ces montagnards déjà si fortement trempés de pratiques et de croyances religieuses. Ces nouveaux prédicants chassés de Saint-Etienne, à cause des insultes faites aux catholiques, s'arrêtèrent d'abord à Ambert. Mais les consuls avaient été prévenus de leur arrivée ; et, comme la ville ne renfermait aucun réformé, on engagea les calvinistes à la quitter, les laissant libres de se fixer dans la bourgade ou le village qui voudrait les admettre. Les partisans de Calvin choisirent Pailhat, situé dans une gorge escarpée, dominé de forêts chenues et couronné de frimas cinq ou six mois de l'année, dans la paroisse de Job. Ce site fortifié par la nature leur parut conforme à leur dessein, à l'exemple de leurs co-religionnaires des Cévennes, qui s'étaient retranchés dans des montagnes inaccessibles.

Là, pendant six ans, ils poursuivirent de leurs pamphlets rimés les cérémonies religieuses, le culte catholique et les prêtres de Jésus-Christ. Soutenus par les prédications du ministre Massin que leur avait donné Calvin, ils devinrent l'effroi, la surprise et la terreur des catholiques. Le village de Pailhat fut le centre de leurs opérations. Comme Mahomet, ces nouveaux apôtres d'une doctrine inconnue dans ces paisibles montagnes, allaient de hameau en hameau, de village en village, prêcher les armes à la main et le sarcasme à la bouche. Cette chétive bourgade perdue au sein des rochers et des bois devint bientôt la Sion des calvinistes : ils la fortifièrent et la remplirent d'armes.

Les habitants de cette contrée montagneuse (il faut bien le dire), s'émurent vivement de ces innovations schismatiques qui cherchaient à briser l'antique foi de leurs ancêtres, eux qui ne cherchaient qu'à vivre paisibles au sein de leurs vallées alpestres, et qu'à croire ce que leur avaient toujours enseigné leurs pères et leurs pasteurs légitimes.

Pendant que les calvinistes prenaient racine à Pailhat, l'Auvergne éprouvait ailleurs des ravages, des incendies, des horreurs de tout genre, qu'avaient enfantés ces guerres de religion. Issoire et Ambert étaient tombées au pouvoir des protestants.

Le capitaine Merle, fils d'un cardeur de laine d'Uzès, fanatique forcené, à la tête des huguenots, venait de faire sa sanglante célébrité en Auvergne. Alors cette province s'enflamma d'un seul coup, comme si une traînée de poudre eût communiqué l'incendie de ville en ville, de bourgade en bourgade.

Les catholiques indignés, poursuivis par l'outrage et la persécution, demandèrent vengeance, secours et protection au roi. Henri III envoya son frère en Auvergne pour pacifier cette province livrée aux sectaires. Le duc d'Anjou arriva devant Issoire à la tête d'une armée. Après s'être emparé de cette ville, il envoya un détachement de quatre cents hommes pour réduire Ambert et le nid des huguenots de Pailhat. Chavagnac, lieutenant de Merle, commandait à Ambert. Pendant le siége que fit le comte de Saint-Hérem, pour reprendre la ville sur les huguenots, Pailhat avait envoyé de jeunes volontaires qui se rendirent utiles à Chavagnac. Après le départ du comte, trois de ces religionnaires se placèrent dans diverses maisons de la ville. Esprits turbulents, fanatiques et exaltés, ils devinrent la terreur des catholiques par leur langage altier, menaçant, et par leurs manières arrogantes. Ils exerçaient un despotisme effrayant qui inquiétait vivement les habitants de la ville et de la campagne. Aux sarcasmes, à l'injure, aux imputations les plus calomnieuses sur la conduite privée des personnes respectables, ils ajoutaient les outrages sur les points les plus vénérés du dogme catholique, et les provocations les plus odieuses qui alarmèrent plusieurs familles. Ils répandirent des écrits, des chansons où la licence le disputait seule à la fougueuse audace de leur persifflage (1). Ils allèrent même jusqu'à payer des paysans pour chanter en patois, à tue tête, dans les rues, couplets satiriques et impies contre la sainteté du sacrement de l'Eucharistie (2).

Tel était l'état des esprits, lorsque le détachement du duc d'Anjou arriva à Ambert. A peine le chef des troupes royales eut-il fait connaître l'objet de son expédition que les catholiques respirèrent. L'oppression allait enfin cesser, et la ville et le voisinage, purgés de brouillons et de sectaires dangereux, devait reprendre sûrement leur tranquillité première.

(1) Les profanations et l'impiété des huguenots sont restées si profondément gravées dans les esprits, qu'on regarde encore, dans ces montagnes, comme un outrage sanglant l'épithète de *huguenot de Pailhat!*

(2) Imb., hist. des guerr. relig. en Auv., t. I, 2ᵉ part., p. 420 et suiv.

Les trois perturbateurs de l'ordre public, qui avaient jeté tant d'alarme, n'attendirent pas leur expulsion ; ils se sauvèrent à Pailhat une heure après l'arrivée du détachement. Les huguenots tinrent conseil : il fut décidé que le ministre Massin se rendrait auprès du capitaine catholique pour négocier la paix.

Massin accepta cette dangereuse mission et se présenta devant le chef du détachement ; il fit observer qu'aucune garnison ne séjournait à Pailhat, qu'il ne s'y trouvait d'autres armes que celles que les réformés avaient apportées de Saint-Etienne lors de leur retraite. Mais rien ne put détourner l'officier du devoir qui lui était imposé et que réclamait la tranquillité de ces montagnes. Massin alla même jusqu'à promettre une reconnaissance unanime (c'était une dérision!) de tous les droits de la couronne de France, une soumission égale à celle des catholiques aux charges publiques, enfin la livraison même de la moitié des armes dont ses co-religionnaires se trouvaient détenteurs. Le commandant témoigna d'honorables regrets, parla peu du mécontentement fondé et exprimé par les catholiques vexés et opprimés, mais montra la commission scellée dont il assurait la responsabilité. Il fallait en finir avec tous ces marchands de scandales qui allaient chanter et colporter leurs écrits, leurs chansons et leurs doctrines dans les rues, dans les carrefours, sur les places publiques, au sortir des offices divins, dans les villages, où ils semaient partout la terreur, la division et l'épouvante.

Massin porta l'ultimatum de l'officier à Pailhat. A cette nouvelle, tous voulurent se défendre : on fit sur-le-champ sortir du village les vieillards, les femmes, les enfants ; on cacha les objets précieux, et de tous côtés retentit ce cri : Aux armes !

L'officier qui commandait le détachement royal, d'abord mal informé des lieux et des difficultés des abords, envoya quelques hommes de sa troupe. On lui avait représenté les huguenots comme une poignée d'hommes de tout âge, dont une compagnie aurait facilement raison. On était impatient d'éloigner de si inquiétants voisins : mais l'événement prouva qu'on se trompait. Les huguenots étaient fortifiés et possédaient des munitions et des armes nombreuses.

Retranchés dans leurs gorges, secondés par la nature, les huguenots se disposèrent à une résistance opiniâtre. Déjà aguerris pour la plupart dans ces attaques de partisans, protégés par les plus hautes montagnes d'Auvergne, ils préparèrent leurs arquebuses, leurs mousquets, leurs lances et leurs moyens de guerre.

L'officier abusé fit partir une partie de ses troupes. Mais les huguenots occupaient le sommet de la montagne, la lisière des bois et tous les postes avancés. A l'arrivée des soldats royaux, ils se couchèrent à plat ventre sur tout le front de défense. Leur centre était retranché au village de Pailhat et l'environnait d'une haie de lances et d'arquebuses. Ils laissèrent les soldats s'avancer et se disséminèrent dans les anfractuosités des sentiers. Lorsqu'ils virent les catholiques assez engagés, à un signal convenu, tous se lèvent comme un seul homme et présentent un ennemi à chaque saillie de rocher, à chaque détour du chemin. Tout-à-coup ils s'élancent sur la colonne éparse, la surprennent et la taillent en pièces. Les deux tiers des catholiques furent mis hors de combat dans cette première rencontre. A cette nouvelle l'officier fit sur-le-champ ses dispositions pour aller en personne châtier ces sauvages prédicants qui savaient si bien manier les armes.

A la tombée de la nuit il se mit à la tête de ses troupes. Vers les neuf heures du soir ses soldats rencontrèrent les premières sentinelles des huguenots qu'ils enlèvent sans coup férir, la plupart se ressentant encore des copieuses libations qui avaient célébré l'avantage remporté la veille sur les catholiques.

Mais l'alerte était donnée. Le commandant du détachement, en avançant, remarqua des feux, à l'entrée du village, qui s'éteignirent soudain à l'approche de ses troupes. Il entendait par intervalles des cris lointains qui se répercutaient dans la profondeur des bois ; un bruit confus partait du centre des maisons et un coup de feu se fit entendre à mi-hauteur de la forêt, qui dominait le village, sur le versant du nord. Ces indices forcèrent l'officier à suspendre sa marche et à prendre ses précautions contre une surprise. Ses troupes n'avaient rien de rassurant autour d'elles. Le temps était sombre, le ciel chargé, et la nuit couvrait le théâtre du combat d'un voile si noir qu'on ne voyait pas à deux pas devant soi. Le vent agitait les arbres, se froissait contre les arêtes des pics voisins et produisait des murmures, des gémissements, des sifflements lointains qui se perdaient dans les gorges et l'horreur des ténèbres.

Le silence et l'inaction des catholiques donnèrent de l'inquiétude aux huguenots qui rallument leurs feux pour se reconnaître. A cette lumière les troupes royales aperçoivent les ennemis venus en éclaireurs et se replient à la hâte sur leur centre d'observation, placé au-devant de Pailhat. Les soldats doublent alors le pas et s'établissent à portée du mousquet des huguenots. La réception fut meurtrière : les premiers rangs des soldats sont maltraités. La difficulté du terrain ne leur permettant pas de se former en bataille, ils s'avancent en tirailleurs. Le feu nourri des ennemis empêche l'officier d'avancer et le force à se tenir sur la défensive. Un moment il voit sa troupe sur le point de se décourager, à la clarté de cette lueur blafarde des torches qu'allumaient les protestants pour ajuster leurs arquebuses.

Cependant l'agitation régnait dans Pailhat. Le tumulte et les cris des huguenots faisaient croire à l'officier du roi que plusieurs compagnies défendaient le village. Pour en finir, il ordonne à quelques hommes d'élite et dévoués de pénétrer à tout prix dans le village, pendant que lui-même à la tête de ses troupes tiendrait les huguenots en échec du côté opposé : ce moyen lui réussit. Ses soldats pénètrent dans le village, tandis que la fusillade s'échauffait de l'autre côté, et mettent le feu aux premières maisons. Pendant que les huguenots et les catholiques se tiraillaient, des colonnes de fumée rougeâtres annoncent que le village est en feu. Favorisée par la violence du vent, la flamme court sur les toits en chaume avec la rapidité de l'éclair. La lutte cesse un instant avec les hommes pour s'engager avec l'incendie. En peu d'instants Pailhat devient un vaste brasier.

Les soldats s'avancent alors dans le village et achèvent de détruire ce que les flammes avaient commencé. Ceux des huguenots qui purent s'échapper, se cachent dans les bois, dans les villages de la montagne, à Chantelauze, à Valcivière, au Fossat sans être poursuivis. Au point du jour, le corps du ministre Massin fut trouvé dans le village parmi les morts, et servit de pâture aux oiseaux de proie.

L'officier qui commandait cette expédition apprit au duc d'Anjou (année 1577) que Pailhat n'existait plus, que les huguenots étaient anéantis ou dispersés (1).

Après cette expédition qui avait purgé ces montagnes d'un ferment de guerre journalier et de la tyrannie des sectaires, le détachement alla rejoindre l'armée royale à Brioude.

Ainsi tomba ce prêche fortifié des huguenots qui avaient jeté tant de terreur, de crainte, de scandale, de perturbation, du fond de leur repaire inaccessible, chez les familles paisibles de ces montagnes. On trouve encore dans les archives de la commune de Job et dans les souvenirs de la tradition orale ce que nous venons de raconter. En parcourant l'histoire de Pailhat, on peut se faire une idée de ce qu'étaient alors ces guerres religieuses dont on a tant incriminé les catholiques. Ces derniers n'avaient-ils pas raison de repousser par les armes des sectaires qui bouleversèrent non-seulement l'Auvergne, mais la France et l'Europe entière, et les couvrirent de désordres et de sang. Que voulaient les catholiques? sinon qu'on respectât leurs croyances, leur foi, leur vie, leurs biens, leurs familles, leur honneur et leur conscience! De quel droit Luther et Calvin vinrent-ils bouleverser, changer, réformer une religion de seize cents ans d'existence et de gloire? De quel caractère divin étaient-ils revêtus, ces hommes d'une religion nouvelle, l'un moine défroqué, et l'autre, orgueilleux disciple de Wolmar, qui se vengea de n'avoir pas obtenu une prébende de trois cents livres à la cathédrale de Noyon? En soule-

---

(1) Archives de Job. — Factum sur le Livrad. — Hist. des guerr. relig. par M. Imb.

vant les passions les plus violentes du cœur humain, ils causèrent bien des ravages ! mais ce qui avait suffi pour donner la vie au protestantisme ne suffisait pas pour la lui conserver. Loin de là, il portait dans lui-même des germes de mort. Semblable à ce Dieu qui dévorait ses propres enfants, il était à chaque instant sur le point de mourir sous les coups du *libre examen* qui lui avait donné le jour. En effet, après s'être évertué à bouleverser l'Europe, et à disséquer les doctrines de la foi catholique, le libre examen se portait sur les doctrines protestantes et chaque jour y faisait de nouvelles brèches : « De telle sorte, a dit un écrivain moderne, qu'à l'époque où nous sommes arrivés il n'y a plus rien à examiner, plus rien à retrancher que ce que lui avaient légué les premiers réformateurs. »

Entre la marche du catholicisme et celle du protestantisme il y a quelque chose d'inverse fort intéressant à examiner. Le catholicisme en s'avançant le long des siècles, se développe dans les lieux, dans les personnes, dans son dogme, dans sa morale, dans son sacerdoce et dans toutes ses institutions. Sans doute ses vérités fondamentales ne changent pas plus que le Dieu qui en est la source ; mais, semblables à un foyer de lumières, elles en projettent les rayons vers tous les points de l'espace. Elles s'approprient les intelligences, elles deviennent plus claires, plus nettes, plus précises, par les définitions de l'Eglise et par les condamnations des erreurs. Chaque hérésie qui passe dans le monde est un aliment qui vient se consumer dans ce foyer de vérité et contribuer à le rendre plus ardent. Le catholicisme est si conforme à la raison, qu'il devient la raison publique des pays qu'il civilise. Cependant, il faut le dire, c'est surtout dans les applications pratiques de ses vérités que se montre son véritable progrès. Peu de jours se passent sans qu'il ajoute quelques institutions aux institutions du passé (1).

Il n'en est point ainsi du protestantisme ; arrivé à son apogée au jour même de sa naissance, il commence à vieillir et à déchoir dès le lendemain. A peine a-t-il éprouvé le sentiment de son existence, qu'il se trouve en proie au mal de la destruction. Tandis que le catholicisme est une doctrine de vie, le protestantisme est une doctrine de mort ; il n'essaie pas même de se soutenir et de se propager par l'enseignement. Comme s'il était au désespoir de n'avoir rien à enseigner, il se borne à détruire, autant qu'il le peut, l'enseignement de ceux qui ont mission de propager la vérité divine. « Il n'ose pas
» dire à ceux qu'il veut corrompre : soyez protes-
» tants ; il se contente de dire : ne soyez pas catho-
» liques. Or, là où il n'y a plus de vérité positive,
» il n'y a plus de vie possible (2). »

L'année suivante, 1578, Montbrun, lieutenant du capitaine Merle, ayant été chassé d'Ambert par le comte de Saint-Hérem, se réfugia à Olliergues, petite ville située sur la Dore, à la chute des dernières racines des montagnes de Pierre-sur-Haute. Cette ville avait un vieux château qui la défendait ; Montbrun s'en empara. Mais serré de près par les catholiques, il incendia le château et périt lui-même dans l'attaque. Sa troupe se retira alors du côté des montagnes du Brugeron où elle engagea une action avec les habitants de ce bourg et ceux d'Olmet, de Vertolaye, de Marat et de la Renaudie, qui la harcelaient dans sa retraite. La troupe de Montbrun

(1) Mgr Rendu, des Efforts du protest. en Europ.
(2) Le même, *loc. cit.*

déjà décimée fut accablée par le nombre et taillée en pièces. Ce combat se livra dans un lieu que les paysans ont appelé depuis le *Grun batailloux*, qui sert aujourd'hui de dépôt de planches.

Après avoir séjourné à Job le temps nécessaire pour faire des recherches et visiter le théâtre du combat de Pailhat, où l'on ne voit aujourd'hui que quelques cabanes couvertes de chaume qui méritent à peine le nom de chaumières, nous traversâmes La Forie, joli village composé de fabriques de papier, et nous allâmes nous héberger dans la ville d'Ambert.

Cette ville est placée dans un site pittoresque, à l'extrémité d'une plaine resserrée entre de hauts coteaux, sous un ciel nébuleux et d'une température qui se ressent du voisinage des montagnes qui l'environnent. Selon quelques écrivains, Ambert remonte à une haute antiquité. Une colonie de Phocéens avait fondé Marseille six cents ans avant l'ère chrétienne. Cette grande cité était, cinq cents ans plus tard, sous la domination du roi des Auvergnats. Une nouvelle colonie de Phocéens, poursuivie par Harpagus, vint sur des galères à cinquante rames, après avoir échappé aux dangers de la mer et aux poursuites d'Harpagus, débarquer à Marseille avec bagages et famille. Or, cette colonie étant trop nombreuse pour se fixer à Marseille, obtint du roi des Auvergnats la permission d'habiter dans ses Etats. Le roi résidait alors à Gergovia : Ambertus, chef de la colonie, sollicita cette faveur et obtint de s'établir dans le vallon sur lequel s'élève aujourd'hui Ambert qui prit le nom de son fondateur, et donna au pays celui de Livradois. La contrée était inculte, stérile et couverte de forêts, mais la colonie phocéenne se créa une patrie nouvelle avec ses temples, son culte et ses bois sacrés. Les druides vinrent ensuite élever leurs autels sanglants au milieu des forêts qui couvraient le sol et rendirent leurs oracles dans les grottes qui existent encore aujourd'hui. Teutatès, père du peuple, était le dieu terrible dont il fallait apaiser la colère par des victimes humaines. Des traces de dolmen en granit, sur Pierre-sur-Haute, sur la route d'Ambert à Saint-Amant, rappellent le souvenir de ces jours que le temps a couvert de son ombre mystérieuse. Un vieux parchemin conservé dans les archives de la commune, laissait lire que le pays d'Ambert avait été délivré des eaux et des ennemis ; *liberatus ab aquis hostibusque...*(1).

Mais une indication sérieuse vient se joindre à cette opinion, c'est l'usage immémorial qui fait célébrer une fois l'an des simulacres de naumachies aux habitants d'Ambert. A l'époque de la Fête-Dieu, on voit un grand nombre de petits vaisseaux suspendus sur des cordes tendues d'une maison à l'autre. Des démonstrations belliqueuses éclatent au même instant et ramènent la pensée à cette époque reculée qui avait devancé l'ère chrétienne, qui fut témoin des persécutions, des combats et des dangers des aïeux des Ambertois. Le christianisme, en plantant la croix au milieu du Livradois, dut respecter, vers le IIIe siècle, cet antique souvenir patriotique qui n'avait rien d'idolâtre. Les fêtes les plus solennelles de la religion chrétienne mêlèrent leurs pompes et leur encens à l'expression de ce souvenir conservé de génération en génération (2).

Une chose digne de remarque, c'est le goût inné

---

(1) Histoire des guerr. relig. passim. — Arch. com.— Not. mss. sur Amb. — Dulaure, etc.— Chab. — Baluz.

(2) Imberdis, hist. d'Amb.

des Ambertois pour la fabrication et le commerce des étamines à pavillons, des flammes et banderolles de vaisseaux, de grosses toiles à voiles. Or, si cette fabrication ne se liait pas à l'origine de la ville elle-même, comment expliquerait-on une semblable industrie dans une vallée isolée par ses hautes montagnes, et si éloignée de tous les ports de mer? Malgré les difficultés de l'achat des matières premières et du transport, ce commerce lucratif s'est transmis de père en fils et se maintient avec avantage contre toute concurrence étrangère. Le territoire qu'occupa la colonie phocéenne forma le noyau d'une population industrielle dont la probité et l'honneur sont devenus caractéristiques (1).

Depuis le XIIe siècle, la plaine et la vallée d'Ambert à Arlanc, appelées Livradois, formaient autrefois un fief considérable qui comprenait des villes, des bourgs nombreux, dont Ambert était le chef-lieu. Quoique cette ville ne fît point partie des treize anciennes villes de la Basse-Auvergne, elle était néanmoins une des plus importantes par sa position et son commerce.

Dès le XIIIe siècle, l'Auvergne fut une des premières provinces qui fabriquait le papier de chiffon. Les papeteries d'Ambert remontent à cette époque. Avant les guerres religieuses, de vastes usines, des fabriques, des manufactures, des ateliers remplissaient les faubourgs et les environs de la ville et occupaient sans cesse des milliers de bras.

Ambert possédait autrefois une communauté de prêtres, dont la cure était à la nomination des Minimes de Chaumont près d'Arlanc. Les Récollets y furent établis en 1620, et Marguerite d'Aumont,

(1) Imberdis, Hist. d'Amb.

veuve du marquis de Rochebaron, seigneur d'Ambert, y fonda une communauté de religieuses Ursulines, en 1671. Déjà cette ville avait été dotée d'un hôpital, en 1554, par Etienne Bellot, président aux requêtes du Parlement de Paris, mais l'administration n'en fut réglée que le 25 mars 1736.

La seigneurie d'Ambert appartenait, dans les temps les plus reculés, à la maison de Baffie. Guillaume de Baffie, seigneur du Livradois, lui donna en 1239 des consuls et lui accorda le droit de *corps commun* (1). Eléonore de Baffie, sa fille, porta cette seigneurie à Robert V, comte d'Auvergne et de Boulogne. Au mois d'avril 1314, Robert d'Auvergne donna par son testament cette terre en douaire à sa femme.

Jean II, comte d'Auvergne, surnommé le *Mauvais-Ménager*, vendit la seigneurie d'Ambert à Morinot de Tourzel, pour 25,000 livres; mais cette vente fut annulée plus tard, et Morinot fut obligé de rendre la seigneurie. Dans la suite cette terre passa dans la maison de Chalançon, de Rochebaron. En 1538, Jacques de Chalançon, abbé de St-Amable de Riom, permit aux habitants d'établir des boucheries dans la ville.

Cette terre passa successivement de la maison des Chalançon dans celle des Larochefoucauld; puis dans celle de Moras. Un de ces Moras fut ministre de la marine et contrôleur général; enfin, la dernière héritière des Moras la porta en dot en 1760 dans la famille du comte de Merle qui fut successivement ambassadeur en Espagne et maréchal de camp (2).

(1) Plus connu sous le nom de *Communes*, qui commencèrent sous Charles-le-Chauve.
(2) Cout. d'Auv., t. 4. — Baluze, t. 2. — D'Ormesson. — Tabl. d'Auv., par M. Bouil. — Imberdis, etc.

Pendant le commencement de l'année 1577, le ministre huguenot, Massin, dont nous avons parlé, se donnait beaucoup de mouvement pour prêcher alternativement sa doctrine à Ambert et à Pailhat. La commune et les consuls d'Ambert donnèrent des ordres pour empêcher cette propagation de doctrine et refusèrent un beau jour l'entrée de la ville au ministre huguenot. Celui-ci se retira aussitôt au château du Lac, y convoqua ses partisans, à la tête desquels était le seigneur; Massin le fit partir pour Issoire afin de se concerter avec les chefs huguenots, Merle et Chavagnac, sur l'attaque d'Ambert. Cantonné ainsi qu'un vautour dans son aire, du Lac, à son retour d'Issoire, poussa des excursions dans tous les environs d'Ambert, et jeta bientôt la terreur dans tout le Livradois. Il fit des prisonniers qu'il rançonna, pilla les métairies de la plaine et détroussa les voyageurs. Ces ravages ne pouvaient être longtemps tolérés. Les habitants d'Ambert demandèrent quelques troupes à Jacques de Sainte-Colombe, syndic de la noblesse du Forez, et les établirent pour garder leur ville. Le château du Lac fut assiégé et pris; le défenseur battit en retraite à la tête de ses partisans. Furieux de cet échec, du Lac court de nouveau à Issoire pour prendre des troupes auprès de Merle et de Chavagnac. A son retour il enlève le château de Novacelle qui appartenait à la maison de Latour-d'Auvergne, et reprend celui du Lac d'où il avait été chassé. Il descend vers la Dore qu'il passe à la nuit tombante, le 15 février 1577. Le capitaine Merle commandait l'expédition. A la faveur d'un temps obscur et pluvieux, ce dernier arrive sous les murs d'Ambert sans avoir été signalé. Aussitôt il fait descendre ses soldats dans le fossé et appliquer les échelles. Mais la garnison était sur les remparts et se tenait sur la défensive. Merle impose silence aux siens et fait retirer les échelles. Pendant que les huguenots faisaient leurs évolutions en silence, les défenseurs de la ville tirèrent à tout hasard un coup de couleuvrine vers le point qui semblait menacé.

Cette détonation réveilla les habitants qui accoururent en foule vers les portes de la ville. En peu d'instants les rues sont encombrées d'allants et de venants qui s'attroupent, s'interrogent et ne peuvent s'expliquer la cause de l'alarme. La nuit était sombre; un épais brouillard dérobait les soldats de Merle, blottis au bas des remparts. La neige et le givre les protégent encore contre la vigilance de la garnison. Mais lassés de faire la patrouille sous une température qui devenait de plus en plus froide et perçante, et voyant que rien ne remuait autour d'eux, les Ambertois rentrent chez eux, maugréant contre ceux qui avaient donné l'alerte. Les soldats qui gardaient la ville les imitent et regagnent en grand nombre leur logis dans le château. Chavagnac avait rejoint Merle pendant la nuit. Les huguenots impatients du pillage qui leur est promis, irrités d'être arrêtés aux pieds des murs, relèvent les échelles au signal que donne Chavagnac et montent à l'assaut. Cent trente officiers ou soldats huguenots bordent le parapet avant que la garnison ait pu se mettre en défense.

La garde forezienne fut surprise, et malgré quatre décharges de mousqueterie, les huguenots se rendent maîtres des premières défenses de la ville. La garnison néanmoins se défend courageusement; elle perdit du monde, diminuée qu'elle était par

10

l'alerte de la nuit; elle se rejette alors dans l'intérieur de la ville où Merle la poursuit et la force à mettre bas les armes. Le consul Micolon-Grimardias montra le plus grand courage pour sauver la ville : accouru au premier feu, à la tête de la garde bourgeoise, il arrête les huguenots de Chavagnac qui venaient de forcer la porte Chicot. Cet intrépide et dévoué citoyen périt d'un coup de mousquet. Cette mort découragea les catholiques qui reculent et se dispersent. La place Saint-Jean, celle du Pontel et celle de la Sallerie furent occupées par les religionnaires qui firent trente bourgeois prisonniers. Cependant la garnison était rentrée au château et s'était placée aux meurtrières d'où elle causait beaucoup de mal aux huguenots et éclaircissait leurs rangs par un feu nourri de mousqueterie. Merle n'était pas rassuré, car il pouvait se trouver entre deux feux pendant qu'il attaquerait le château qui tenait bon, celui de la garnison et le soulèvement des faubourgs. Se voyant investi de tous côtés, il parlementa. Parmi les soldats du Forez hors de combat, il prend un prisonnier, lui promet la liberté et une forte somme d'argent s'il détermine ses camarades à capituler sur-le-champ ; dans le cas contraire, il lui annonce qu'il passerait la garnison au fil de l'épée, et que lui parlementaire serait condamné au dernier et au plus affreux supplice. L'émissaire part : c'était un canonnier-pointeur des remparts dont les habits avaient été déchiquetés par les hallebardes. Reconnu et introduit sans obstacle, il remplit sa mission en homme qui tenait plus à grossir sa bourse qu'à exposer ses jours. Après l'avoir entendu, la garnison se rend à Merle *sous la condition de vie et bagues sauves*, selon le langage du temps. Le canonnier revient annoncer son succès ; quelques instants après Merle fait occuper le château et congédie les Foreziens (1).

Dès lors maître d'Ambert, le capitaine Merle satisfit ses appétits sanguinaires. Les trente prisonniers bourgeois furent conduits sur la place du Pontel, au milieu d'une troupe de huguenots que commandaient Merle et Chavagnac, et précédés de du Lac et de Massin qui se réjouissaient de la prise de la ville et du château d'Ambert par ruse. Merle avait fait entendre à Chavagnac qu'il s'agissait de faire souscrire aux prisonniers une contribution particulière pour leur rançon, et qu'ensuite on arrêterait la somme que devrait payer la commune pour mettre la ville en état de défense contre les catholiques (2).

Dès que la troupe fut arrivée en face de la chapelle de Notre-Dame, Merle fit cerner la place et interroger les prisonniers par son premier lieutenant, et taxa à quinze cents écus la somme que les trente bourgeois avaient à compter immédiatement s'ils voulaient sauver leur vie. A cette condition les prisonniers alléguèrent l'impossibilité de se procurer la somme sans délai. Merle ne demandait qu'un prétexte à sa férocité; il fait un geste : ses huguenots reculent de quelques pas, et il commande:

« Haut l'arquebuse et en joue ! » A cet ordre Chavagnac, Massin et du Lac, s'approchent de Merle et s'opposent au sort qui menaçait les prisonniers. Merle, n'écoutant que sa férocité et sa colère habituelle, se tourne vers du Lac :

---

(1) Hist. des guerr. relig. en Auv. — L. De Villebois. — Notice mss. — Hist. du Forez.
(2) L. de Villebois. — Not. mss. — Anc. Fact. — Hist. du Forez. — Hist. Rel. — Cout. d'Auv. — Mém. hist.

— « Qu'êtes-vous ici, lui dit-il, dans le com-
» mandement? en jetant à terre son chapeau em-
» panaché sur lequel il passa et repassa un de ses
» éperons, et je vous traiterai comme ce chaperon
» si vous ne me laissez faire ma volonté ! et vous,
» messire de Chavagnac, vous êtes le comman-
» dant d'Issoire, et moi je suis à présent le com-
» mandant d'Ambert ! »

Sans attendre la réponse de Chavagnac, il sortit son épée et cria : feu !

Une décharge terrible éclata sur les malheureux bourgeois, dont vingt-cinq tombèrent, tués ou blessés. Les cinq que les balles n'avaient pas atteints s'élancent dans l'église de Notre-Dame et se réfugient derrière l'autel. Au même instant les femmes et les enfants, les parents des prisonniers qui se tenaient dans les rues adjacentes, entendant la détonation et les cris de douleur, accourent en pleurant et forcent la haie des huguenots pour contempler avec épouvante les cadavres de leurs époux, de leurs frères, de leurs pères !

Chavagnac, moins cruel que Merle, profita de cette scène d'horreur pour abandonner la place avec ses troupes. Merle alors, se voyant presque seul, *laissa la liberté à ses gars de se retirer dans les logements* que les habitants durent fournir (1).

Les huguenots dévastèrent la ville et les églises. Celle de Saint-Jean était desservie par une communauté de prêtres qui étaient cachés ou avaient pris la fuite. Ils firent main-basse sur les richesses du sanctuaire, enlevèrent les draperies, les vases sacrés, les ornements. Cette église, qui fut commencée

---

(1) Proc.-verb. sur la pris. d'Amb., mss. arch. bibl. de Clermont. — Villebois. — Mém. hist. sur Amb. — Hist. des guerr. relig.

en 1471, ne fut terminée qu'en 1518, après 47 ans de travail. C'est un des plus beaux monuments chrétiens de l'Auvergne. Son style fleuri, ses colonnettes, ses ciselures délicates en font un chef-d'œuvre d'architecture ogivale. Le vandalisme des huguenots ne respecta ni les vitraux, ni les statues qui décoraient le portail, ni les rinceaux, les dentelles, les statuettes qui ornaient les autels et les fenêtres. Ils brisèrent, anéantirent, maculèrent ce qu'ils ne purent emporter.

La ville d'Ambert et tout le pays du Livradois étaient dans la terreur et la consternation. Toute la contrée fut ravagée par les bandes de Merle. Les paroisses de Champétières, Fournols, Thiolières, Valcivières, Grandrif, Saint-Just-de-Baflie, Viverols, Saint-Bonnet subirent la spoliation à main armée. Les huguenots, disent d'anciens mémoires, « troussèrent bagage et chargèrent chariots, mu- » lets et bêtes à bât, portant le tout en la ville » d'Issoire, et plusieurs habitants et villageois fu- » rent obligés de s'employer avec les bêtes et che- » vaux et traîner le butin (1). »

Pendant que ce malheureux pays subissait la tyrannie et l'oppression de Merle et des huguenots, le comte de Montmorin-Saint-Hérem, se préparait à marcher sur Ambert pour le délivrer. Soutenu par le comte de Martinange et Ruffé, seigneur de Riols, il attaqua le château du Lac qui tomba en son pouvoir après avoir été battu en brèche par cent coups de canon; ensuite il s'empara de Marsac, où les huguenots laissèrent deux cents hommes hors de combat; enfin, le 21 avril il se rendit maître d'Ambert, après un

---

(1) Enq. et procès-verbal sur la prise d'Ambert, mss. arch. d'Ambert.

siége meurtrier. Battu à Ambert et dans tout le Livradois, Merle se retira en pillant Tours et Courpière, dont il ruina le couvent de Saint-Benoît et rançonna les habitants. De là il se réfugia dans les Cévennes, pour faire de nouvelles levées et revenir sur Issoire menacé par le duc d'Alençon qui s'approchait à la tête d'une armée formidable (1).

(1) « Quant au capitaine Merle, il était déjà parti. Soit qu'il ne
» voulût point dépendre de Chavagnac, soit qu'il craignît l'armée de
» Monsieur, frère du roi, il ne voulut point rester. On le pria de revenir
» bientôt avec du secours, ce qu'il promit, et après avoir reçu de
» l'argent pour cela, il prit la route du Languedoc, chargé d'argent
» et de butin qu'il avait fait à Ambert, qu'il abandonna également, et
» ne revint plus en Auvergne. » (Annales de la ville d'Iss., p. 127).

CHAPITRE XIII.

Saint-Anthême. — Château de la Roue. — Petit-Séminaire de Verrières. — Plaines de Lachaux. — Viverols. — Fabrication de la dentelle. — Famille de Baffie. — Morinot de Tourzel. — La famille d'Allègre. — D'Aureilhe. — De Montagut. — Ruines du château de Montravel. — Opinions diverses sur Montravel. — François d'Auzon. — Marsac. — Les huguenots. — Combat de Marsac. — Ruffé, seigneur de Riols. — Défaite de Chavagnac et du capitaine Merle. — Viguerie de Marsac. — Arlanc, ancienne seigneurie. — Les familles de Vissac et d'Hostun. — Lesdiguières, maréchal de France. — Ancien prieuré d'Arlanc. — Abbaye de la Chaise-Dieu. — Description de l'église actuelle. — Origine de la Chaise-Dieu. — Légende de Saint-Robert. — Charte d'Henri Ier. — Rancon. — Urbain II. — Saint-Germain-l'Herm. — Ancien prieuré casadien. — L'abbé de Crillon. — Ruines du château de la Fayette, histoire.

Lorsqu'on quitte Ambert, en suivant la route de Montbrison, on laisse Saint-Martin-des-Olmes à droite, et on arrive, après avoir traversé une série de hautes montagnes, à Saint-Anthême, situé sur les frontières du Puy-de-Dôme et de la Loire. Cette petite ville est bâtie sur un des points les plus élevés de l'Auvergne. — Vers la fin du xviiie siècle, elle fut l'objet d'une vive contestation entre les officiers de la maîtrise de Montbrison et la sénéchaussée d'Auvergne. Les officiers prétendaient que les paroisses de Saint-Anthême, de Saint-Clément, de Lachaux, et une partie des paroisses de Saint-Romain, Saillant, Eglisoles et Usson étaient du Forez et par conséquent de leur ressort ; mais ils échouèrent dans leurs prétentions : la coutume d'Auvergne constata que ces localités n'avaient jamais fait partie du Forez.

Près de Saint-Anthême on remarque les ruines du château de la Roue qui avait donné son nom, au moyen-âge, à une ancienne et puissante maison. — En 1257, Pierre Armand et Gouet de la Roue en étaient les seigneurs. Au xiv⁰ siècle, un Armand de la Roue était en guerre avec un Armand de Polignac, au sujet de la succession des comtes du Forez. — Sybille de la Roue, dernière héritière de Bernard, seigneur de la Roue et d'Auzelle, porta cette terre dans la famille de Solignac, par son mariage avec Gilbert de Solignac. Un de ses petits-fils vivait en 1365, et possédait les seigneuries d'Usson et de Montpeloux. — En 1540, Louise de Clavisson, veuve de la Roue, en qualité de tutrice de ses enfants, déclara que sa maison était un fief du comté du Forez, et néanmoins était du ressort de la sénéchaussée d'Auvergne. — Dans la suite, cette maison passa dans celle de Pierre-Fort, dont un des membres, Balthazar-Erail, déclara, en 1669, au bureau des finances de Riom, qu'il était seigneur des terres de la Roue, Montpeloux, Lachaux et Usson, pour le côté de ces montagnes qui regardent l'Auvergne. — En 1670, Gabrielle de Pierre-Fort, sa fille unique, épousa le marquis de Rivarolle, dont un des descendants a laissé un nom célèbre dans le monde par son esprit et ses ouvrages, vers la fin du xviii⁰ siècle. — Le marquis de Saint-Germain, arrière-petit-fils de Gabrielle de Pierre-Fort, possédait ces terres avant la révolution : il habitait alors la ville de Turin. Cette famille s'est éteinte, et depuis longtemps le château de la Roue est en ruines (1).

Non loin de Saint-Anthême, sur la route de Montbrison, aux limites de la Loire et du Puy-de-Dôme, s'élève le bourg de Verrières qui dépend du diocèse de Lyon. Ce bourg situé dans les montagnes possède un petit-séminaire fondé par les libéralités du cardinal Fesch. Cet établissement a été terminé dans ces derniers temps par les soins et la munificence de son Eminence le cardinal de Bonald, archevêque de Lyon. Deux cents élèves y reçoivent une instruction aussi solide que pieuse, loin du contact du mauvais esprit du siècle et des dangers des grandes villes, sous l'intelligente direction de dignes ecclésiastiques.

En quittant Saint-Anthême nous traversâmes la paroisse de Saint-Clément ; puis nous parcourûmes un immense plateau très-élevé, où règnent des vents violents. Ce pays dénudé de tout arbre ressemble un peu au plateau des montagnes du Mont-Dore : on l'appelle *les plaines de Lachaux*. Dans la saison des hivers, la tourmente et la neige rendent ces parages très-dangereux, et maints voyageurs, saisis par le froid et la tempête, y ont trouvé leur tombeau : nous n'avions pas à craindre ces dangers, car le temps était beau et le ciel serein.

Nous descendîmes ensuite un superbe vallon, à travers une lisière de bois de sapins. Nous traversâmes de belles prairies et des champs cultivés, parsemés de riants villages et de magnifiques bourgades que nous distinguions de loin à la flèche élancée de leurs clochers. Après avoir dépassé le petit bourg de Saillant, nous prîmes le chemin de Vive-

---

(1) Baluze, t. 2, pages 438 et 516. — Not. de Charles Dumoulin, t. 2. — Cout. d'Auv., t. 4, p. 296.

rols, en laissant Eglisoles à notre droite, au milieu d'une plaine.

En entrant dans la petite ville de Viverols, ce qui nous frappa le plus fut de trouver dans les rues un grand nombre de femmes et de jeunes filles, assises devant les portes des maisons : elles tenaient toutes un carreau orné d'une infinité de petits fuseaux, garnis de fils de soie blancs et quelquefois noirs, qu'elles remuaient avec une dextérité remarquable, et une adresse intelligente : elles fabriquaient des dentelles magnifiques. Il était curieux de voir les rues et le seuil des maisons transformés en ateliers de confection. Tout y gagnait, et la beauté des produits et la santé des ouvrières. Ce travail en plein air était loin de ces fabriques, de ces usines, de ces ateliers inventés par l'industrie moderne et animés par la vapeur, où la vie s'étiole, où la santé s'appauvrit au milieu d'une atmosphère viciée par le nombre et les émanations délétères ! Chaque point de la dentelle était marqué par des épingles, à boutons nuancés, qui indiquaient les passes, les roses, les palmes et les formes diverses de ces légères et riches étoffes qui s'enroulaient comme un ruban sur un carton dessiné, autour d'un cylindre mobile. Cette industrie forme, dans ces montagnes, la branche d'un commerce considérable que nous retrouvâmes dans les cantons d'Arlanc, de Saint-Germain-l'Herm, et dans le département de la Haute-Loire.

Après avoir parcouru la ville, aux pieds de laquelle s'étendent de vastes prairies, nous visitâmes son église. C'est un monument moderne, construit sur les plans de l'architecte Ledru, de Clermont. L'intérieur est bien tenu, les autels sont riches en décorations et en ornements ; mais on regrette que les voûtes de l'édifice soient écrasées.

Elles nuisent par là à la beauté de ce monument qui, vu du dehors, a plutôt l'apparence d'un temple romain que d'une maison de Dieu.

Près de cette ville apparaît un château démantelé, dont les tours balafrées se dressaient encore majestueuses dans les airs : il nous tardait de le visiter. En moins de dix minutes nous fûmes en face de la tour du pont-levis qui existe encore avec ses chaînes et la loge du gardien. Les murs d'enceinte flanqués de tours rondes, la cour où croissent maintenant de grandes plantes herbacées, la toiture du principal corps de logis, un magnifique escalier tournant qui conduit dans les salles du premier et second étage, la chapelle avec ses peintures dorées, dans le goût du moyen âge, plusieurs autres corps de bâtiments, vides d'habitants depuis la révolution, sont dans un état de conservation qui accusait l'importance et la richesse du château de Viverols. Peu à peu le temps et les frimas détachent quelques pierres de cet antique manoir féodal, qui finira peut-être un jour par subir le sort de tant d'autres monuments de ce genre, qui ont disparu du sol de l'Auvergne. Telle est la destinée de ce monde ! l'homme s'en va, sa demeure lui survit ; mais le temps qui use tout, finit par la faire disparaître à son tour !

Le château de Viverols était autrefois le chef-lieu d'une terre considérable qui appartenait, dans l'origine, à la famille de Baffie. Eléonore de Baffie, unique héritière de la maison de Viverols, porta cette seigneurie dans la maison des comtes d'Auvergne, par son mariage avec Robert V. Cette terre faisait partie de celles que Jean II, comte d'Auvergne, vendit à Morinot de Tourzel. Le petit-fils de Morinot, Jacques d'Allègre, en était seigneur en 1453.

Le château de Viverols resta dans la maison d'Allègre jusqu'à l'échange que fit Claude d'Allègre, marquis de Beauvoir, avec François d'Aureilhe. La dernière héritière de la maison d'Aureilhe de Colombine épousa le comte de Montagut. Leur fils, le marquis de Montagut, lieutenant-général sous Louis XVI, en était possesseur à l'époque de la révolution (1).

Nous couchâmes à Viverols, et le lendemain nous suivîmes la route nouvelle qui passe à Montravel et traverse la plaine du Livradois en touchant à Marsac. Cet itinéraire nous éloignait un peu de Medeyrols et de Dore-l'Eglise qui nous rappelaient de touchants souvenirs; mais nous n'étions pas fâchés de voir les ruines du vieux château de Montravel, dont les murs, dit-on, étaient baignés autrefois par les eaux du lac qui couvrait l'immense plaine du Livradois. On nous avait même assuré qu'on voyait encore les vestiges des pitons, des anneaux en fer qui servaient jadis à amarrer les barques qui sillonnaient le lac : il n'en fallait pas davantage pour piquer notre curiosité.

Nous marchions depuis longtemps sur la route qui suit l'inclinaison du terrain et les sinuosités d'une longue et rapide côte; lorsqu'à moitié chemin de cette déclivité de la montagne, nous nous trouvâmes en face de quelques maisons pauvres qui composent le hameau de Montravel, dans la paroisse de Beurrière. La route passe sous les ruines mêmes du château. Nous pûmes voir à loisir les restes jetés à terre de cet antique manoir. Il serait difficile d'établir que les eaux du lac du Livradois allaient baigner les murs de cette forteresse, attendu qu'elle est très-éloignée

---

(1) Chabrol, Cout. d'Auv. — Baluze, t. 2, pages 118 et 223. — Archives de Viverols.

de la plaine. Les eaux, dans cette supposition, auraient eu une profondeur immense que ne permet guère d'admettre la pente de la plaine du côté d'Ambert. Quant aux pitons et aux anneaux, ils pouvaient servir à tout autre usage qu'à amarrer des barques ; car il nous paraît douteux que l'ancien lac vînt même jusque-là ; de plus, Montravel n'existait probablement pas à l'époque où les eaux couvraient la plaine du Livradois. Ce qu'il y a de certain, c'est que ce château a donné son nom à une ancienne maison de la province d'Auvergne, qu'il était un fief de la seigneurie de Viverols, au moyen-âge. En 1415, il appartenait à Jean de Montravel. Il passa ensuite dans la maison d'Auzon. Armand d'Auzon, qui avait épousé Isabeau de Montmorin, en était seigneur en 1438. Un de ses descendants, François d'Auzon, épousa, le 27 mars 1597, Réné d'Urfé, fille de Claude d'Urfé qui avait été gouverneur de François II, roi de France, puis bailli du Forez et ambassadeur à Rome. Ce François d'Auzon, seigneur de Montravel, fut condamné, en 1617, à avoir la tête tranchée, *et le fief qu'il possédait dans la mouvance du seigneur de Viverols, fut confisqué pour crime de félonie.* Depuis cette époque, le château de Montravel fut abandonné et tomba en ruines. Il n'en reste aujourd'hui que des vestiges épars disséminés sur le sol, ou qui ont servi à bâtir les maisons du hameau de ce nom.

En quittant Montravel, nous descendîmes dans la plaine : nous traversâmes la Dore sur un beau pont en pierres nouvellement construit et nous arrivâmes à Marsac, situé au milieu du Livradois. Ce bourg est assez considérable : il fut assiégé par les huguenots, à l'époque où le capitaine Merle était maître d'Ambert. — Le 22 février 1577, Merle prit avec lui deux colonnes de fantassins et une centaine de cavaliers. A la tête de cette petite armée, il vint assiéger Marsac. Déjà ce bourg commençait à être incendié, lorsqu'un courrier dépêché par Chavagnac vint avertir le capitaine des huguenots que le comte de Saint-Hérem s'avançait au secours des assiégés avec un renfort de trois cents chevaux et sept compagnies d'infanterie. Merle abandonna aussitôt son entreprise et rentra dans la ville d'Ambert en emmenant quelques prisonniers faits sur les fermes voisines, et tout le bétail qu'il put saisir.

Mais le 10 mars suivant, les religionnaires reviennent à la charge. Merle et Chavagnac, ne laissant qu'une faible garnison dans Ambert, marchent de nouveau sur Marsac. Ils culbutent d'abord les avant-postes catholiques, renversent les premiers obstacles de la défense et *font entrer les goujats munis de fusées incendiaires* dans les habitations pour y mettre le feu. Chavagnac laissant à Merle le soin de déloger les catholiques qui se rassemblent en masse au milieu de Marsac, forme trois divisions de sa cavalerie pour cerner Ruffé, seigneur de Riols, et le comte de Saint-Hérem, en enveloppant le bourg assiégé.

Ruffé, en effet, commandait dans la place : ses soldats, pleins de courage et de bravoure, reprennent l'offensive, débouchent tout-à-coup sur plusieurs rues dans lesquelles se sont engagés les protestants, les culbutent, les taillent en pièces et les forcent à la retraite, en jonchant le terrain de leurs morts. Au même instant, trois cents cavaliers de Saint-Hérem sortent au galop du château de Riols, sabrent la cavalerie de Chavagnac, la dispersent, arrivent sur les fantassins de Merle et les hâchent sans quartier et sans merci. Dans cette affaire, les huguenots perdirent trois cents hommes, parmi lesquels soixante Ambertois ou Issoiriens. Merle, vaincu dans ce combat, écumait de rage, sur son cheval blessé. Il se sauva à toute bride, et fut poursuivi jusqu'aux portes d'Ambert. Chavagnac ne dut son salut qu'à la vitesse de son cheval d'Espagne : il se déroba dans un village à la poursuite du comte de Saint-Hérem, s'y cacha dans la paille où il demeura tout le jour, et n'en sortit que la nuit pour se sauver à Ambert. Le comte de Saint-Hérem ne perdit qu'une trentaine d'hommes. Plusieurs maisons de Marsac devinrent la proie des flammes, mais la victoire fut complète, et les huguenots châtiés de leurs ravages dans le Livradois (1).

Le bourg de Marsac avait été le siége d'une viguerie sous la domination wisigothe et franke. — Les protestants saccagèrent l'église en 1576; ils la pillèrent de nouveau en 1577, et l'incendièrent avec plusieurs maisons. Le cardinal Jérôme de la Souchère, qui avait été successivement abbé de Clervaux et de Cîteaux, la fit reconstruire, après l'expulsion des huguenots de l'Auvergne.

La terre de Marsac appartenait, dans les premiers temps de la féodalité, à la maison de Baffie. Elle fut comprise dans la vente que fit Jean d'Auvergne du Livradois à Morinot de Tourzel : puis elle passa dans la famille de Polignac-Chalençon ; acquise ensuite par M. de Moras, et possédée avant la révolution par le comte de Merle qui avait épousé la dernière des héritières de Moras.

(1) Annal. de la ville d'Iss., page 119. — Hist. du Comtat-Venaissin, Provence, etc. — Not. de Dulaure. — Relation de M. Jouve. — Mém. hist. de J. Boissière. — Exploits de Mathieu Merle. — Coutumes d'Auvergne, art. Marsac. — **Mém. de littér.**, t. 2.

En sortant de Marsac, nous suivîmes la route magnifique qui traverse la plaine du Livradois dans toute sa longueur, et nous arrivâmes à la petite ville d'Arlanc située à l'extrémité, sur une éminence qui forme un promontoire, entre les rivières de la Dore et de la Dolore.

Arlanc était autrefois une ancienne seigneurie qui donna son nom, au XIIe siècle, à une famille qui s'allia à celle des Vissac par le mariage de Guigone avec Etienne de Vissac. Un de ces Vissac devint chancelier de France. La dernière héritière de cette famille, Jeanne de Vissac, épousa, en 1497, Just, seigneur de Tournon et sénéchal d'Auvergne. De ce mariage naquit une fille unique qui porta, en 1613, la terre d'Arlanc dans la famille d'Hostun. Roger d'Hostun fut le père du fameux Lesdiguières, maréchal de France, ministre d'Etat, seigneur d'Arlanc et grand calviniste. Après avoir contribué puissamment à placer Henri IV sur le trône, il combattit le duc de Savoie et s'empara de presque toute la Savoie. Il servit utilement Louis XIII, assiégea Montauban en 1621, abjura le calvinisme à Grenoble en 1622, et reçut les lettres de connétable. — La terre d'Arlanc fut ensuite vendue au marquis de Moras et passa dans la maison du comte de Merle par le mariage de la dernière héritière des Moras avec ce dernier. A la révolution la famille de Merle en était encore en possession (1).

On distingue le bourg et la ville d'Arlanc : dans la ville était autrefois un couvent d'Ursulines établi en 1671, et dans le bourg un prieuré célèbre dépendant de l'abbaye de l'Ecluse, fondé par la famille de Montboissier. — Nous y remarquâmes une belle

(1) Baluze, t. 2. — Cout. d'Auv.

maison des **Frères Maristes**. Elle a été établie dans ces derniers temps par les libéralités de son vénérable curé. — **De** même qu'à Viverols, il s'y fabrique beaucoup de **dentelles noires**.

Après une **halte** assez courte à Arlanc, nous chevauchâmes sur **la** route de la Chaise-Dieu, sur laquelle se trouve le magnifique pont du Var jeté sur un torrent. Pendant trois heures environ, nous suivîmes un chemin montant ; nous traversâmes de belles forêts de sapins et de pins sylvestres. En quittant les bois, nous débouchâmes sur une plaine froide et très-élevée, à l'extrémité de laquelle est bâtie la petite ville de la Chaise-Dieu, qui dépendait autrefois de l'Auvergne. — Cette ville doit son origine à une célèbre abbaye de Bénédictins fondée par saint Robert, chanoine de Brioude, vers le milieu du XIe siècle. A l'époque de sa plus grande prospérité, elle avait compté jusqu'à trois cents religieux. Comme riche abbaye, elle avait été possédée par des personnages distingués dans le haut clergé de France (1).

L'église actuelle est une des plus belles et des plus vastes qu'il y ait en France. Elle fut bâtie au commencement du XIVe siècle par Pierre Roger, abbé

---

(1) L'abbaye de la Chaise-Dieu avait été possédée par le cardinal de Tournon, par le cardinal Richelieu, par Mazarin et par le cardinal de Rohan. Ce dernier y fut exilé après l'affaire du fameux collier, qui fit tant de bruit sous Louis XVI, et dans laquelle on chercha à flétrir l'innocente Marie-Antoinette. Cinquante ans auparavant l'évêque de Sénez, Soanen, y termina ses jours dans l'exil, à cause de son jansénisme. — Raymond de Saint-Gilles, comte de Toulouse, que Le Tasse a chanté dans sa Jérusalem délivrée, visita la Chaise-Dieu. — Les huguenots, sous la conduite de Blacon, lieutenant du baron des Adrêts, pillèrent l'abbaye, ravagèrent l'église, profanèrent le tombeau de Clément VI et mutilèrent les statues qu'elle renfermait.

de la Chaise-Dieu, puis archevêque de Rouen, enfin pape en 1343 sous le nom de Clément VI. — Le chœur a cent pieds de longueur depuis l'entrée jusqu'à la balustrade du sanctuaire; il est bordé de cent cinquante-six stalles sculptées avec beaucoup de richesse et de goût, décoré de tapisseries précieuses données en 1518 par Jacques de Sénectaire, dernier abbé titulaire de cette abbaye : il est terminé par un magnifique jubé. — Au milieu du chœur est le tombeau de Clément VI, en marbre noir. La statue du Pape, revêtu de ses habits pontificaux et la tiare en tête, est exécutée en marbre blanc. — Sur le pourtour du chœur nous remarquâmes des peintures à fresque qui représentent la danse des morts, appelée *danse Macabre* par les archéologues. La mort invite à danser des personnages de toutes les conditions. — L'orgue, qui a été mutilé à l'époque de la révolution, a conservé ses boiseries ornées de sculptures magnifiques : elles sont d'un artiste du XVIIe siècle, Lepaultre, qui n'a rien fait de plus beau.

L'église est d'architecture gothique à ogives et à nervures. Elle possède deux clochers qui s'élèvent dans les airs en tours parallèles. Les figures du portail sont en lave noire, et quelques-unes d'une assez bonne exécution. Près de l'église s'élève la tour Clémentine, vaste construction carrée, qui servit de forteresse aux religieux à l'époque des ravages des protestants.

L'abbaye de la Chaise-Dieu a répandu un grand éclat au moyen-âge et a toujours été regardée comme une des plus importantes même dès son origine. Voici à peu de chose près ce que rapportent les auteurs : au commencement du XIe siècle, saint Robert vit le jour dans la Haute-Auvergne. Il eut pour père le comte d'Aurillac du même nom que son illustre aïeul, saint Géraud, et pour mère Rhaingarde, fille du comte de Rhodez. Dès sa plus tendre enfance on remarqua en lui un élu du Seigneur. Bien jeune encore, il allait apprendre à vivre à l'ombre du cloître, à respirer la sainteté de la solitude. Son éducation fut confiée aux chanoines de Brioude; il devint bientôt un de leurs frères, fut ordonné prêtre et nommé trésorier de la communauté. Sa piété croissait avec son âge, et son cœur se dilatait en sagesse et en piété; généreux envers les pauvres, il leur distribuait tout son avoir, leur donnait jusqu'aux vêtements qui le couvraient, vivait quelquefois au milieu d'eux, les consolant dans leurs afflictions, les secourant dans leurs misères et les soignant dans leurs maladies. Il fonda même à ses frais un hôpital à Brioude qu'il ouvrit aux infirmes et aux lépreux.

Mais Robert qui cherchait à se dérober au monde pour vivre d'une vie plus austère, se retire à Cluny; les pauvres viennent le chercher et l'arracher à sa retraite. Robert les suit; mais incertain de son avenir, il erre quelque temps dans les monastères d'Auvergne sans se fixer nulle part. Ce fut alors qu'il conçoit le projet de créer un asile qui offrît aux pauvres un lieu de consolation pour les misères de la vie, et aux riches un espoir pour le ciel.

Mais avant d'entreprendre son dessein, il va à Rome consulter les lumières du souverain Pontife, en l'année 1040. Benoît IX l'encourage dans son pieux projet. A son retour, il traverse les Abbruzzes et visite le Mont-Cassin où était situé le monastère fondé par saint Benoît. Rentré en France, il voit arriver un jour un ancien soldat de son père du nom d'Etienne : ce dernier lui confia le dessein qu'il avait formé de quitter le monde et de se retirer dans le désert pour faire pénitence de sa vie agitée et licencieuse. Robert applaudit à cette proposition et promet de se joindre à lui. Etienne s'en va alors faire un pèlerinage à Notre-Dame du Puy qui était en grande vénération. A son retour, il traverse les montagnes qui séparent la Basse-Auvergne du Forez et du Velay. Parvenu au milieu d'une grande forêt, il découvre une clairière où se trouvait une chapelle en ruines. Etienne y entra pour faire sa prière; mais à peine agenouillé, il voit derrière un pan de mur demi-renversé un homme couché qui paraissait exténué de fatigue et de douleur. Quel ne fut pas son étonnement de reconnaitre en lui un de ses anciens compagnons d'armes, nommé Delmas, qui avait fui le monde pour se réfugier au désert? Les deux soldats bénissent Dieu de leur rencontre, se font part de leur dessein et viennent à Brioude raconter à Robert la solitude et l'église qu'ils avaient trouvées au milieu des bois. Robert part aussitôt pour le Puy : il va demander la concession d'une partie de la forêt qui appartenait à deux chanoines, nommés Albert et Rostaing : ceux-ci la lui accordèrent volontiers.

Ce fut le jour des saints innocents que les trois solitaires prirent possession de leur désert (l'an 1043.) Cette solitude perdue au sein des forêts qui couvraient le sol, n'avait d'autres habitants que les bêtes fauves et les oiseaux de proie. Placée sous un ciel de fer, cette terre ne laissait germer aucune plante céréale. Les peuplades de ces montagnes étaient encore moitié sauvages et moitié idolâtres. L'église que de pieux missionnaires y avaient érigée sous l'invocable de saint Vital et de saint Agricole, abandonnée par les montagnards pour revenir à leurs pratiques superstitieuses, avait fini par tomber en ruines.

Les trois solitaires prirent possession de cet oratoire abandonné que leur concéda Rancon, évêque de Clermont : ils élevèrent des cabanes de chaume tout autour et défrichèrent quelques carrés de terre.

Bientôt le nombre d'anachorètes s'augmentant, attirés par la sainteté de Robert et de ses compagnons, il fallut songer à fonder un monastère. Robert ayant réuni ses disciples disséminés dans la forêt, leur donne la règle de saint Benoît qu'un jeune étranger à cheveux flottants sur une longue robe blanche lui avait apportée en lui disant : « Va porter ce petit code à tes frères assemblés, car il leur est très-nécessaire. »

Robert alla ensuite trouver l'évêque diocésain, Rancon (1), pour faire autoriser ses règlements. Le prélat approuva ses travaux, lui accorda toute l'autorisation nécessaire, et confirma le nom qu'il avait donné à son monastère, de *Casa Dei (maison de Dieu)*, l'année 1050. Ce fut aussi vers ce même temps que l'évêque de Clermont confia aux nouveaux religieux un grand nombre d'églises de son diocèse que les guerres et les malheurs du siècle avaient ruinées; entr'autres celles de Luzillat, Maringues, Artonne, Saint-Dier, Fournols et Saint-Germain-l'Herm. De riches seigneurs s'empressèrent aussi de concourir à cette œuvre et donnèrent au monastère des forêts, des villages, des églises et des terres. Les barons de Mercœur, les seigneurs du Livradois et le comte d'Auvergne Guillaume V, en devinrent les bienfaiteurs. En peu d'années, la Chaise-Dieu acquit une splendeur si rapide que Robert sollicita auprès du roi et du pape son érection en abbaye.

---

(1) Rancon, évêque de Clermont, était d'une famille noble du Rouergue et frère de Rhaingarde, mère de Robert.

Robert, muni de lettres de recommandation de Rancon, alla trouver Henri Ier à Vitry. Le roi lui accorda la Charte dont nous extrayons les passages suivants :

« Au nom de Dieu et de la sainte et indivisible Trinité, moi, Henri, roi des Francs, veux faire savoir à tous que Robert, homme vénérable et aimé de Dieu, chanoine et trésorier de Brioude, député par l'évêque d'Auvergne Rancon qui nous le recommande par ses lettres, est venu nous trouver, se fiant à notre mansuétude, nous suppliant de vouloir et d'ordonner, d'après la permission de son évêque, que l'église d'un lieu d'Auvergne, située en un désert, mais tellement honorée qu'on ne l'appelle que la maison de Dieu (*casam Dei*) soit érigée en abbaye. C'est pourquoi ayant pris conseil des princes et grands de notre palais, nous avons résolu de consentir à sa supplication, autorisons, permettons et ordonnons l'érection de cette église en abbaye... à la condition que la nouvelle abbaye sera soumise à l'évêque de cette manière : L'abbé sera élu par tous les religieux, mais avec l'autorisation du prélat diocésain ; chaque année, le jour de l'Assomption, l'abbé enverra à Clermont quelques-uns de ses moines qui assisteront à l'office de la sainte Vierge dans l'église cathédrale, puis paieront une livre d'encens blanc pour toute redevance. Nous accordons aussi et confirmons tous les dons faits à cette église... à savoir, dans le même lieu, une église consacrée en l'honneur des saints martyrs Agricole et Vital. Dans le bourg de Tuniac, l'église de Saint-Germain, martyr (1), avec le bourg lui-même et toutes ses appartenances ; l'église et le vil-

---

(1) Aujourd'hui Saint-Germain-l'Herm.

lage de Fournols... la chapelle du château de Bulhom, les trois églises et le village de Luzillac, la chapelle du château de Montgascon, les deux églises et le village de Saint-Victor; au territoire de Roche, celle de Saint-Dier... (1) et tous les autres bourgs, églises, villages, hameaux, terres cultes et incultes, forêts, vignes, étangs, pacages, dont on a déjà doté la nouvelle abbaye. Nous accordons à cette église la liberté et le droit de pouvoir augmenter ses biens, et en acquérir de nouveaux, et nous confirmons les acquisitions et donations que les abbés pourront faire et recevoir en quelque lieu que ce soit, sauf notre droit royal et celui de l'évêque diocésain...(1) »

Cette charte, donnée au palais de Vitry, en septembre 1052, est rapportée dans la Gallia Christiana et dans le Recueil des Bulles. Elle fut signée par Robert, duc de Bourgogne, et Odes, frères du roi; par Guillaume, duc d'Aquitaine; Guillaume-le-Bâtard, duc de Normandie; les comtes Raoul, Guy, Thibaud et Seguin; Renaud, chambellan, et Sciolus qui écrivit la charte à la place du chancelier Beaudoin; par Aymond de Bourbon, archevêque de Bourges; Maynard, archevêque de Sens; Guy, archevêque de Rheims; Arnulphe, archevêque de Tours; Hugues, évêque de Nevers; Isambaud, évêque d'Orléans; Agobert, évêque de Chartres, et par les évêques d'Autun, d'Auxerre et de Clermont.

Tandis que Robert obtenait du roi l'érection de sa communauté en abbaye, l'évêque Rancon prit lui-même le chemin de Rome et alla solliciter du

---

(1) Cette Charte confirmait aussi, au territoire de Lyon, l'église de Sainte-Marie et le village, en un lieu appelé Sociac.
(2) L'Auv. au Moyen-Age. Hist. des monast. — Audigier, hist. mss. — Gall. Christ., t. 2.

souverain pontife Léon IX, une bulle de priviléges et de faveurs pour son neveu et son monastère. Le Pape *qui avait désia ouï dire des merveilles de Robert*, mit sa personne et son couvent sous la protection du Saint-Siége

Ce fut alors que Robert fit jeter les fondements d'une nouvelle église sur l'emplacement où s'élevait autrefois la chapelle ruinée de saints Agricole et Vital. Après qu'elle fut terminée, Rancon vint à la Chaise-Dieu pour la consacrer et bénir le monastère. Il décréta que tous les ans Robert et ses successeurs viendraient célébrer, à Clermont, la fête de l'Assomption dans son église cathédrale, assistés de six moines et suivis par sept frères convers.

Les grands travaux de Robert, disent les chroniques casadiennes, furent le rétablissement des églises que la piété des évêques ou des seigneurs lui avait données, et que les guerres avaient renversées. Leur nombre s'élevait à plus de cinquante, tant en Auvergne que dans les provinces voisines. Il érigea la plupart en prieurés, les soumettant à la nomination de l'abbé de la Chaise-Dieu et sous sa dépendance, leur laissant seulement la jouissance des biens qui appartenait à ces églises, sous la condition de redevances en nature ou en argent, payables au monastère de la Chaise-Dieu. Les prieurés qui lui furent soumis immédiatement étaient Chanonat, Saint-Germain-l'Herm, Saint-Robert de Montferrand, la Ville-Dieu, Baissac, le Monestier, près de Saint-Amant-Roche-Savine, Beaulieu près d'Issoire, Le Fayet, près de Saint-Germain-l'Herm, Fournols, Luzillac, Maringues, Saint-Dier d'Auvergne, Saint-Victor et Meyre près d'Arlanc, et un grand nombre d'églises et de chapelles telles que Dore-l'Eglise, Malvières, Aubière, Lempdes près

Clermont, Busséol, Mirefleurs, Chaméane, Theilhède, Gimeaux, Blot-l'Eglise, Combarnazat, Estandeuil, Sermentison, Saint-Bonnet-le-Bourg, Doranges, Eglisoles, Saillant, Bansac, Le Broc, La Chapelle-Agnon, Saint-Amant-Roche-Savine, Grandval, Echandely, et Saint-Alyre (Sainte-Elidie), aujourd'hui dans le canton d'Arlanc. Ces églises forment presque toutes aujourd'hui des paroisses du diocèse de Clermont (1).

Les travaux et les austérités avaient affaibli la santé de Robert qui se multipliait pour étendre son abbaye et travailler à la gloire de Dieu. Un jour qu'il priait avec ferveur devant l'autel de saint Agricole et de saint Vital, le jour des Pâques-fleuries, il entendit une voix :

— « Lève-toi, mon fidèle serviteur, et va voir
» près de la porte de l'église le lieu où tu dois bien-
» tôt reposer. »

Robert rendit gloire à Dieu avec tous ses disciples qui avaient entendu ces paroles ; puis s'adressant à eux, il leur dit :

« Allons, mes frères, voir le lieu que Dieu m'a
» préparé ; » et s'étant approchés, les religieux trouvèrent, à l'endroit indiqué, la terre creusée comme par le soc d'une charrue, en sillon pareil par sa longueur à la fosse d'un homme.

— » Voilà, leur dit-il alors, voilà le lieu de mon
» repos, voilà la sépulture que Dieu m'a désignée. »

Le samedi suivant, pendant qu'il baptisait les enfants nobles de la contrée qu'on lui avait présentés il se sentit pris de la fièvre, chargea ses religieux de continuer la cérémonie ; et après quelques jours de

---

(1) La Chaise-Dieu nommait les titulaires à ces églises. (Pouillé d'Auv. de 1762, édit. Viallanes.)

souffrances, il expira couché devant l'autel des SS. patrons de son monastère, sur une natte de foin recouverte de cendres et d'une étoffe de laine, recommandant à ses moines réunis autour de son lit de mort, l'observance de la règle, l'obéissance, l'amour de leur état et l'hospitalité, le dix-sept avril 1068, à l'âge de 67 ans, au milieu des regrets universels de sa communauté (1).

Le corps de Robert fut embaumé selon l'usage du temps et enseveli dans un cuir de cerf, inhumé à l'endroit miraculeusement indiqué, au milieu d'une foule immense accourue de toutes parts.

L'odeur de sainteté qu'avait laissée Robert attira un grand nombre de pèlerins à son tombeau, de toutes les classes de la société, et augmenta le nombre des religieux qui s'accrut considérablement. Des supérieurs de couvents, des évêques, des Papes même sortirent de cette célèbre abbaye, renommés non-seulement par la piété des religieux, mais encore par leur savoir. Parmi eux se trouvaient des gens de lettres, des savants, des sculpteurs, des architectes, des musiciens composant de beaux chants lithurgiques ; de patients copistes des anciens manuscrits, qu'ils ornaient de vignettes et d'enluminures ; enfin des peintres qui travaillaient selon l'art bysantin.

En 1095, le pape Urbain II, français de naissance, ayant annoncé la tenue du célèbre concile, à Clermont, où fut décrétée la première croisade contre les musulmans, Durand, évêque de Clermont,

---

(1) Bolland., Act. SS., t. 3. — Annal. Bénédic., t. 5. — Hugues de Flavigny, Labbe, t. 1. — Gall. Christ., t. 2. — D. Tiollier. hist. de la Chaise-Dieu, Mss. fr., no 930. — Claud. Estiennot, ant. bénéd. du diocèse de Clerm. — J. Branch., Vie des SS. d'Auv. — Bréviaire de Clermont. — L'Auvergne au Moyen-Age, p. 140. — Godescar, Vie de S. Rob., t. 4.

alla jusqu'au Puy pour attendre le souverain Pontife qui avait résolu de visiter plusieurs monastères d'Auvergne, entr'autres celui de la Chaise-Dieu. Il y fut reçu avec la plus grande pompe par l'abbé Ponce, deuxième successeur de Robert; par l'archevêque de Bourges, par Durand, évêque de Clermont; par Hugues de Grenoble, tous anciens religieux de la Chaise-Dieu. A leur sollicitation le pape consacra de nouveau l'église et la dédia spécialement à saint Robert son fondateur.

Ponce accompagna l'évêque à Clermont, assista au concile; puis, l'année suivante, avec quatre de ses moines, il partit pour Lyon, sur l'invitation de l'archevêque Hugues qui lui donna l'église de Modon, ou Savigneux, près Montbrison, et l'érigea en prieuré conventuel, où vécurent douze religieux, moyennant cent dix sous de rente à la Chaise-Dieu.

La petite ville de la Chaise-Dieu possède des communautés de religieuses qui s'occupent de l'instruction de la jeunesse et envoient plusieurs de leurs membres dans les villages des paroisses du Puy et de Clermont, pour l'enseignement des petites filles.

Le territoire de cette ville étant peu fertile, presque tous les habitants émigrent, pendant les hivers, comme terrassiers ou scieurs-de-long, pour faire valoir ailleurs leur force et leur industrie. Les femmes restent dans le pays et s'occupent à fabriquer des dentelles qui rivalisent avec celles d'Alençon et de Belgique.

En quittant la Chaise-Dieu pour aller à Issoire, nous traversâmes des montagnes couvertes de forêts de pins et de sapins, au milieu desquelles s'élève la petite ville de Saint-Germain-l'Herm. Cette dernière, qui est située dans un vallon froid et montagneux, était autrefois un bourg appelé Tuniac, qui prit (on ne sait à quelle époque) le nom de Saint-Germain-l'Hermite, son patron. Celui-ci s'était retiré dans ce désert et y fut martyrisé près d'une fontaine qu'on montre encore aujourd'hui comme le lieu de sa mort. La justice de Saint-Germain-l'Herm dépendait autrefois du prieuré du lieu, qui appartenait à l'abbaye de la Chaise-Dieu. L'abbé de Crillon, descendant du célèbre Crillon, qui vivait sous Henri IV, en était le titulaire en 1786. Quoique cette ville soit sous un climat rigoureux, elle est bien bâtie; son église est remarquable par son antiquité et son style romano-byzantin; ses rues sont pavées avec soin, sa halle et son hôtel-de-ville sont de construction récente, grâce à l'intelligente administration municipale. Il s'y fait un grand commerce de planches de sapins et de courbes pour les bateaux qui se construisent à Jumeaux, sur les bords de l'Allier, pour le transport des charbons de Brassac. Depuis le nouvel établissement du chemin de fer, cette industrie perdra sans doute de son importance, mais aussi elle ménagera les forêts qui allaient chaque jour en disparaissant du sol de ces montagnes.

Avant de quitter Saint-Germain-l'Herm, nous allâmes visiter les ruines du château de la Fayette, situé dans la paroisse d'Aix. Il en reste néanmoins des débris imposants, des pans de murailles crénelées qui élèvent au ciel leurs dents menaçantes et couvrent au loin le sol de leurs décombres. Ces ruines encadrent un paysage charmant au milieu de ces montagnes. Elles sont situées sur la rampe d'un coteau couvert d'une magnifique forêt de sapins qui appartenait naguère à la comtesse de Besse.

Le château de la Fayette a donné son nom à une des plus anciennes maisons de la province d'Auvergne (1) : un Pons Motier de la Fayette vivait au

---

(1) Cout. d'Auv., t. 4. — Nobil. d'Auv. Bouil. — Baluze, hist. de la m. d'Auv. — Preuves, t. 1 et 2.

commencement du treizième siècle. Il épousa Alix Brun de Champétières qui lui apporta en dot les terres de Champétières et de Job. Son fils Gilbert de la Fayette, en 1284, rendit foi et hommage de son château à Robert, comte d'Auvergne. Un de ses descendants fut tué en 1356, à la bataille de Poitiers. Selon Baluze, Gilbert II, chevalier, seigneur de la Fayette, guerroya en Saintonge, rendit hommage de son château et des fiefs qu'il possédait dans les châtellenies de Bottonargues et de Saint-Amant-Roche-Savine, à Philippe de Bourgogne, comte d'Auvergne. Son fils épousa Marguerite Brun du Peschin qui lui apporta les terres de Pontgibaud, d'Hautefeuille et d'Autesserre près d'Auzance. Ce fut lui qui fonda, en 1353, la vicairie de Nébouzat, dans les montagnes du puy de Dôme. C'est de ce mariage que naquit Gilbert III de la Fayette, maréchal de France en 1421, sous Charles VII, à qui il rendit de grands services. Il fut un des principaux chefs qui coopérèrent le plus à chasser les Anglais du royaume et à remettre la couronne sur la tête de Charles. En récompense de ses services, ce prince lui donna la terre de Vauche en Forez et quelques domaines en Bourgogne que ses descendants ont possédés longtemps. A la journée de Verneuil (1424), il fut fait prisonnier, mais relâché par la bravoure et l'intrépidité de l'héroïne de l'époque, Jeanne d'Arc. A la bataille de Beaugé, il tua de sa main le duc de Clarence, fit prisonnier le comte d'Arondel à celle de Guibray, et, en 1429, il conduisait trois cents hommes d'armes au secours de la ville d'Orléans dont Jeanne d'Arc, comme on le sait, força les Anglais à lever le siège.

Le maréchal de la Fayette s'était marié deux fois. Sa première femme fut la dauphine de Mont-Rognon qui mourut sans enfants; la seconde fut

Jeanne de Randon de Joyeuse. La mère de cette dernière fut Catherine Aubert, dame de Montel de Gelat et de Roche-d'Agoux. — Il laissa une famille nombreuse, et institua Charles de la Fayette, l'aîné, chambellan du roi, son héritier dans les terres de la Fayette, Pontgibaud, Nébouzat, le Bourgnon, et en ses droits sur les châteaux de Montboissier, Usson, Nonette, Miremont, Olliergues, Champétières et Laroche. Le chevalier Charles Motier de la Fayette, fils de Gilbert II, épousa Catherine Cholet d'Auterive. Son frère Antoine de la Fayette épousa successivement Louise de Montboissier, Catherine de Murols et Anne d'Aubière. Il eut pour fils Jean, seigneur de la Fayette, qui vendit cette terre en 1520 à son cousin Antoine de la Fayette, et mourut célibataire. Cet Antoine de la Fayette avait pour mère Isabeau de Polignac qui lui donna le jour au château de St-Romain, près Vic-le-Comte.

Après plusieurs successions, la terre de la Fayette fut recueillie par Jean de la Fayette qui fut tué en 1568, en défendant son château d'Espinasse (1) près de Gannat, contre les religionnaires qu'il avait chassés de Nevers et de la Charité. Il eut deux fils, Pierre et Claude de la Fayette. Le premier fut tué à la bataille de Montcontour ; le second recueillit la succession de la famille et se maria avec Marie d'Allègre, fille de Gaspard, seigneur de Viverols. C'est de cette famille que sortit la comtesse de la Fayette, si célèbre par son esprit et sa renommée dans les lettres. Elle épousa en secondes noces le chevalier de Sévigné, et mourut en 1693.

La dernière héritière de la Fayette, Marie-

---

(1) Au combat de Cognat que protégeait son château d'Espinasse. (Dulaure et Chab.)

Magdelaine, porta cette terre dans la famille de la Trémouille, par son union avec Charles-Louis de la Trémouille, pair de France et premier gentilhomme de la chambre du roi, en 1706. Par ces événements, la terre de la Fayette sortit de la maison de ce nom ; mais elle y rentra par le legs que la duchesse de la Trémouille fit en faveur de Jacques de la Fayette, par son testament du 3 juillet 1717. Ce Jacques de la Fayette, à qui la terre et le titre furent délégués, descendait de la branche appelée les barons de Vissac, qui avait commencé en la personne de Jean de la Fayette de Champétières, baron de Vissac. Il épousa la fille du marquis de la Rivière, commandant des mousquetaires sous Louis XIV, et fut le père du comte de la Fayette, maréchal de camp, qui s'allia avec une demoiselle de Noailles, petite-fille du maréchal de ce nom. Leur fils, le comte de la Fayette, qui a eu tant de part à la révolution d'Amérique, sous Louis XVI, travailla plus tard au renversement de la royauté, s'allia avec les républicains de 93, se retira à l'étranger pendant la terreur, rentra en France avec la pacification de l'Europe et l'exil des terroristes sous Bonaparte, conspira toute sa vie contre les pouvoirs établis, trempa dans la révolution de 1830, en prêtant son concours à Louis-Philippe.

CHAPITRE XIV.

Nonette, ancienne viguerie. — Origine des vigueries. — Usson. — Marguerite de Valois. — Le marquis de Canillac. — Célèbre forteresse d'Usson. — Sauxillanges, ancien prieuré clunisien. — Chargnat. — Parentignat. — Ville d'Issoire. Origine. — Antiquité. — Établissement du Christianisme. — Les Vandales. — Les huguenots. — Le capitaine Merle, ses cruautés. — Infamies des huguenots. — Chavagnac. — Ravages des religionnaires. — Siége d'Issoire. — Le duc d'Alençon. — Prise et incendie de la ville. — Les Ligueurs. — Le comte de Larochefoucauld-Randan. — Église d'Issoire.

Près avoir quitté Saint-Germain-l'Herm, nous descendîmes une côte rapide. Elle suit une série de montagnes qui vont en surbaissant jusqu'à la plaine, durant l'espace de quinze à seize kilomètres.

Au bas de cette côte et sur un monticule en forme de mamelon, se trouvent à gauche de la grand'route, les ruines de l'ancien château de Nonette. Cette terre était autrefois le siége d'une prévôté royale qui dépendait du comté d'Auvergne. Dans le ixe siècle, Nonette possédait une viguerie. C'était une charge administrative et judiciaire qu'avait établie Théodoric sur les provinces conquises, et remplacée dans la suite par les prévôtés royales.

Quoique ce point de l'histoire du droit soit resté assez obscur, on sait néanmoins que lorsque les Visigoths eurent conquis le midi de la France et toute l'Aquitaine dont l'Auvergne faisait partie, ils placèrent un gouverneur dans chaque province et dans chaque ville épiscopale de leur gouvernement. Celui des provinces se nomma *duc*, celui des villes prit le titre de *comte*. Or, ces comtes eurent des délégués qui résidèrent dans les bourgades et qui prirent le titre romain de *vicarii*, dont par corruption de langage on a fait *viguiers*, et de leur charge, *viguerie*. Les Francs conservèrent cette administration : plus tard les princes carlovingiens étendirent leur juridiction. Les ducs et les comtes furent à la fois officiers civils et militaires, ayant toute autorité sur les provinces. Mais cette autorité les rendit redoutables et indépendants. Charlemagne les ramena à l'obéissance et au devoir, en les faisant surveiller par de hauts commissaires qu'il envoya par tous ses Etats.

Indépendamment de la juridiction des ducs, des comtes et des inspecteurs généraux créés par Charlemagne, auxquels cet empereur donna le nom de *Missi dominici*, il y avait encore les *Vigueries Wisigothes*, qui étaient distribuées dans les campagnes pour faire exécuter les décrets de leurs chefs.

Sous Charlemagne, les viguiers devinrent des magistrats qui cumulèrent les fonctions civiles et militaires, réunissant les charges féodales du sénéchal et du bailli. Comme magistrats, ils ne jugeaient guère que des causes mobilières ; comme officiers militaires, ils conduisaient à l'armée les soldats de leur district, étaient chargés d'arrêter les malfaiteurs et faire régner l'ordre et la paix (1). Chaque province se divisait en *vigueries* dont la circonscription de leur ressort fut d'abord le *pagus romain* et l'*aïcis wisigothe et franke*, qui s'appelait *vicaria*.

---

(1) Branche.— Cout. d'Auv., t. 1, diss. 1,— Capit. de Charl. de 810. — Ducange, gloss.

Les bourgades de l'Auvergne qui avaient quelque importance avaient une *viguerie* à laquelle on ajouta ensuite la charge de collecteur d'impôts, d'où l'on peut conclure que le viguier réunissait souvent les triples fonctions de percepteur, de sénéchal et de bailli.

On ignore combien de temps Nonette conserva le siége de sa viguerie; il est certain que la prévôté subsistait en 1319, et ne le cédait en ancienneté à aucune autre de la province. Lorsque le bailliage d'Aurillac dépendait de celui d'Auvergne, alors fixé à Riom, le bailli jugeait les appels d'Aurillac et présidait les assises de Nonette. Cette prévôté fut dans la suite réunie à celle d'Usson par édit du mois de mars 1781.

Cette seigneurie avait été engagée en 1725, au maréchal d'Allègre, et avait passé au marquis de Maillebois, son petit-fils, qui la vendit au marquis de Pons de la Grange.

En 1213, Philippe-Auguste assiégea la forteresse qui dominait le monticule et la détruisit. Longtemps après, Jean, duc d'Auvergne, y fit construire un nouveau château qui fut démoli en 1658, par ordre du roi.

Au-dessus des ruines de cet ancien manoir, on jouit d'un coup d'œil admirable. Dans les environs, il y a une carrière de marbre jaune qu'on exploite depuis long-temps. Jean Amariton, célèbre avocat au parlement, de Paris, et connu dans le monde classique par ses commentaires sur Horace et les épîtres de Cicéron, était originaire de Nonette. C'est encore de cette famille qu'est sorti Louis Amariton, célèbre prédicateur de la fin du xviiie siècle.

Nonette, qui avait autrefois le titre de ville, n'est plus qu'une petite bourgade remarquable seulement par son site et par les ruines de son ancien château.

A une lieue environ de Nonette, de l'autre côté de la route qui conduit à Issoire, s'élève Usson qui jouissait jadis du titre de ville avec un immense château-fort. Ce n'est plus maintenant qu'un bourg pauvre et déchu de tout son prestige féodal. La forteresse était placée sur la cime d'une butte volcanique fort élevée.

Au XIIe siècle, le comte d'Auvergne qui pillait les biens des églises et des monastères, redoutant les foudres du Saint-Siége, en fit don au pape Alexandre III. Le comte Guillaume VI, à son retour de la Terre-Sainte, dans ses querelles avec l'évêque de Clermont, sur la juridiction de la ville, donna la possession de la forteresse d'Usson au souverain Pontife.

Les Anglais pendant leurs excursions en Auvergne, s'en étaient emparés ; le connétable Duguesclin vint l'assiéger en 1371, mais il ne s'en rendit maître que par composition.

La seigneurie d'Usson était d'une si grande importance que le duc de Berry pour l'acheter de Jean, comte d'Auvergne, à qui elle appartenait en dernier lieu, donna cinquante mille livres en argent, avec la ville de Lunel qui avait le titre de baronnie et le château de Gaillardon, dans la sénéchaussée de Beaucaire.

Un mémoire de 1483 regarde Usson comme la principale citadelle d'Auvergne, et *une des plus fortes et seigneureuses places du royaume.*

Il y avait eu très-anciennement à Usson une viguerie qui fut remplacée par une prévôté, aussitôt après la mort de Jean de Berry. Cette prévôté fut réunie, dans la suite, à celle de Nonette, et dotée d'un bailliage qui fut annexé à celui de Montferrand.

Louis XI fit fortifier et réparer le château pour en faire une prison d'état. Il pensait sans doute que les prisonniers seraient là plus en sûreté que dans les forteresses de Loche, de Vincennes et de Lusignan. Ce roi dissimulé y fit enfermer un de ses courtisans, Antoine de Châteauneuf, seigneur du Lau, sénéchal de Guienne et grand chambellan. Il avait ordonné à Charles de Melun, capitaine d'Usson, de renfermer le seigneur du Lau dans une cage de fer. Le roi n'ayant pas été obéi, le prisonnier s'évada, et Charles de Melun paya de sa tête sa mauvaise surveillance, ainsi que Remonet et le procureur de la prévôté d'Usson, soupçonnés sans doute d'avoir favorisé l'évasion ; ce qui était assez égal pour Louis XI : il n'y regardait pas de si près quand il voulait se venger de quelqu'un.

Charles IX donna Usson à Marguerite de Valois en 1572, pour une partie du douaire qu'il lui constitua, lors de son contrat de mariage avec Henri de Navarre (1). Henri III confirma cette donation par lettres patentes du 4 juillet 1582.

Ce fut à cette époque qu'Usson acquit tant de célébrité par le long séjour qu'y fit cette princesse si connue par son esprit, ses qualités et ses défauts. Les auteurs l'ont diversement appréciée, louée ou blâmée, selon qu'ils voulaient la juger ou plaire à un parti. Cette femme si célèbre par son divorce, ses vices et sa dévotion, y passa vingt ans en exil. L'histoire l'a jugée : peut-être tous les torts ne sont-ils pas du côté de Marguerite qui épousa, contre son gré, un prince dont sa mère et ses frères ne lui avaient dit que du mal, un prince huguenot enfin, détesté de la cour, *qu'elle accepta comme un sacrifice*

---

(1) Ce fut Henri IV.

fait à la paix publique, selon qu'elle le dit elle-même? Mais on ne peut révoquer en doute sa charité envers les pauvres, et sa libéralité aux églises. Le père Hilarion de Lacoste, de l'ordre des Minimes, en faisant l'éloge de Marguerite, compare le château d'Usson au Thabor pour la dévotion, au Liban pour la solitude, au Parnasse pour les Muses et au Caucase pour les afflictions.

En quittant la cour, elle s'était d'abord retirée à Agen; mais se voyant peu en sûreté dans cette ville, elle se retira au château de Carlat, situé dans les montagnes de la Haute-Auvergne. Après dix-huit mois de séjour dans cette forteresse, elle fut encore obligée de fuir, se rendit d'abord au château d'Ybois, près d'Issoire, qui appartenait à sa mère Catherine de Médicis; mais le marquis de Montboissier-Canillac eut ordre de la conduire à Usson et de l'y enfermer. Au contraire, selon Péréfixe, historien d'Henri IV, elle se serait rendue elle-même à Usson qui lui appartenait, et Canillac n'aurait été que son geôlier chargé de la surveiller. Quoi qu'il en soit, après être restée longtemps prisonnière, elle sut si bien séduire son gardien par d'apparentes libéralités, telles que son hôtel à Paris, plusieurs terres en Champagne, qu'il partit pour aller en prendre possession. Elle profita de son éloignement, fit entrer des troupes à sa solde dans la forteresse et en devint la maîtresse au lieu de prisonnière.

Elle rendit ensuite plusieurs services à Henri IV; elle demanda elle-même au Pape la dissolution de son mariage; elle découvrit une conspiration tramée contre ce prince par le comte d'Auvergne, et lui en donna connaissance. Henri IV lui permit alors de venir habiter Paris. Elle quitta Usson en juillet 1605, et alla habiter l'hôtel de l'archevêque de Sens.

Le château d'Usson était entourré d'une triple enceinte de fortifications et donnait des inquiétudes à Richelieu, qui le fit démolir en 1634. Il n'en reste plus rien aujourd'hui, mais il est facile de reconnaître les traces d'un ancien volcan, sur la montagne où était bâti le château. Les colonnes basaltiques qu'on trouve sur les flancs de cette butte élevée, les laves qui recouvrent les environs, attestent qu'elle avait autrefois vomi du feu : la forteresse occupait l'endroit même du cratère.

A une lieue d'Usson, dans la direction du nord-est, est située la petite ville de Sauxillanges, si célèbre autrefois par son prieuré, fondé en 912 (1) par Guillaume-le-Pieux, comte d'Auvergne, qui lui donna le comté de Brioude, la viguerie d'Usson et *la ville de Chargnat*. Chargnat est dans le voisinage d'Usson, et n'est plus qu'un village noyé dans les arbres, au milieu d'une plaine fertile. En 928, Acfred, comte d'Auvergne, confirma les donations faites par Guillaume-le-Pieux, et y ajouta Gignat et d'autres biens. Dans la suite, un évêque de Clermont, qu'on croit être Begon, lui donna les églises de Chauriat et de Chas. Le prieur prenait le titre de seigneur de Sauxillanges, de Saint-Quentin et d'Eglise-Neuve-des-Liards. Cependant l'église ne fut consacrée qu'au mois de décembre 1095 par Urbain II, qui se rendait au concile de Clermont. D'après Mabillon, Hugues, abbé de Cluny, assista à cette cérémonie et accompagna le souverain Pontife dans son voyage en France.

Au sortir de Sauxillanges, par la nouvelle route qui aboutit au pont de Parentignat, on traverse un

---

(1) Le prieuré de Sauxillanges dépendait de Cluny et fut fondé la 18me année du règne de Charles-le-Simple.

pays accidenté, couvert de moissons, de vergers et de riches vignobles, à mesure qu'on s'approche des rives de l'Allier. Non loin de là, on aperçoit les clochers de la ville d'Issoire, située au milieu d'une plaine, sur les bords de la Couse, que nous traversâmes sur un ancien pont jadis fortifié.

La ville d'Issoire est très-ancienne; quelques auteurs pensent que Bituit, roi des Arvernes, l'érigea en cité à la prière de son fils Dorus. Le nom de ce prince et celui d'Isis, déesse adorée dans ce lieu, ont formé *Issiodorum*, dont plus tard on a fait *Issoire*. Sous les Romains, elle avait une école célèbre fondée, dit-on, par le premier apôtre de l'Auvergne.

Vers le milieu du troisième siècle, saint Austremoine entra dans cette ville toute païenne, seul, sans armes, mais porteur de la parole chrétienne, et plus puissant avec cette parole qu'un roi avec ses soldats. Le temple d'Isis s'écroula et fit place à un modeste temple chrétien. A dater de ce moment, Issoire prit une face nouvelle, parce qu'une ère nouvelle était venue la régénérer par la foi. La civilisation chrétienne étendit dès-lors ses premières racines dans les fentes des monuments païens. Un monastère fut fondé par ces hommes de prière et de labeur, et une église s'éleva majestueuse au-dessus de ses murs. Au ve siècle elle fut ravagée par les Vandales qui incendièrent la ville.

Cette cité fut une de celles qui souffrirent le plus, en Auvergne, des guerres civiles. Après la Saint-Barthélemy, les protestants s'en emparèrent par surprise (1574), sous la conduite du capitaine Merle. Un instant, elle leur fut cédée, comme place de sûreté; mais la guerre s'étant rallumée, Merle y plaça une garnison commandée par le marquis de Chavagnac, et exigea, à mains armées, des contributions des habitants et des lieux circonvoisins.

« Merle envoyait des billets ou ordres aux villages et bourgs, à trois ou quatre lieues aux environs d'Issoire. Ces ordres ou billets étaient brûlés aux quatre coins, pour les porter à entendre que s'ils ne portaient ce qu'il demandait par ces billets ou ordres, le feu serait mis aux quatre coins de leur endroit; et pour montrer qu'il était homme de parole et de fait, il en fit brûler quelques-uns et emmener le bétail. »

Pendant que Merle ravageait Issoire et ses environs, le ministre huguenot, Moranges, prêchait la multitude et l'exhortait à déserter l'antique foi chrétienne, surtout « d'avoir en exécration les images et autres choses prêchées par les abus papistes; par conséquent il leur défendait la fréquentation des prêtres et des moines qui pourraient les faire broncher et les faire retomber dans leurs premières erreurs. Ces paroles firent un tel effet que, peu de temps après, sans aucune crainte ni respect pour le roi, ils rompirent, pendant la nuit, toutes les croix, tant dehors que dedans la ville, sans en laisser une seule debout; ce qu'étant rapporté au ministre, il les loua hautement dans son premier prêche, disant qu'ils avaient fait un acte remarquable à l'honneur de Dieu, au lieu de les reprendre hautement de ce scandale public.

» Une nuit, ils mirent à bas toutes les images de la vierge Marie, tant celles qui étaient à la place que celles qui étaient hors de la ville, comme Notre-Dame-des-Champs qu'ils jetèrent à bas, après avoir rompu les grilles de fer qui y étaient, et qu'ils emportèrent.

» De tous ces maux, les catholiques ne faisaient

que pleurer à chaudes larmes, de voir que le ministre approuvait ces insolences. Cependant ils furent le trouver pour le prier de faire cesser de pareils actes si pernicieux et de mauvais exemples ; qu'ils présageaient quelque grand malheur à la ville ; que ce n'étaient pas là les intentions de M. de Saint-Hérem, gouverneur de la province. Moranges se moquant de leurs remontrances, leur répondit : Il semble, Messieurs, que vous êtes fâchés de l'avancement du règne du Christ ! Avec cette réponse audacieuse, il les renvoya tout contrits.

» Ceux de la religion étant avertis de cela, ils résolurent de faire encore pis ; tellement que, peu de jours après, pendant la nuit, ils allèrent rompre à coups de pierres toutes les vitres des fenêtres de tous les prêtres de la ville, en leur disant une infinité d'injures ; avec menace que, s'ils ne changeaient pas de religion, ou ne quittaient la ville, on les ferait mourir. Les choses en vinrent à tel point, que les prêtres et les moines, passant par les rues, étaient heurtés et bafoués de manière qu'ils n'osaient plus sortir, tant on criait après eux de tous côtés : ô regnard ! ô cafard ! ô papauté ! Ils faisaient plus : frappant sur leurs étaux avec des pierres, marteaux ou bâtons, ils faisaient un tel bruit, qu'on n'entendait ni ciel ni terre, ajoutant à cela des hurlements horribles qui redoublaient le tintamarre....

» Le ministre déclamait, dans ses prêches, la vivacité de leur foi, comme s'ils eussent fait quelque chose de très-honorable à Dieu, ce qui les rendait si téméraires, qu'ils voulurent avoir un capitaine à la porte pendant l'exercice de leur religion, pour commander avec toute autorité, sans aucun respect pour le roi ni pour M. de Saint-Hérem, gouverneur du pays. Cette résolution prise entr'eux, ils envoyèrent chercher le sieur de Chavagnac pour être leur chef, lequel étant arrivé, ceux de la religion lui donnèrent, en signe de bienveillance, un chapeau de satin blanc, garni d'un panache de même couleur. On espérait que sa venue diminuerait ces fureurs populaires, et mettrait quelque fin à ces maux ; mais il arriva le contraire, parce que Chavagnac, pour se mettre en grâce, leur donnait plus de licence que le ministre. Toutes choses leur étant donc permises, sous prétexte de l'amour de Dieu, ils s'en allaient les dimanches après souper, au filoire, pour prier Dieu, à ce qu'ils disaient ; puis, rentrant en ville au nombre de deux ou trois cents, ils faisaient le même tour que fait la procession le jour de la Fête-Dieu, chantant les psaumes de David tout le long du chemin, si hautement qu'ils pouvaient ; de manière que ce bruit ressemblait plus à un tonnerre qu'à une louange à Dieu ; et pendant qu'ils passaient par les rues, s'ils rencontraient la maison d'un catholique, ils se mettaient entre la porte, ils criaient à haute voix : ô papiste ! ô cafard ! se moquant d'eux.

» Après qu'ils eurent fait venir Chavagnac, ils voulurent augmenter le nombre de leurs ministres. Pour cela, ils firent venir le cellerier Lecourt avec sa femme et ses enfants, un nommé Dufaut et un autre nommé Georges Laurent, afin, disaient ils, de faire fleurir l'évangile en dépit des papaux.... tout leur but tendait à exterminer la messe et autres cérémonies ecclésiastiques. Pour y parvenir, ils faisaient assembler plusieurs petits enfants au milieu de la place, et les mettaient en ordre par bandes séparées, comme s'ils eussent voulu prendre quelques bêtes, les faisait crier les uns aux autres : *Vira volta, çà et là, courez de çà, courez de là, la messe s'en va;* puis ils disaient : *à trois blancs le cent des prêtres!*

» Ces calamités durèrent deux ans entiers, depuis 1560 jusqu'en 1562, qui, au lieu de prendre fin, se renouvelèrent aux fêtes de Pâques, que les catholiques voulant porter la procession hors de la ville, pour donner la bénédiction aux biens de la terre. Comme ils voulaient sortir par la porte du Ponteil, ceux de la religion l'eurent fermée, ce que voyant le prêtre Chappier qui portait la croix, s'arrêta dans la rue, et donna la bénédiction en dedans de la vieille porte. Alors un de la religion monta sur le haut de la porte, et ayant abattu son haut de chausses, montra son postérieur tout nu, en se tournant çà et là, comme faisait le prêtre en donnant la bénédiction. Toutes ces bravades étaient souffertes par les catholiques pour éviter des disputes, peut-être des voies de fait; mais à la vérité avec un peu trop de patience, car ceux de la religion comptaient sur l'impunité, ils attaquaient de plus en plus l'honneur de Dieu, jusqu'au point que, le jour de la Fête-Dieu, les catholiques voulant faire leur procession dans la ville, comme de coutume, ceux de la religion qui gardaient la porte du Ponteil en armes, furent au-devant de la procession, dirent aux catholiques qu'ils les feraient mourir s'ils passaient outre, et les contraignirent de s'en retourner à l'église... Peu de jours après, tous furieux et emportés, ils furent trouver les consuls et leur ôtèrent les clés de la ville; puis, ils s'en allèrent au monastère, prirent le prieur Claustral, nommé frère de Seynier; l'ayant garrotté, lui demandèrent la clé du lieu où était le buste de saint Austremoine d'argent, que les Bohiers avaient donné au couvent; et parce qu'il leur disait ne savoir pas où elle était, ils lui ouvrirent la bouche avec la pointe d'une dague; puis lui mettant une chandelle allumée dans la bouche, ils lui faisaient brûler le gosier. Les souffrances obligèrent le pauvre religieux à montrer la clé qui tenait fermé l'endroit où était ce saint, duquel ils prirent la mitre et les pierres précieuses qui y étaient enchâssées. Ils se retirèrent en menaçant les religieux de la mort, si dorénavant ils s'avisaient de sonner et de faire le service divin, ce qui fut cause qu'il cessa quelque temps.

» Les catholiques épouvantés de toutes ces méchancetés ne pouvaient se contenir de faire leurs plaintes au sieur de Chavagnac, et priant de faire rendre à l'église ce que Jean Roche, le Flamand, le Normand, Antoine Bages et les autres y avaient pris, et permettre que le service divin se fît; mais de Chavagnac les voyant venir, leur demanda tout haut ce qu'ils lui voulaient, et ayant appris le motif de leur missive, il leur répondit : *Mes amis, vous vous plaignez sans cause; mais prenez patience, vous en verrez bien d'autres.* Cette superbe réponse attéra les catholiques, qui restèrent tous ébahis. Ils quittèrent la ville et leurs maisons, se retirèrent dans les villages circonvoisins, où ils avaient du bien et des amis, en attendant que Dieu y mit quelque bon ordre (1). »

Les paroles de Chavagnac aux envoyés catholiques ne tardèrent pas à se réaliser. Maîtres d'Issoire, Merle et ses soldats entrèrent dans les maisons, pillant et saccageant, rançonnant tout ce qu'ils trouvaient, sans égard pour personne, ajoutent les annales d'Issoire. « Ils se conduisirent cruellement; mais le plus impitoyable fut les insolences qu'ils

---

(1) Ann. de la vill. d'Iss. Mss.

commirent dans les églises; ils les pillèrent impitoyablement, rompant images, vitres, orgues, terriers et tout ce qu'ils trouvaient dedans. »

Merle s'empara aussi des cloches de l'abbaye et en vendit le métal à un marchand. Quant aux moines, il y en eut cinq à six de tués. «Les autres, après avoir été pillés et avoir beaucoup souffert et si maltraités, qu'ils enviaient le sort de ceux qui étaient morts. »

Merle ne se contenta pas de ce vandalisme, il frappa les catholiques d'une contribution de cinquante mille livres, dont vingt-deux seulement purent être comptées sur-le-champ.

Après qu'il eut reçu cette somme, Merle commença à fortifier la ville, fit abattre les maisons qui touchaient aux murailles, creuser et élargir les fossés, et construire une haute contre-escarpe avec les ruines des maisons des faubourgs qu'il avait fait saper. « Il fit venir les paysans des villages pour faire les manœuvres, sur lesquels les commissaires de Merle commettaient mille exactions et larcins. Il fit plus, il fit mettre le feu aux trois faubourgs qui étaient plus grands que la ville, sans donner le loisir aux habitants d'en retirer le foin, la paille, le bois et autres choses qui furent brûlés par la malice des commissaires et des boute-feux... Si quelqu'un faisait le rebelle pour travailler, il courait le risque de la mort. Aussi tous les cris publics étaient faits sous peine de la vie... De plus, Merle étant maître de la campagne, courait partout sans crainte, jusqu'aux portes de Clermont, où il prit des personnes sur les bords des fossés qu'il emmena à Issoire.

» Il prit aussi la ville de Saint-Amant, qu'il pilla et abandonna, faute d'avoir assez de monde pour la garder. Il fit encore plus : il alla défaire la compagnie des gendarmes de M. de Saint-Hérem, prit Pontgibaud, à dix lieues d'Issoire, où il gagna plus de 60 chevaux et prit 20 prisonniers, desquels il eut de grandes rançons, de façon que la plupart de ses soldats se firent gendarmes.

» Quant aux prêtres, il leur était fait mille cruautés barbares. Aux uns, il leur faisait mettre une corde autour de la tête, puis avec un bâton, qu'on tournait toujours, on les serrait si fort, que les yeux leur sortaient de la tête ; à d'autres, il les faisait attacher par les pieds et les mains, ensuite il les faisait pendre par une corde et tourner si longtemps, que ces pauvres gens en perdaient connaissance. Quelquefois, il faisait mettre une grosse cheville piquée au milieu d'une table, puis faisant mettre culotte à bas, il les faisait empaler ; ensuite, il les prenait par les pieds, les faisant tourner. Quand il en menait de la campagne à la ville, il les faisait revêtir de leurs chasubles, attachés avec une corde chargée de poules, de saucissons, jambons et autres comestibles qu'il trouvait, les faisant monter sur un cheval, et se moquait d'eux en criant : Voici le pourvoyeur ! D'autres leur mettaient un jambon dans les mains, et, à coups de bâtons, leur faisaient faire des signes de croix comme on fait aux processions.

» Non content de tous ces maux, les soldats, pour tourmenter les morts et les vivants tous ensemble, entraient dans les sépulcres, en tiraient les cadavres et les portaient secrètement chez leurs hôtes pour les mettre dans leurs lits ; de manière que ces pauvres gens, pensant se mettre au lit pour se reposer, trouvaient dedans un cadavre ; se levant tout effrayés, ils désiraient être à la place du défunt, et être morts eux-mêmes, pour ne pas voir les misères et les calamités qui les affligeaient, sans que personne ne s'y opposât.

» Merle fit faire des pièces d'artillerie, pour tirer sur ceux qui s'en approcheraient trop (d'Issoire). Pour cela, il fit prendre la grande cloche de Saint-Rémy, dans le village du Breuil. Après l'avoir fait briser, il la fit fondre dans l'église du monastère, faisant de la maison de Dieu une fournaise de Vulcain. Mais Dieu ne permit pas qu'elles se trouvassent bonnes; car au premier coup qu'elles tirèrent, elles se mirent en pièces. On les avait braquées contre une image de saint Thomas-d'Aquin, qui était sur la porte de l'église, qu'on ne put frapper; et quoique les soldats y tirassent plusieurs coups d'arquebusades, ils ne purent jamais l'atteindre...

» Les soldats de Merle, ayant pris la ville, ne cessaient de briser et de brûler images et bois, tant dans les églises que dans les maisons des prêtres et moines, desquels ils prenaient les planches et couvertures pour brûler. Il y eut un homme du Languedoc, que Merle avait emmené avec lui pour faire de la poudre, qui demanda du bois du chœur de l'église du monastère, les croix et images de bois qui y étaient, pour faire cuire son salpêtre; ce qui lui ayant été accordé par Merle, rompit et brisa tout ce qui se trouva dans l'église, et en fit un grand bûcher dans l'étable de la maison de l'abbé, où il faisait ses poudres. Un jour qu'il faisait bien froid, les catholiques qui étaient prisonniers de Merle demandèrent à se procurer quelques pièces de ce bois pour se chauffer, ce qu'il leur accorda à l'instant, en leur donnant l'arbre de la croix du crucifix qui était au grand autel, fait de bois de noyer et très-sec, puisqu'il y avait plus de cinq cents ans qu'il était dans l'église. Cependant les prisonniers l'ayant jeté au travers du feu pour se chauffer, il ne fit jamais ni feu ni flamme, et y resta l'espace de trois semaines pour se consumer peu à peu, sans jamais donner aucune clarté, au grand étonnement de ceux qui étaient présents, et qui regardaient comme chose inouïe de voir un bois si sec dans le feu sans qu'il brûlât; mais il n'en fut pas moins consumé. L'auteur, pour assurer qu'il y avait là du surnaturel, dit : Il y a plusieurs personnes qui l'ont vu, les unes mortes, les autres pleines de vie, qui sont Pierre Chometton et Antoine Bleizin et plusieurs autres. — Ce qui arriva à une femme nommée Catherine Condaveyre, épouse d'un laboureur nommé Jean Juissard, autrement le Camus de la Blanche, qui demeurait au quartier du Ponteil, près la maison de Charles Deligni, qui est à présent à Jacques Savignat, est encore plus insigne. Cette femme ayant trouvé dans la rue le bras d'une vierge de bois que les soldats de Merle avaient rompue et jetée, le ramassa, le porta chez elle et le mit au feu pour faire bouillir son pot; mais elle ne tarda guère à en être punie et à s'en repentir; car il lui vint une si grande douleur dans un bras, qu'elle ne cessait de hurler. Les médecins appelés et consultés ne trouvèrent aucune apparence de mal, comme rougeur, tumeur, ni inflammation. Au contraire, ce bras était si lisse, blanc et beau comme l'autre; ce qui les étonna, ne sachant quel remède y appliquer; de façon que, quand elle eut assez crié, hurlé et travaillé, elle mourut, au grand étonnement de tous ceux qui la virent dans le pays. Il y a plusieurs personnes qui l'ont vue, lesquelles lui demandaient où étaient ses souffrances. Elle répondait que sa douleur était la même que si elle avait eu le feu dans le bras. Ceux qui l'ont vue mourir au plus fort de ses douleurs, et qui en sont juges, sont Jacques Petit et Paul Delors, leurs femmes, et tous les voisins qui l'ont également attesté (1). »

Ces horreurs, ces cruautés, cette barbarie de Merle et de ses huguenots, font frissonner. Il faudrait une plume de feu et le langage de l'enfer, comme Merle en avait inventé les supplices et les tortures, pour peindre ce scandale déhonté, ce mépris révoltant de tout sentiment humain, enfin cette barbarie raffinée, qui révoltent la raison et soulèvent le cœur. Issoire était plongée dans la consternation et la terreur : tant de calamités ne pouvaient durer longtemps.

Au mois de mai 1577, le duc d'Alençon, frère du roi, à la tête d'une nombreuse armée, vint délivrer la ville de la tyrannie du capitaine Merle. Ce prince était accompagné des ducs de Guise, de Nevers et de Vaudremont. Le comte de Montmorin Saint-Hérem et une partie de la noblesse d'Auvergne s'étaient joints à l'armée royale. Le siége commença de suite : le 9 juin 1577, le duc d'Alençon commanda l'assaut. Une foule de gentilshommes et de soldats royaux furent mis hors de combat, tués ou blessés par les assiégés qui se défendirent avec acharnement. Parmi les morts se trouva le comte de Saint-Hérem ; Yves d'Allègre de Meilhau fut grièvement blessé. Le lendemain, le duc irrité des pertes qu'avait faites l'armée, et de l'insuccès de l'assaut où ses troupes avaient fait preuve de courage, en abordant l'ennemi sans sourciller, donna l'ordre de battre la ville de tous les côtés. Le feu de l'artillerie

---

(1) Annal. de la ville d'Iss., manuscrit inédit sur l'histoire des guerr. relig. en Auv., aux 16e et 17e siècles, édit. de M. Bouillet, p. 106 et suiv.

avait déjà fait de grands ravages, lorsque, vers midi, un vent violent, accompagné d'éclairs et de tonnerre, vint s'y joindre. Le bruit du canon, les éclats de la foudre étaient si intenses que la ville et la campagne tremblaient sous les pieds. A tous ces maux se joignit une grêle effroyable *que onques on n'avait vue.* La foudre tomba sur la flèche de la grande église et y mit le feu. Le vent qui soufflait avec violence rendit l'embrasement si universel que nul secours humain ne put l'arrêter. Attaquée à la fois par l'artillerie et le feu du ciel, Issoire devint en peu de temps un amas de ruines. Il semblait que la malédiction se fût appesantie sur cette ville pour conjurer sa perte! Elle expiait cruellement le tort qu'elle avait eu d'accueillir, la première, dans son sein, les réformés de Genève, qui furent la cause de ses malheurs et de ceux de l'Auvergne. Selon l'historien de Thou, elle fut livrée au pillage et à l'avidité du soldat. Les protestants furent écrasés, les maisons démolies; et, sur une colonne dressée au milieu de la place publique, on grava ces mots : *Ici fut Issoire !*

Pendant les commotions civiles, ce ne furent pas les seuls désastres qu'éprouva Issoire. A peine relevée de ses ruines, elle se déclara pour le parti de la ligue qui guerroya longtemps en Auvergne, au sujet de la succession d'Henri III. Ce prince venait de mourir, sans enfants : les catholiques, fidèles à la monarchie et à leur religion, refusaient de reconnaitre le jeune Henri de Navarre, parce qu'il était huguenot. Dès lors deux partis se formèrent; les uns tenaient pour lui, d'autres le repoussaient du trône de France : telle fut l'origine de la ligue ; de là aussi les noms de *Royalistes* et de *Ligueurs*, qui firent valoir leurs prétentions les armes à la main.

Les royalistes défendaient les droits du jeune Béarnais qui avait pris le nom d'Henri IV; les ligueurs au contraire s'alarmaient de l'avenir qui s'offrait à la religion et à l'Etat sous un prince protestant. Le principe de cette dissension venait des maux causés par les dernières guerres religieuses. Les huguenots, sous Henri III, avaient cherché à faire triompher leur cause les armes à la main; les ligueurs redoutaient l'influence d'Henri IV pour leur conscience. Les premiers dominaient en tyrans dans les villes et les bourgades où ils s'étaient établis (1); les seconds, qui se trouvaient sans garantie pour la sûreté de leurs propriétés, de leur personne et de leur religion, ne voulaient ni la réforme, ni Henri IV. Le duc de Guise était le chef du parti. En Auvergne, les plus célèbres ligueurs furent Jean de Lastic et le comte de Randans, Louis de La Rochefoucauld. Riom et Billom devinrent le centre de leurs opérations; Montferrand et Clermont restèrent fidèles au roi (2). Après la bataille d'Ivry et le siège de Paris, Henri IV comprenant que, pour consolider son trône qu'il venait de conquérir, il fallait

---

(1) Les protestants avaient persécuté, outragé les catholiques, profané les églises et les vases sacrés, mutilé les statues des saints, égorgé les ministres de la religion catholique d'où ils sortaient eux-mêmes comme une branche du tronc : c'était plus qu'une crainte, c'était une excuse pour les ligueurs de repousser un prince huguenot.

(2) « Clermont, Montferrand, Aigueperse, Saint-Pourçain, Auzon, Vic-le-Comte, Vodable, Royat et Nohanent, tiennent pour le roi, et les six forts châteaux, Nonette, Ybois, Buron et Mercurol. »

« L'ennemi (les ligueurs) tient des villes, Riom, Beaumont, Cebazat, Saint-Amant, Saint-Saturnin, Pont-du-Château, Lezoux, Courpière, Issoire, Château-Neuf, Cusset, Brioude, Langeac, le Breuil, Blesle, Ébreuil, Saint-Nectaire, Ardes, Sauxillanges, Olliergues, Ennezat, Lempdes, Combronde, Billom et Usson. » (Mém. du président de Vernyes.)

concilier tous les partis, se fit instruire de la religion catholique, abjura le protestantisme et pacifia son royaume.

Au mois de mai 1589, Issoire fut tour à tour assiégée par les royalistes et les ligueurs. Le comte de La Rochefoucauld ayant été tué à Cros-Roland, près de la ville, les ligueurs furent vaincus et dispersés. Cette victoire des royalistes remportée le même jour qu'Henri IV gagnait la bataille d'Ivry, le 14 mars 1590, décida du sort de la France.

Le plus remarquable des monuments publics d'Issoire, est l'église actuelle : elle appartenait jadis à un célèbre couvent de Bénédictins, qui remontait aux premiers siècles de la monarchie : elle fut bâtie sur les ruines d'une chapelle érigée autrefois sur le tombeau de saint Austremoine. En 1462, le cardinal de Bourbon, évêque de Clermont, administrateur de l'abbaye, réduisit à vingt le nombre des religieux qui occupaient le monastère. Malgré les ravages qu'elle éprouva lors des troubles religieux, on la regarde encore aujourd'hui comme une des plus belles de l'Auvergne, par son architecture et par les mosaïques de ses clochers qu'on a restaurés de nos jours.

CHAPITRE XV.

Saint-Germain-Lembron. — Vodable. — Saint-Hérent. — Ardes. — Duché de Mercœur. — Odillon de Cluny. — Les Anglais. — Montagnes de Rentières et de Mercœur. — Village de Mazoires. — Légende de Sainte-Florine. — Perrier. — Pardines. — Champeix. — Marquizat de Tourzel. — Montaigut-le-Blanc, les chevaliers de Montaigut. — Bains de Saint-Nectaire. — Le mont Cornador. — Souvenirs druidiques. — Légende de Saint-Nectaire. — Magdeleine de Sénectaire et le baron de Montal. — Siége de Miremont. — Vallon de la Couze. — Cascade des Granges. — Volcan du Tartaret. — Murol, son lac, son château. — Lac de Chambon. — Aspect des montagnes. — Le hameau de Diane. — La Croix-Morand. — Accident. — Plateau des montagnes de l'Angle. — Bois de la Chaneau. — Episode, périls. — Arrivée à Besse.

E qui caractérise particulièrement les environs d'Issoire, ce sont plusieurs ruines d'anciens châteaux qu'on aperçoit de loin perchés sur des hauteurs : ces ruines féodales donnent de la variété au paysage et contrastent avec la fertilité des champs, la richesse des vignobles et l'aspect pittoresque de riants villages, qui se groupent en amphithéâtre sur les deux rives de l'Allier.

Nous commençâmes nos promenades de touristes par Saint-Germain-Lembron. Cette petite ville est distante de deux lieues d'Issoire, sur la route de Brioude, dans un site agréable et fertile en denrées de tout genre. Elle était autrefois la capitale du Lembron, et une des *treize anciennes villes* de la Basse-Auvergne. Au moyen-âge, sa seigneurie avait le titre de comté qui appartenait au chapitre de

Brioude. — Pendant longtemps elle ne fut connue que sous le nom de *Lisiniac;* mais vers le milieu du x⁰ siècle, elle prit le nom de Saint-Germain, son patron. En 962, Etienne, évêque de Clermont, fonda le chapitre qui partageait les revenus de l'église avec celui de Brioude (1).

Non loin de là, à l'extrémité de la vaste plaine du Lembron, sur les rampes d'un immense coteau couronné de rochers aigus, apparait le village de Vodable que dominent les ruines d'un château autrefois célèbre par son importance et par le séjour qu'y firent les dauphins d'Auvergne.

Quelques écrivains pensent que Vodable vient de *Vodabulum;* d'autres, de *vallis diaboli* (vallée du diable), à cause, sans doute, de la tristesse du vallon qui est parsemé de rochers basaltiques de teinte noire. — Vodable portait jadis le titre de ville, comme capitale du dauphiné d'Auvergne. En 1272, les habitants achetèrent de Robert II, le droit de commune, droit qui fut confisqué, en 1356, par Béraud, dauphin d'Auvergne, et par Louis de Bourbon, comte de Montpensier et dauphin en 1427.

La maison de ces dauphins descendait de l'ancienne famille des comtes d'Auvergne. Le premier, qui prit le titre de dauphin, était fils de Guillaume-le-Jeune. Ce dauphin fut célèbre par son courage et son goût pour les lettres. Il avait à sa cour des poètes, des chevaliers et des troubadours; souvent il échangeait des *sirventes* avec Richard Cœur-de-Lion (2).

Béraud III fut le dernier des dauphins d'Auvergne, et ne laissa qu'une fille qui épousa Louis de Bourbon, comte de Montpensier. Depuis cette épo-

---

(1) Chab., t. 4. — Baluze, t. 2, p. 34 et suiv.
(2) Dul., p. 569. — J. Delaporte, le Voy. franç. — Bal., p. 281.

que, le dauphiné d'Auvergne a constamment fait partie du domaine de cette maison.

De Vodable (1) on arrive, par un chemin vicinal qui ondule au pied de riches coteaux, à **Marienghe**, joli village, entouré d'enclos et de superbes vergers; puis, en avançant dans la direction du sud-est, à travers des champs courverts de vignes qui alternent avec des moissons, on aboutit, après deux heures de marche, à l'extrémité d'une immense chaussée de basalte, coupée à pic, qui forme un ravin d'une profondeur effrayante.

Au sommet de cette chaussée sont bâtis l'église et le presbytère de Saint-Hérent. Du haut de cet observatoire, on peut contempler à loisir les ruines imposantes de l'ancien château de St-Hérem, qu'on aperçoit de l'autre côté du ravin, perchées au sommet d'une aiguille de basalte. Cette forteresse appartenait jadis à la maison Gouge de Charpaigne, dont un des membres fut évêque de Clermont. Au commencement du xve siècle, Jeanne Gouge, fille du chancelier, ayant épousé Jacques de Montmorin, le château de Saint-Hérem resta dès lors dans cette dernière famille qui a un nom célèbre dans les annales d'Auvergne. En 1557, le comte Jean, gouverneur d'Auvergne, commandait la compagnie du duc de Montmorency, et fut fait prisonnier à la bataille de Saint-Quentin. Son fils Gaspard fut du petit nombre des gouverneurs de province qui refusèrent d'obtempérer aux ordres de Charles IX, lors de la Saint-Barthélemy. Dans les guerres civiles contre les protestants, il se trouva à différentes affaires,

---

(1) Jehan de Vernyes écrit *Vaudable* et lui donne le titre de ville: elle fut du nombre de celles qui se déclarèrent pour le parti d'Henri IV, lors des troubles de la ligue.

entreprit (1569) de les chasser de la province, et périt au siége d'Issoire. Son successeur avait d'abord embrassé le parti de la ligue, et s'était associé au comte de Randans, Larochefoucauld, qui guerroyait en Auvergne, ainsi que nous l'apprend le président de Vernyes, dans ses mémoires où il fait, pour ainsi dire, l'anatomie politique de l'Auvergne. Le comte de Saint-Hérem était un des seigneurs qu'il lui signala le premier pour le rallier à la cause du roi, et l'amener à la soumission. « Il est
» pour l'heure présente, écrivait-il, mal content
» de M. de Randan, parce que le gouvernement de
» la ville d'Issoire a été donné à M. de Charlus qu'il
» désirait retenir pour lui. Si l'on pouvait le retirer
» du mauvais parti, il ôterait au sieur de Randan
» la moitié de ses forces, ayant un régiment de
» quatre cents hommes et trente ou quarante maî-
» tres, et son exemple serait suivi de beaucoup
» d'autres. Il se laisse gouverner à un M. de Châ-
» teauneuf, gentilhomme de valeur, de sept à huit
» mille livres de rente, qui lui répond à oncle, et
» par le moyen duquel le feu marquis de Canillac
» surprit la reine à Ybois. Ce gentilhomme est fort
» sujet au gain, et ne suit la guerre et son parti que
» pour s'enrichir. Si on le pouvait pratiquer, indu-
» bitablement, il jetterait hors du jeu ledit sieur de
» Saint-Hérem. Les ligueurs savent mieux s'aider
» des offres que non pas nous. Le sieur de Saint-
» Hérem, pour être fort riche seigneur, voudrait
» être recherché par des honneurs et des comman-
» dements (1). »

(1) On voit par là combien la royauté avait besoin du bras de Richelieu, pour soumettre les seigneurs à la subordination, abattre la féodalité qui avait vieilli dans ses habitudes de guerre, et concentrer l'unité du pouvoir qui a fait la grandeur de la France.

Henri IV profita des moyens que lui suggérait le président de Vernyes. Il s'attacha par des dignités le seigneur de Saint-Hérem qui lui rendit de grands services dans les derniers temps de la ligue. Il mourut en défendant le bourg de Cebazat, le 13 juillet 1593. Il avait épousé Claudine de Chazeron. Son fils hérita des terres de Saint-Hérem et de Vollore, et devint gouverneur de Fontainebleau (1).

Cette maison a fourni plusieurs évêques au clergé de France, et des officiers distingués dans la carrière militaire. Une des premières victimes du 2 septembre 1792, fut le comte Montmorin de Saint-Hérem, ministre des affaires étrangères sous Louis XVI.

Avant de quitter la petite bourgade de St-Hérent, nous prîmes un guide pour nous conduire à travers les montagnes, à la petite ville d'Ardes, où nous arrivâmes avant la chute du jour. — C'était autrefois une seigneurie qui portait le titre de duché de Mercœur. Cette terre donna son nom à une ancienne famille d'Auvergne, d'où sont sortis plusieurs hommes célèbres. — Odillon de Cluny était fils de Béraud-le-Grand, sire de Mercœur. Il vint au monde en 962, probablement au château d'Ardes, et mourut à Souvigny en 1048. Ses talents et ses vertus lui attirèrent l'amitié et la confiance de tous les grands personnages de son temps. Il refusa l'archevêché de Lyon et le pallium dont voulut l'honorer le pape Jean XIX. C'est à lui qu'on doit la *Commémoraison des Morts* qu'adopta l'Eglise, et qu'elle célèbre le lendemain de la Toussaint (2).

---

(1) Cout. d'Auv. — Baluze. — Nobil. d'Auv. — Dict. hist. des pers. d'Auv., par M. Aigueperse.
(2) Chab., t. 4. — Dul., p. 375. — Bal., t. 1 et 2. — Dict. hist. de M. Aiguep. — Froiss., t. 2, ch. 244.

En 1321, la maison de Mercœur s'éteignit dans la personne du connétable de Champagne; puis, passa par alliance dans celle de Joigny; enfin dans celle des dauphins d'Auvergne.

Au temps des guerres de la ligue, le duc de Mercœur se signala par son courage, ses cruautés et son arrogance. Dans un procès qu'il eut à soutenir en 1599, un magistrat l'ayant traité de prince, l'avocat-général Servin dit qu'il ne reconnaissait d'autres princes que ceux du sang royal. Le duc, piqué de cette réprimande, lui demanda des explications et proféra des menaces. Le parlement l'ayant *décrété d'ajournement personnel*, Henri IV apaisa cette affaire et ne voulut pas qu'elle eût de suite.

Dans la suite, la terre de Mercœur devint la propriété du duc de Vendôme; et, en 1720, elle fut adjugée au prince de Conti qui la fit ériger une seconde fois en duché.

Ce château fut assiégé par les Anglais, sous la conduite d'Aymérigot Marcel. La duchesse de Mercœur le racheta moyennant cinq cents livres. En 1634, il fut compris au nombre des forteresses que le roi ordonna de démanteler. Les ruines qu'on aperçoit encore au sommet de la montagne qui domine la ville, projettent au loin leur ombre triste et silencieuse.

L'église d'Ardes fut fondée au XIIe siècle, par Béraud de Mercœur, sous le vocable de saint Dixain. Elle était desservie par une communauté de prêtres qui tentèrent en 1664 de s'ériger en chapitre; mais un arrêt des Grands-Jours de Clermont, du 5 octobre 1665, s'opposa à leur prétention, et maintint les anciens usages.

Néanmoins, il existait jadis dans cette ville un prieuré qui dépendait de Manglieu. En 1581, il fut réuni à *la communauté des prêtres* par une bulle de Grégoire VIII.

Les environs d'Ardes offrent plus d'une curiosité intéressante. Nous laissâmes nos chevaux dans l'auberge où nous avions couché et nous parcourûmes les environs à pied. Nous suivîmes d'abord le ruisseau qui est au bas de la ville, et qui porte le nom de rivière de la Couze. Après avoir marché quelque temps dans le lit de ce torrent, nous nous trouvâmes entre deux montagnes, très-élevées, dont l'une, à droite, s'appelle Rentières, et l'autre, à gauche, Mercœur. Là on trouve une des plus belles et des plus grandes colonnades basaltiques qu'on puisse admirer en France : elle est rangée le long de la montagne de Rentières, et s'étend sur les bords de la rivière l'espace de quatre à cinq kilomètres. Cette admirable chaussée naturelle est coupée à pic, et s'élève de soixante à quatre-vingts pieds au-dessus du torrent.

A l'extrémité de cette vallée et au-delà de la colonnade volcanique, il existe un lac profond qui s'est formé d'une manière aussi terrible qu'imprévue. Voici ce que raconte Dulaure à ce sujet :

« Le 9 mars 1783, à 9 heures du matin, il se
» détacha de la montagne une masse de roches gra-
» nitiques, haute d'environ quatre cents pieds, et
» large à peu près d'autant, qui se précipita en se
» brisant dans le fond de la vallée ; cet éboulement
» fut si considérable, qu'il suspendit pendant long-
» temps le cours de la rivière, et forma une digue
» que les eaux ne purent surmonter que le lende-
» main matin ; de sorte que, pendant un jour et
» une nuit, on ne vit à Ardes aucune goutte d'eau
» couler dans le lit de cette rivière.

» Les eaux ainsi arrêtées ont formé à l'endroit
» de l'éboulement, un lac de quatre cents toises
» environ de longueur sur cent pieds de profon-

» deur. La chaussée nouvelle a cent cinquante toi-
» ses de longueur sur quatre-vingts de largeur. Un
» moulin composé de deux bâtiments, a été englouti
» ainsi que les personnes qui se trouvaient dedans ;
» et il n'en reste aujourd'hui aucune trace. Un do-
» mestique de ce moulin, se trouvant sur le rocher
» qui s'écroulait, a eu le temps de fuir avant sa
» chute. M. Monnet qui a vu les lieux un an après
» ce désastre, dit : Ce qu'il y a de plus remarquable
» en cela, c'est qu'un noyer fort haut, qui était
» devant la porte du moulin, s'est conservé, quoi-
» que les roches de granit l'aient comblé jusqu'au
» haut de ses branches. Je me suis assis sur une de
» ses branches, ajoute ce savant, et mes pieds por-
» taient, m'a-t-on dit, sur le toit de la maison, ou
» du moins sur la place où il était. Ce noyer fut
» sans doute garanti par les bâtiments du moulin,
» qui, placés en avant, reçurent le premier choc
» de l'éboulement (1). »

En remontant la Couze, nous remarquâmes la roche de Mercœur. C'est une énorme masse de basalte qui a déchiré le sol, sur une grande étendue, s'est cristallisée en s'élevant dans les airs et solidifiée sur place : c'est le monument le plus gigantesque que nous avions encore observé des antiques feux souterrains et des révolutions du globe. Nous suivimes le pittoresque vallon de la Couze, en montant vers le village de Mazoires, près duquel nous aperçûmes les ruines d'une vieille église dont une partie était cachée par des ronces et des broussailles, et dont l'autre est couverte par l'ancienne voûte de la nef, qui s'est affaissée et repose sur le sol qu'elle abritait autrefois. La construction de cette église doit

---

(1) Dulaure, descript. de l'Auv.

remonter au VIe ou au VIIe siècle, d'après les débris de colonnes et de chapiteaux de style romano-bizantin qu'on y a découverts. A côté de ces ruines s'élève une modeste chapelle bâtie, depuis 1846, qui recouvre le tombeau d'une vierge, dont la mémoire est depuis bien des siècles en grande vénération dans ce canton.

« Au temps de l'invasion des barbares qui ravagèrent l'Auvergne au commencement du quatrième siècle, quelques années après la persécution de Dioclétien, vivait sur les bords de la Couze, et probablement au hameau d'Estrigoux, une vierge nommée Florine, jeune fille d'une grande beauté et d'une piété plus grande encore. On raconte qu'un jour cette jeune chrétienne, déjà persécutée pour sa foi, qui était en horreur pour ces barbares, fut rencontrée par quelques-uns d'entr'eux, qui essayèrent de lui faire violence.

» Effrayée, la vierge s'enfuit d'une course rapide à travers les rochers et les halliers, vers le vallon qui porte aujourd'hui son nom. Parvenue au sommet d'un roc qui domine la Couze, et se voyant sur le point d'être atteinte par ceux qui la poursuivaient, elle s'élança en se confiant en Dieu, franchit d'un bond l'espace immense qui la sépare de l'autre bord, sur lequel elle arriva, après avoir laissé l'empreinte de ses pieds sur les deux rochers qui marquaient l'espace qu'elle venait de franchir. Néanmoins, malgré ce saut miraculeux, qui avait sans doute épuisé ses forces, Florine haletante et fuyant de nouveau, fut atteinte par ses ravisseurs.

» Exaspérés par la résistance qu'elle opposait à leurs attaques contre sa vertu, ces barbares la martyrisèrent sur une petite plate-forme, située à peu

de distance du bord méridional de la rivière (1). »
Les chrétiens du pays recueillirent ses restes et les
déposèrent dans un tombeau taillé dans le roc, au
sommet de la côte, près duquel on éleva par la
suite l'église, depuis longtemps ruinée, dont nous
avons parlé. Grand nombre de miracles s'opérèrent
sur son tombeau qui devint par la suite un des pèlerinages les plus fréquentés de l'Auvergne.

On nous montra avec respect une ligne tracée à
travers la campagne, depuis le hameau d'Estrigoux
jusqu'à la rivière, et dépouillée de végétation ; ce
fut le chemin qu'elle suivit à travers champs, lorsqu'elle se déroba, par la fuite, à ses bourreaux. D'autres pourraient y voir un jeu de la nature ; mais
nous le considérons comme un prodige permanent
qui atteste, après bien des siècles, la sainteté et
l'innocence de cette pieuse martyre de l'église d'Auvergne.

Après que nous eûmes prié un instant sur le tombeau de la pieuse vierge, nous reprîmes le chemin
d'Ardes, où nous arrivâmes avant la chute du jour.
Le lendemain nous redescendîmes à Issoire, en traversant Saint-Germain-Lembron que nous connaissions déjà.

Il nous restait encore à voir Besse et ses environs, le Mont-Dore et toutes ses merveilles de pics,
de vallées, de lacs, de châteaux, et chacune de ces
courses exigeait plusieurs jours et des forces pour les
réaliser. Mes compagnons de voyage étaient impatients d'aller faire un pèlerinage à Notre-Dame de
Vassivière, dans les montagnes de Besse, dont nous
avions souvent entendu parler, comme d'un lieu en

---

(1) **Le comte de Rés., Hist. des égl. d'Auv.**

grande vénération chez les Auvergnats. Afin d'exécuter sans trop de fatigue cette longue mais intéressante pérégrination, nous prîmes un jour de repos à Issoire pour faire prendre haleine à nos montures qui semblaient cependant ne pas trop se ressentir des promenades que nous avions déjà faites, grâce aux soins qu'en avait pris Jasmin.

Nous profitâmes de notre étape pour prendre des vêtements plus chauds que ceux que nous avions portés jusque-là. Nous les demandâmes la veille à Clermont, et le lendemain nous trouvâmes un ballot arrivé par le chemin de fer, à notre adresse dans l'hôtel : c'est encore là un avantage des chemins de fer et du télégraphe.

Après que Jasmin eut fait ferrer à neuf nos infatigables coursiers, et se fut procuré les provisions nécessaires, nous réglâmes notre itinéraire d'une manière sommaire, nous en rapportant à la Providence et à notre bonne étoile, du soin de nos personnes et des lieux de stations. Munis de bonnes cartes, de crayons, de carnets de voyage et de quelques livres indispensables, nous quittâmes Issoire de grand matin, et nous prîmes la route de Champeix.

A quatre kilomètres environ d'Issoire, on rencontre le village de Perrier. Cette bourgade n'a de remarquable que ses grottes, les unes formées par la nature, les autres par la main des hommes. La plupart de ces souterrains étaient habités jadis par des laboureurs qui rappelaient l'antique vie sauvage des Gaulois. Nous en remarquâmes même deux ou trois où quelques familles pauvres ont élu domicile. Parmi les divers accidents de terrains que ce pays a éprouvés, nous vîmes un obélisque naturel entièrement séparé du coteau dont il faisait autrefois partie. Le sommet, qui s'élève en pyramide, est terminé par les ruines presque effacées d'un vieux château qui s'appelait la tour Maurifolet.

En avançant sur la route de Champeix, on aperçoit à droite le village de Pardines, célèbre par un éboulement de terre, arrivé le 23 juin 1737, à la suite d'un orage mêlé de pluie abondante qui détrempa le terrain sur lequel le village était assis : ce terrain se détacha et glissa jusqu'au fond du vallon. Des rochers, des arbres, des maisons suivirent l'éboulement ou furent bouleversés de fond en comble.

La journée était belle, le ciel pur, le soleil animait de ses feux la richesse du paysage qui nous environnait; quoique la chaleur fût grande, elle était néanmoins tempérée par une légère brise qui nous arrivait des montagnes du couchant. Les mouches qui tourmentaient les flancs de nos chevaux, activèrent leur marche et nous firent arriver à Champeix pour déjeûner.

La petite ville de Champeix dépendait, dans son origine, du comté d'Auvergne : elle fut comprise dans le délaissement que Guillaume-le-Vieux fit, dans le XIIe siècle, au dauphin d'Auvergne Guillaume VIII qui commença la branche des dauphins d'Auvergne.

Cette terre fit longtemps partie du domaine des dauphins, et passa successivement à Isabeau de Châtillon, dame de Jaligny, par son mariage avec Robert III, dauphin d'Auvergne; à Hugues, prévôt de Brioude, issu des dauphins; puis à Hugues de Champeix, chanoine de Clermont; enfin, en 1541, dans la famille de Thomas Boyer, général des finances sous François Ier. Dans la suite la seigneurie de Champeix devint la propriété de la famille de

Montboissier-Canillac. Timoléon de Montboissier-Canillac en rendit foi-hommage à Mlle d'Orléans, cousine de Louis XIV, en qualité de dauphine d'Auvergne, l'année 1670. Il fut déclaré dans cet acte rapporté par Baluze, que *Champeix et Saint-Cirgues relevaient de la sénéchaussée d'Auvergne.*

Champeix devint ensuite le chef-lieu du marquisat de Tourzel, érigé en faveur de Rupelmonde, dame d'honneur de la reine, et fille du maréchal d'Allègre, à qui Voltaire a adressé son épitre à Uranie. Cette dame passait plusieurs étés au château de Saint-Cirgues qui dépendait du marquisat de Tourzel (1).

Sur une éminence qui domine la ville, on voit encore les ruines du château de Champeix. A l'époque des guerres de la Fronde, il fut assiégé, pris et repris par les deux partis, et enfin démoli par ordre de Richelieu lors de son voyage en Auvergne.

Après avoir parcouru la ville de Champeix, nous partimes pour Saint-Nectaire dont les eaux minérales sont en grande réputation, soit à cause de leurs propriétés cristallisantes, soit à cause de la santé qu'y viennent chercher, tous les ans, un grand nombre de malades.

A l'embranchement de la route qui se bifurque pour aller, d'un côté à Besse, de l'autre à Saint-Nectaire, se trouve la bourgade de Montaigut-le-Blanc bâtie sur les parois d'un monticule très-élevé, et dont le sommet est couronné par un vieux château féodal qui est en ruines. Le site de ce village pittoresque, groupé au pied de cet antique manoir, nous rappela ce bon vieux temps du moyen-âge où les serfs, les manants et les hommes de la glèbe,

---

(1) Cout. d'Auv., t. 4, p. 588. — Dulaure. — J. de Laporte.

venaient demander protection aux seigneurs de ces contrées, pour les défendre contre les ravages de leurs voisins, les pillages de ces bandits et gens sans aveu que firent naître les guerres civiles, surtout la guerre de cent ans contre les Anglais.

La terre de Montaigut a donné son nom à une ancienne maison qui a produit Guérin de Montaigut, grand-maître de l'ordre de Saint-Jean de Jérusalem, en 1209. Son frère Pierre, créé chevalier par saint Louis, fut tué, dit-on, à la bataille de la Massoure, où ce saint roi fut fait prisonnier. Le fils de ce Pierre de Montaigut fut grand-maître de l'ordre des Templiers, en 1219, époque où florissait leur maison de Montferrand.

Guérin II de Montaigut vivait en 1253, et fut l'exécuteur testamentaire de Bernard de la Tour. Le chevalier Pierre de Montaigut assista, en 1274, au mariage de Robert, comte d'Auvergne, avec Béatrix de Montgacon, en 1275 au partage de Béatrix avec Yselt d'Olliergues, et en 1288 au contrat de mariage de Mathilde Dauphine avec Guillaume Comptour-d'Apchon. Henri de Montaigut vivait en 1367 : le roi Jean lui accorda 400 livres de rente sur la terre de Combronde. Guy de Montaigut possédait ce château en 1448, et s'intitulait : *Nobilis et potens vir Guido... Dominus montis acuti*. Son fils lui succéda en 1492, la même année que Christophe Colomb découvrait l'Amérique.

Cette terre de Montaigut passa ensuite dans la maison de Chabannes. Jacques de Chabannes, seigneur de la Palisse, si connu par sa légende populaire, la possédait en 1513 ; puis elle devint la propriété de la famille d'Allègre. La dernière héritière, Marie-Emmanuelle d'Allègre, fille du maréchal de ce nom, femme du marquis de Maillebois, et marquise de Tourzel, la vendit au comte de Laizer de Brion, le 26 décembre 1755. Son fils, le marquis de Laiser, en jouissait à l'époque de la révolution : elle est restée depuis dans cette dernière famille qui la possède de nos jours (1).

Comme nous avions toute la soirée devant nous, nous résolûmes d'aller coucher à Saint-Nectaire qui nous intéressait vivement par son antiquité, ses souvenirs druidiques, son château féodal et la légende de l'apôtre qui a donné son nom à cette bourgade. A peine arrivés, nous employâmes le reste de la soirée à parcourir le village, à visiter l'église près de laquelle s'élevait le château de la famille de Sénectaire, récemment démoli, et remarquable par son escalier qui permettait aux bêtes de somme de monter le blé dans les greniers; nous vîmes l'établissement des bains dont les eaux naissent au pied du mont Cornador, l'autel druidique placé près de la route, les sources incrustantes qui se moulent sur les objets qu'on expose à leur action, la montagne de Cornador et ses grottes.

Quoique la plus grande obscurité règne sur les compagnons de saint Austremoine qui vint implanter la foi en Auvergne vers le milieu du IIIe siècle, il est de tradition que Nectérius fut envoyé par ce saint prélat dans la partie de la Limagne la plus dévouée au culte sanguinaire des druides qui résidaient au mont Carnador, et dont les environs sont encore remplis de monuments de leur religion farouche. Après de rudes travaux chez ces peuples idolâtres et à moitié sauvages, qui habitaient des

---

(1) Ans., t. 4. — Baluze, t. 2. — Chabrol, Cout. d'Auv. — Arch. de la famille de Laizer. — L'abbé J. de Laporte, le Voy. franç. — Vertot, Hist. des Chev. de Malte.

antres et des forêts impénétrables où ils célébraient leurs sanglants sacrifices, Nectaire parvint à y prêcher l'Evangile, à renverser les idoles et le culte barbare des Arvernes; il arbora même l'étendard de la croix de Jésus-Christ jusque sur les hautes et froides montagnes de Besse et du Mont-Dore.

Après avoir érigé un grand nombre d'églises, Nectaire se retira près de celle qu'il avait fait bâtir au mont Cornador, et y fut enterré. Plusieurs miracles s'étant opérés sur son tombeau, les chrétiens changèrent le nom de Cornador en celui de Saint-Nectaire qu'a conservé cette bourgade. Dans la suite, une nouvelle et belle église ayant été construite au pied de la montagne, les fidèles transférèrent les restes vénérés du saint apôtre, de l'église de la montagne dans celle du village, où nous les vîmes religieusement conservés.

Cette église est une des plus curieuses du style romano-byzantin. Elle a trois nefs, un transept, deux branches de croix, avec deux chapelles au levant. Autour du sanctuaire rayonnent trois chapelles latérales. Sa hauteur est de vingt mètres, sa largeur de douze environ, et sa longueur de trente-huit mètres. Quatre-vingt-dix-huit chapiteaux décorent son intérieur et présentent toutes les nuances du goût byzantin. Sur un des côtés du maître-autel nous trouvâmes une inscription qui indique qu'en 1424 le corps de saint Nectaire fut relevé par les soins du prieur Guillaume et par ceux de la puissante maison de Sénectaire.

Ce village a donné son nom à une illustre famille d'Auvergne que Durand, commentateur de Savaron, fait descendre de saint Nectaire, apôtre de ce pays. Quoi qu'il en soit de cette opinion que nous ne cherchons pas à discuter, quoiqu'elle ne paraisse pas probable, la famille de Sénectaire ne figure dans l'histoire de la province qu'au commencement du xiiie siècle.

Louis de Sénectaire était connétable d'Auvergne, en 1231, et son fils Bertrand vivait en 1296. Casto, son successeur, épousa Guionne d'Astorg qui donna le jour à Bertrand II, chevalier, et marié en 1302 à Dauphine de Bréon. La noblesse d'Auvergne avait une si grande confiance en lui, qu'il fut nommé exécuteur testamentaire de plusieurs familles célèbres, au dire de Baluze et de l'auteur des Coutumes d'Auvergne.

Antoine de Sénectaire, seigneur de Clavelier (1) et de la Grolière, épousa, en 1435, Antoinette de Montmorin, fille de Jacques de Montmorin Saint-Hérem et de Jeanne Gouge de Charpaigne, nièce de l'évêque de Clermont, dont il a été déjà question.

Son fils Antoine, épousa Marie d'Allègre en 1494. Ce fut lui qui fit présent à l'église actuelle d'un reliquaire d'argent représentant le buste de saint Nectaire.

Le petit-fils d'Antoine Sénectaire eut plusieurs enfants, entr'autres la fameuse huguenote Magdelaine de Sénectaire. Devenue veuve de Guy de Miremont, près de Mauriac, elle embrassa le parti de la réforme, attira dans son château fortifié, au milieu des montagnes du Cantal et de la Corrèze, dominant les gorges de la Dordogne, le vicomte de Lavedan, chef des protestants. Dans les guerres de religion, elle se distingua par son courage et sa valeur, dignes d'une cause plus noble et plus sainte que celle pour laquelle elle guerroyait. Elle marchait

---

(1) Les ruines du château des Claveliers sont dans la paroisse de Saint-Sauveur, près d'Arlanc.

toujours, dit Mézeray, à la tête de soixante gentils-hommes, battit souvent les partisans du seigneur de Montal, défit ses troupes qui étaient venues l'assiéger dans sa forteresse de Miremont, blessa elle-même mortellement leur chef, et se fortifia dans son château que les catholiques ne purent prendre de vive force.

Vers le milieu du xviie siècle, Henri de Sénectaire qui ne suivit pas les opinions de son aïeule, devint ministre d'État, lieutenant-général de Champagne. Son fils ajouta de nouveaux titres à sa maison : il fut successivement gouverneur de Metz, duc, maréchal et pair de France sous Louis XIV.

La dernière héritière des Sénectaire porta cette terre dans la famille de Crussol ; puis, elle fut vendue à Mgr de la Garlaye, évêque de Clermont. Avant la révolution, elle était possédée par M. Guérin qui l'avait acquise des héritiers de ce prélat.

Le lendemain nous sortîmes de Saint-Nectaire, de grand matin, et nous étant pourvus d'un guide à notre hôtel situé près des bains, nous nous mîmes en route pour Murol et Chambon.

Nous suivîmes d'abord un chemin qui longe la Couze, à travers une chaussée effrayante formée par une coulée de lave sortie du volcan de la montagne de Tartaret que nous apercevions dans le lointain. A mesure que nous avancions, nous laissions derrière nous le mont Cornador et ses merveilles : nous arrivâmes par un sentier rempli de déjections volcaniques sur les bords de la rivière que nous avions longée depuis longtemps, à la belle cascade des Granges, où les eaux se précipitent d'une grande hauteur dans un gouffre creusé dans la lave.

Après nous y être arrêtés un instant pour admirer cet effrayant jeu de la nature, nous arrivâmes à Murol qui n'est éloigné de Saint-Nectaire que de cinq ou six kilomètres.

Les maisons du village du Murol, sont bâties sur la lave qui est sortie du Tartaret. Comme cette lave est très-rapprochée de son point de départ, elle forme plusieurs étages superposés qui rendent le sol inégal et qui ont obligé les habitants de grouper leurs demeures en amphithéâtre. Une superbe forêt de hêtres couvre partout le terrain, et la Couze roule ses ondes rapides dans le ravin sur des rochers volcaniques dont elle a poli les parois.

Les ruines du château de Murol dominent tout ce paysage. Cet antique manoir démantelé est construit sur une butte basaltique escarpée de tous côtés. Il a la forme d'un polygone régulier, auquel est jointe une tour ronde qui domine les alentours. Du haut de ce belvéder féodal, on peut se faire une idée du bouleversement que les feux souterrains ont produit dans cette contrée. De là nous vîmes le cratère du Tartaret, le lac du Chambon, la gorge de Chaudefour et les pics décharnés qui la dominent, les environs de Saint-Nectaire et une partie de la Limagne. Ce spectacle imposant nous rappela l'époque reculée où toute cette partie de l'Auvergne fut ravagée par les feux souterrains. C'est du château de Murol que nous pûmes contempler les vastes monuments des antiques révolutions du globe, caractères imprimés si fortement dans le sol, qu'on semble revoir encore, après bien des années et des siècles écoulés, les énormes coulées de laves, leurs couches successives, la forme des cratères qui attestent les diverses époques des éruptions volcaniques. Ici, ce sont des ravins profonds qui ouvrent pour ainsi dire les entrailles de la terre pour en révéler l'histoire; là, des fleuves de laves, qui ont couvert plusieurs lieues de terrain; partout, de gigantesques déjections qui ont formé des montagnes. L'imagination, frappée par les grands objets que nous avions sous nos yeux, et qui rappellent des événements plus grands encore, plonge dans la profondeur des âges, cherche dans l'intérieur du globe la cause des feux souterrains, et force la raison à s'incliner devant la profondeur et la puissance du Créateur, qui se joue des éléments, pour confondre la petitesse et l'orgueil de l'homme

L'époque de la construction du château de Murol est incertaine. Tout ce qu'on en sait, c'est qu'il a donné son nom à une famille illustre de l'Auvergne, qui s'est éteinte dans celle d'Estaing.

Le chevalier Robert Chambe, seigneur de Murol, vivait en 1223, et Jean Chambe en 1272. Il n'eut qu'une fille nommée Suzanne de Murol, qui épousa le chevalier Guillaume Sam, seigneur de Vialle près Maringues. Il fut caution au contrat de mariage d'Annet, dauphin d'Auvergne, avec Isabelle de la Tour, en 1354. Son fils, appelé Jean de Murol, fut le père du cardinal de Murol qui vivait en 1406.

Jean de Murol laissa plusieurs enfants, entr'autres deux filles, Jeanne et Dauphine, qui recueillirent toute la succession de la terre de Murol. Dauphine épousa, en 1455, Gaspard d'Estaing, qui eut en partage le château de Murol. Cette terre resta longtemps dans cette dernière maison, et fut vendue en 1770 à Mgr de la Garlaye, évêque de Clermont. Elle appartient maintenant à la famille de Chabrol (1).

Le château de Murol n'offre aujourd'hui que des ruines imposantes. Au sommet règne une galerie par laquelle on peut en faire le tour, malgré les dégra-

(1) Bal., t. 1 et 2. — Chab., t. 4.

dations que le temps y a faites et qui en rendent le passage dangereux. Dans l'intérieur, nous vîmes plusieurs appartements armoriés ; nous visitâmes la chapelle et les cachots. Au centre d'une cour qui était envahie par les ronces et quelques plantes grimpantes, était une espèce de citerne destinée à recueillir les eaux des pluies. Les murs d'enceinte qu'on y voit encore, quoique dégradés, sont très-vastes et flanqués de tours assez bien conservées.

Les historiens ont prétendu que ce château avait soutenu un siége en 532 contre Thierry qui ravagea l'Auvergne. C'est là, dit-on, le *Meroliacense castrum* dont parle avec tant d'éloges Grégoire-de-Tours. D'autres prétendent, au contraire, que les détails que donne cet écrivain s'accordent mieux à l'ancienne forteresse de Chastel-Marlhac, près de Mauriac. Sans chercher à décider la question, nous pouvons dire que ces deux châteaux-forts ont cela de commun, qu'ils sont tous deux placés sur un rocher escarpé, de difficile accès, et dont les murs sont très-élevés au-dessus des terres qui les environnent. Après Chastel-Marlhac, Murol est peut-être la seule forteresse en Auvergne, qui remplisse les conditions dont parle Grégoire-de-Tours.

En quittant Murol, nous nous dirigeâmes vers le lac et le village de Chambon, que nous atteignîmes en moins d'une heure. Des arbres magnifiques bordaient le rivage irrégulier et dentelé du lac. Une île, où croissaient des arbres vigoureux, s'élevait au milieu et projetait au loin son ombre qui se reflétait agréablement dans la limpidité des ondes. A l'extrémité opposée s'étageait le village entouré de prairies magnifiques et de bois très-touffus.

La beauté de ce site, le voisinage du lac, la présence d'une île et les ruines du château de Varennes qui sont près de là, ont fait supposer à quelques auteurs que l'habitation de l'illustre Sidoine-Apollinaire était sur les bords de ce lac plutôt qu'à Aydat. Le père Sirmond pense, avec raison, que la description de l'illustre évêque de Clermont ne convient pas au lac de Murol. La terre d'Avitac, que l'empereur Avitus, Auvergnat de naissance, avait donnée à sa fille Papianille, en la mariant avec Sidoine, était sans doute une campagne, avec maison et bains sur les bords d'un lac; mais que conclure de là? Savaron a cru que c'était le lac de Sarliève; Sirmond et d'autres auteurs, Aydat; d'autres, Chambon. Mais, sans entrer ici dans une polémique inutile et oiseuse, quel rapport y a-t-il entre Chambon et Avitac? Aydat ne semble-t-il pas plus se rapprocher du nom d'Avitac que la tradition a toujours placé dans les montagnes du puy de Dôme, d'après ce que nous avons déjà dit sur ce lieu, lors de notre voyage à ce lac?

En quittant le lac Chambon, nous partîmes pour Besse, en traversant les montagnes. Le temps était beau et nous engageait à tenter ce projet qui souriait à nos goûts et à notre penchant pour les aventures imprévues. Notre guide avait une connaissance exacte des lieux; sous sa direction, nous étions certains de ne pas nous égarer en plein jour et par une journée magnifique.

Quoiqu'on nous eût un peu effrayés à Chambon sur la Croix-Morand et sa terrible montagne, nous ne tînmes guère compte de ces pronostics, poussés que nous étions par nos recherches aventureuses et l'ardeur de notre âge.

Après avoir franchi la vallée qui encadre Chambon, nous nous trouvâmes sur un plateau élevé qui domine le village et le lac. De là nous voyions le volcan de Tartaret qui l'avoisine, et le fameux rocher, aux formes si bizarres, qu'on appelle la Dent-du-Marais, de nature volcanique.

Nous parcourûmes des espaces immenses, hérissées de basaltes, couvertes de landes stériles qui alternent avec une pelouse magnifique. Après une longue course, nous arrivâmes au hameau de Diane qui appartient à M. Levé, juge au tribunal d'Issoire. C'est le lieu habité le plus élevé de l'Auvergne, après le hameau de la Ponte, situé au-dessous des jaceries de Pierre-sur-Haute.

Lorsque nous eûmes franchi le col de Diane, nous parcourûmes de vastes pelouses monotones qui nous conduisirent, en montant toujours, à la Croix-Morand, de si triste renom.

Comme nous avions plus de la moitié de la journée devant nous pour aller coucher à Besse, nous résolûmes de voir la Croix-Morand en entier; et, comme nous avancions insensiblement dans la région des montagnes, la chaleur de la plaine nous avait quittés: la fraîcheur des régions froides se faisait sentir à mesure que nous approchions de ce lieu élevé.

Quel fut notre étonnement en abordant ce vaste plateau (que nous pensions tout naturellement couvert de pelouses et de terres solides), de n'y voir qu'un vaste marais tourbeux, rempli de fondrières très-dangereuses sur une grande étendue, recouvertes de plantes aquatiques! Aucun arbre ne venait recréer la vue et donner de l'animation à ce paysage triste et monotone. C'est une montagne dépouillée par les vents, une contrée désolée par d'affreuses tempêtes, un désert ravagé par les ouragans des hivers, où aucun arbre n'a pu prendre racine, aucune habitation humaine n'a pu s'établir, où chaque saison d'hiver elle fait une victime parmi les voyageurs égarés et perdus dans la tourmente. Nos lecteurs croiraient peut-être ce tableau exagéré, si nous ne leur mettions sous les yeux la peinture qu'en fait un célèbre touriste qui raconte ce qui lui était arrivé à lui-même, il y a peu d'années.

» J'avais vu, dit-il, la Croix-Morand pendant ces
» *écirs* de neige si dangereux et si violents. Une
» neige fine, que le vent réduisait en poussière,
» tourbillonnait alors sur les plateaux élevés, et ca-
» chait entièrement ces montagnes herbeuses que
» nous venions de parcourir. Des nuages congelés
» et violemment agités par des courants d'air,
» refoulés sur ces montagnes, se précipitaient tout-
» à-coup sur ce sol, s'élevaient de nouveau comme
» de la poussière, et ensevelissaient tout ce qui se
» rencontrait sur leur route. Chaque année des ac-
» cidents ont lieu dans cet endroit; des voyageurs
» s'égarent; la neige les recouvre, le froid les saisit,
» le sommeil s'en empare, et la mort termine leur
» existence, sans qu'aucune douleur les prévienne
» du danger, et ne les mette en garde contre cet
» assoupissement dont ils peuvent à peine se dé-
» fendre. La Croix-Morand, élevée dans ce désert,
» sur les bords de la route, rappelle sans doute un
» événement de ce genre; elle a dû d'abord s'appeler
» *la Croix du Mourant* (1). »

Nous traversâmes la Croix-Morand par une de ces belles journées d'été qui rendent l'aspect des montagnes si agréable. Aucun nuage ne drapait le ciel qui était d'une limpidité à défier les pinceaux de l'artiste, et à peine si une brise légère se faisait sentir pour tempérer la chaleur du soleil. La plaine

(1) M. Lecoq, Le Mont-Dore et ses environs.

de la Croix-Morand, qui ressemble plutôt à un vaste marais qu'à autre chose, est placée au pied de grandes montagnes qui l'environnent et lui donnent un aspect triste et sauvage. Quoiqu'elle soit traversée par la petite route de Clermont au Mont-Dore, elle n'est fréquentée que dans la belle saison; il serait plus que dangereux de la traverser en hiver.

Pendant que nous étions occupés à en admirer le site et les diverses montagnes du voisinage, Amédée, qui s'était éloigné de nous avec Jasmin, eut la fantaisie de s'aventurer sur une fondrière recouverte d'une belle végétation, pour herboriser. Le guide gardait leurs chevaux. Soudain nous entendîmes des cris de détresse et des signes d'angoisses si violents que nous fûmes saisis, Fernand et moi, d'une panique indicible. « Fernand, Jasmin, au » secours! » et Jasmin de crier, de s'agiter, de se précipiter, de tendre la main à Amédée et de nous faire signe d'accourir.

Amédée, en s'avançant sur de larges touffes d'herbes et de joncs, avait fait céder le terrain sous le poids de son corps, et s'enfonçait dans la vase tourbeuse de la fondrière; Jasmin, en voulant lui porter secours, avait précipité ses mouvements et remué ce sol mouvant, activant le danger au lieu de le réparer. Pendant qu'ils se débattaient péniblement sur cet abîme, le guide et moi nous étions accourus à leur secours. Mais les minutes passaient et le péril était imminent; j'eus l'idée de couper à la hâte quelques branches de genévriers que nous trouvâmes près de nous, de les jeter en avant pour faire comme une chaussée afin de poser nos pieds mal assurés, de faire la chaîne pour remorquer nos malheureux compagnons. Nous eûmes le bonheur de les retirer de cette terrible fondrière plus morts que vifs! Malgré nos précautions et le secours de la bride de mon cheval que j'avais ôtée précipitamment pour en faire un câble de salut, je vis le moment où nous allions tous disparaître dans cet abîme, si des touffes de joncs sur lesquelles nous posions nos pieds et les branches de genièvre ne nous avaient retenus, car le sol fléchissait partout, et une eau sale et bouillonnante envahissait nos jambes. Si nous avions donné le temps à ce fragile moyen de sauvetage de pénétrer plus avant dans le sol qui disparaissait sous notre poids, nous étions perdus pour jamais ! La Croix-Morand aurait encore eu cette épouvantable catastrophe à inscrire dans ses lugubres annales. Cette fois ce n'eût pas été la tempête qui aurait enseveli des hommes sous la neige, mais de fallacieuses fondrières qui leur auraient servi de tombeau ! Que les jeunes gens qui visiteront la Croix-Morand se rappellent notre aventure, et qu'ils se méfient de cette vigoureuse végétation qui croît sur son marais verdoyant et riche en botanique ; c'est une belle mante de verdure qui recouvre un abîme : image trop réelle des plaisirs du monde ! ! !...

Nous allâmes rejoindre nos chevaux qui s'étaient disséminés, pendant ce temps, pour brouter sur la pelouse, et nous retrouvâmes dans nos valises des habits de rechange. Après nous être un peu remis de notre aventure émouvante et pris quelques gouttes de vin que Jasmin tira de nos sacoches approvisionnées depuis Issoire et Saint-Nectaire, nous quittâmes ce lieu maudit pour nous diriger sur la petite ville de Besse, dont nous étions encore bien éloignés.

Nous suivîmes et escaladâmes péniblement une série de montagnes aériennes, qui semblent s'élever du sol comme d'immenses boursouflures volcaniques. La plus élevée de ce groupe n'a pas moins de 1,742 mètres au-dessus du niveau de la mer : c'est la montagne de l'Angle.

Nous descendîmes ensuite dans une forêt magnifique de sapins et de hêtres : c'était le bois de la Chaneau que traverse la petite route du Mont-Dore. Les arbres étagés sur le coteau de la montagne de la Tâche, s'élèvent en amphithéâtre et s'arrêtent tout-à-coup, comme s'ils craignaient les grands vents qui règnent sur le plateau de la Croix-Morand. Nous admirâmes ces magnifiques végétaux conifères qui élèvent majestueusement leurs têtes vers le ciel, et dont les branches projettent au loin l'ombrage et la fraîcheur. Des guirlandes de lichens ornaient leurs troncs chenus et leurs rameaux épineux, comme des festons que la nature a prodigués aux antiques forêts. Au fond du ravin, coulait un ruisseau caché sous de grandes plantes herbacées, mais que trahissait son murmure calme et limpide. Ses ondes glaciales avaient creusé son lit dans une couche épaisse de cendres ponceuses, et si fortement tassées qu'on les prendrait pour du tripoli.

En sortant du bois de la Chaneau nous fûmes bien embarrassés : d'autres tribulations plus grandes que celles qui avaient commencé à la Croix-Morand, vinrent compliquer notre situation. Pas de chemin tracé! pas de sentier praticable! des ravins effrayants, des montagnes à pics se dressant vers le ciel, semblaient nous barrer le passage.

La seule voie du Mont-Dore pouvait être praticable ; mais cela nous éloignait de notre but ; nous voulions aller à Besse. Que faire?... Il était deux heures du soir : nous avions encore plusieurs heures de jour. Nous consultâmes nos cartes, nous interrogeâmes notre guide, et nous prîmes courage. Revenir sur nos pas ou nous diriger sur les bains du Mont-Dore, paraissait les seuls partis à prendre. Nous ne suivîmes ni l'un ni l'autre; nous prîmes nos chevaux en laisse, et après nous être orientés au milieu de ce chaos de montagnes, nous mîmes le cap sur Besse, en nous recommandant à Notre-Dame de Vassivière, comme de pauvres voyageurs perdus sur cet océan de monts pyrénéens, qui ressemblaient aux immenses flots d'une tempête pétrifiée sur place. Il est impossible de dire les ravins que nous franchîmes, les coteaux que nous escaladâmes, les précipices que nous rencontrâmes, les plateaux gazonnés que nous parcourûmes. Vingt fois hommes et chevaux furent arrêtés; après avoir vaincu une difficulté, une difficulté nouvelle barrait notre marche; mais plus nous trouvions d'obstacles, plus je m'armais de courage pour les affronter : hélas! c'était sans cesse à recommencer. Le guide maugréait tout bas contre ma témérité, Jasmin s'effrayait d'un pareil pays et regrettait sa belle et plate Bourgogne. Nos chevaux boitaient presque tous à cause des chutes qu'ils avaient faites, Fernand avait les genoux emportés; Amédée, encore ému de son aventure de la Croix-Morand, n'en pouvait plus, et préférait mourir dans ces affreuses solitudes que d'avancer. Seul valide au milieu de ces horreurs et de ces dangers, j'avais l'âme tranquille et l'imagination éprise de ces beautés effrayantes de la nature, et je soutenais le courage de tout le monde. Souvent nous vîmes le danger de bien près; mais, à force de courage, de patience et d'efforts, nous parvînmes à sortir de ces lieux inhabités et inhabitables, que les anciens, s'ils les eussent connus, auraient pris pour une région de l'enfer. La nuit qui nous menaçait, la proximité de Besse que nous atteignions insensiblement, et je ne sais quoi de surnaturel qui nous soutenait, tout enfin contribua à nous faire poursuivre notre marche aventureuse et à nous dégager de ces labyrinthes, de ces précipices de l'Atlas, de ces nouvelles colonnes d'Hercule de l'Auvergne.

Après quatre heures de fatigues et de luttes inouïes, les mains déchirées, les pieds moulus, les habits en loques, toute notre personne portant les traces des buissons et des rochers, nous arrivâmes à Besse au moment où le jour commençait à disparaître. Dieu sait les tours et les détours au pied des montagnes et dans les ravins, que nous avions été obligés de faire, et qui nous avaient attardés !

Arrivés à l'hôtel, la première chose que nous demandâmes fut un bouillon confortable et des lits pour nous reposer : hommes et chevaux étaient harrassés.

Le lendemain il était tard quand nous descendîmes dans la rue ; le soleil avait déjà parcouru le quart de la sphère céleste. Le reste de la journée fut consacré à parcourir la ville, à faire restaurer nos vêtements et nettoyer ceux que les fondrières de la Croix-Morand avaient passés à la teinture de la tourbe et de la boue. Sans désemparer nous fîmes nos préparatifs pour une promenade au lac Pavin et au pèlerinage à Notre-Dame de Vassivière, le jour suivant.

Nous ne nous ressentions déjà plus des fatigues de la veille : le repos de la nuit et un bon déjeûner avaient réparé nos forces, tant elles reviennent vite quand on est jeune et qu'un sang vigoureux circule dans vos veines ! Nous n'avions plus de regrets d'avoir tenté de si grandes difficultés, couru de si grands dangers. Notre conversation ne tarissait pas sur les moindres détails de ce prodigieux épisode de la veille. Il faut bien le dire aujourd'hui, ce fut un des plus intéressants et des plus périlleux de notre voyage. Je m'en souviendrai longtemps avec un plaisir mêlé d'effroi, et ma main tremble encore sous ma plume en retraçant les incidents de la Croix-Morand et des montagnes de l'Angle.

CHAPITRE XVI.

Besse. — Bertrand et Giraud de la Tour. — Eglise de Besse. — Notre-Dame de Vassivière, légende. — Lac Pavin. — Creux de Soucy. — Orage. — Prairies de Besse. — Saint-Pierre-Colamine, grottes de Jonas. — Pic de Sancy. — Vallée du Mont-Dore.

Besse est un chef-lieu de canton qui a des relations assez fréquentes avec le Mont-Dore pendant la saison d'été; mais en hiver la neige intercepte les communications. Néanmoins le pèlerinage de Notre-Dame de Vassivière y attire, tous les ans, un grand concours d'étrangers. Au moyen-âge, la terre de Besse était un ancien patrimoine de la maison de la Tour-d'Auvergne. Giraud de la Tour en était seigneur au commencement du XIIe siècle. En 1270, Bernard et Bertrand de la Tour donnèrent à la ville des coutumes et des privilèges, écrits en patois inintelligible : c'est un curieux échantillon du langage auvergnat, à cette époque si éloignée de nous.

En 1286, Bertrand de la Tour assigna sur la seigneurie de Besse le douaire de Béatrix d'Olliergues, sa femme.

En 1321, Bernard de la Tour donna à un de ses fils 500 livres de rente sur Besse et Ravel pour le faire étudier à l'université de Toulouse : cet étudiant devint ensuite chanoine de Clermont, de Beauvais, et cardinal en 1342.

Dans un procès qu'eut à soutenir Louis de Rochechouart, pour réclamer ses droits à la succession de la baronnie de la Tour, Louis XIII nomma des commissaires qui lui adjugèrent (20 janvier 1620) les terres de Besse, de Ravel, de St-Saturnin (1), de Saint-Amant, de Chanonat et de Montredon.

L'église de Besse était autrefois desservie par une communauté de prêtres (2). Un jour ils allèrent, accompagnés du corps municipal, chercher à Vassivière l'image vénérée de Notre-Dame, mais la tradition rapporte qu'elle retourna seule à son premier oratoire, situé au milieu des montagnes.

Mes compagnons étaient aussi **impatients que** moi de faire ce pèlerinage qui nous **offrait plus d'un** intérêt, plus d'une consolation. Les **fondrières de la** Croix-Morand et les précipices des **montagnes** de l'Angle étaient trop présents à notre **mémoire** pour oublier le vœu que nous avions fait à Notre-Dame de Vassivière ; nous avions à cœur de nous en acquitter le plus promptement, et rendre nos actions de grâces à celle qui nous avait préservés de si grands dangers.

Au sortir de Besse, on entre dans un chemin tantôt ombragé par des hêtres, tantôt fuyant à travers une pelouse émaillée de fleurs, et parsemée çà et là de genévriers. C'est un joli arbrisseau hérissé de feuilles piquantes, et chargé de graines aromatiques, les unes d'un vert marin, les autres d'un noir d'ébène glacé d'azur.

Lorsqu'on a franchi la vallée où coule le ruisseau du Gelat qui sort du lac Pavin, on suit les quatorze stations du calvaire : ce sont quatorze croix en fer, érigées, il y a quelques années, par les paroisses

---

(1) Chab., t. 4, p. 92 et suiv. — Baluz., t. 2, p. 483, 511.

(2) Cette église était non-seulement paroissiale, mais encore collégiale comme le prouve une bulle du pape Alexandre VI, de l'année 1498.

environnantes, en l'honneur du chemin que suivit Jésus-Christ sur le Golgotha où il allait consommer son sacrifice et donner le salut au monde ; pieux monument de la foi des chrétiens, qu'on ne retrouve qu'en Bretagne !

Nous laissâmes nos chevaux dans l'une des deux auberges destinées à recueillir les nombreux pèlerins, qui viennent tous les ans prier à Vassivière ; puis, nous allâmes accomplir notre vœu à l'autel de la Vierge vénérée. La chapelle fut construite en 1550, sur les ruines d'un ancien oratoire qui existait en 1369, dans le temps que les Anglais ravageant l'Auvergne, pillèrent la ville de Besse et ruinèrent de fond en comble le petit bourg de Vassivière. Pendant trois cents ans la statue miraculeuse de Notre-Dame se conserva intacte au milieu des ruines de son sanctuaire renversé, malgré la rigueur des hivers et l'abondance des neiges qui couvrent cette montagne pendant plusieurs mois de l'année. L'église, qui existe aujourd'hui, fut commencée sous l'épiscopat de Guillaume Duprat, mais ne fut achevée et consacrée qu'en 1555, par Antoine de Sénectaire, également évêque de Clermont. Vendue en 1793 comme propriété nationale, elle fut rachetée après la tourmente révolutionnaire, par Mlle Admirat, de Besse. Cette pieuse demoiselle la fit restaurer et purifier des nombreuses souillures dont elle avait été l'objet pendant les huit ou neuf années précédentes, et en fit donation à la ville de Besse, lieu de sa naissance. Près des murs de ce sanctuaire sacré coule une fontaine miraculeuse que Louis d'Estaing, évêque de Clermont, bénit solennellement le 10 juillet 1656.

L'histoire du pèlerinage de Vassivière a été écrite par dom Cladière, religieux bénédictin : il fait une longue énumération des miracles opérés en ce lieu (1), et remonte à l'origine de ce nom ; mais laissons-le parler lui-même : « Pour ce qui est de l'étymologie de *Vassivière*, quelques-uns ont cru qu'elle venait de ce mot latin *Vacca*, à cause du grand nombre de vaches qui paissent cinq ou six mois de l'année sur cette montagne, d'où par corruption on l'avait appelée *Vachivère*. Mais les autres ont dit, avec plus de vraisemblance, que l'étymologie venait d'une ancienne façon de parler des naturels du pays, qui disaient en leur langage à ceux qui ne voulaient pas croire les miracles fréquents qui se faisaient devant cette image miraculeuse.... et qui était dans une vieille masure restée sur la montagne de *Vassivière, per y craire, vas-y veire*, et même on l'appelle aujourd'hui en langage du pays, la *montagne de vas-y veyre (Vas-y voir)*.

» Quoi qu'il en soit de l'étymologie de ce mot de Vassivière, ce qu'il y a de plus certain c'est que Dieu avait choisi ce lieu pour y recevoir dans la suite les adorations d'une infinité de peuples qui y devaient accourir de toutes parts, en y établissant d'une manière tout admirable le culte et la vénération due à sa divine Mère. En effet, la multitude des miracles que Dieu y opère depuis si longtemps, est une preuve certaine que ce lieu lui est agréable, et qu'il l'avait choisi pour en faire une montagne sainte, d'où devait sortir une abondance de grâces et de bénédictions en faveur de ceux qui imploreraient le secours de la Vierge, si bien que nous

---

(1) D. Cladière avait dédié son ouvrage *aux prêtres communalistes de l'église collégiale et paroissiale de Saint-André, de la ville de Besse*. Ceux-ci confirmèrent les faits rapportés par l'écrivain, par acte authentique du 30 octobre 1686.

pouvons dire avec le prophète Isaïe : C'est la sainte montagne du Seigneur qu'il a choisie dans ces derniers siècles (1) pour y faire connaître les illustres effets de sa miséricorde, en y magnifiant la gloire et le pouvoir de la Vierge, sa très-pure Mère.

» A l'égard des temps auxquels commença la dévotion des peuples en ce saint lieu de Vassivière, il serait bien difficile de le déterminer; ce qu'on peut conjecturer de plus probable, c'est que longtemps avant qu'on eût bâti le petit oratoire de la grande chapelle qu'on y voit aujourd'hui, la Vierge sacrée y faisait sentir sa présence par le soulagement de plusieurs personnes affligées qui y imploraient son secours, mais elle n'y faisait pas encore de miracles si évidents comme elle fit dans la suite; ou ce qui est plus probable, c'est qu'on se mettait peu en peine de faire dresser des attestations de ceux qui s'y faisaient, comme plusieurs personnes dignes de foi, et qui vivaient de ce temps-là, l'ont assuré; car comme il n'y avait sur la montagne de Vassivière aucun oratoire, et que cette sainte image était seulement dans un coin de la muraille, cette dévotion n'était pas encore fort célèbre, d'où vient qu'on ne peut pas savoir précisément le temps auquel elle commença... Voici le premier miracle que Dieu fit sur la montagne de Vassivière... mais ce miracle fut comme la première preuve que Dieu donna du choix de ce saint lieu... puisqu'il punit si sévèrement un certain homme qui témoigna en avoir du mépris; cet homme s'appelait Pierre Get, dit Sipolis, originaire de la ville de Besse. En 1547, au mois de juin, cet homme étant parti de la ville,

(1) Erit in novissimis diebus præparatus mons Domini in vertice montium. (Is. 2, 2.)

accompagné de Guillaume de Chalus et de quelques autres marchands, pour aller en celle de la Tour; comme ils furent arrivés en la montagne de Vassivière, et au pied de la muraille où était la sainte image dont nous avons parlé, Guillaume de Chalus et les autres marchands se mirent à genoux et y firent leurs prières, selon la louable coutume des voyageurs qui passaient en cet endroit; Pierre Get, au lieu de suivre l'exemple de ses compagnons, méprisa leur dévotion, et s'avança lui seul vers un ruisseau qui est au bas de la montagne. Mais Dieu qui avait choisi ce lieu pour y faire honorer sa très-sainte Mère, ne laissa pas impuni le mépris de ce malheureux; à peine fut-il arrivé au bord du ruisseau, qu'il se sentit frappé de la main de Dieu, et perdit en un instant la vue. Un accident si prompt et si funeste lui fit bientôt connaître quelle en était la cause. Il commença à crier : *Ah! Dieu, qu'ai-je fait? Vierge Marie, secourez-moi!* En répétant souvent les mêmes paroles d'une voix forte et avec des soupirs redoublés, il se fit entendre de ses compagnons qui accoururent tous pour apprendre de lui-même le sujet de ses plaintes et de ses alarmes... Ce fut là que ce pauvre affligé fit une réparation publique de son crime; il promit..., dès ce moment, par un vœu, que si la bonté de Dieu était fléchie par ses larmes, et qu'il pût recouvrer la vue par les mérites et l'intercession de cette divine Vierge, qu'il avait offensée, il se ferait le premier roi de sa dévotion à Vassivière, le second jour de juillet, fête de la Visitation, et qu'il donnerait cinq livres de cire pour être brûlée dans l'église de Besse (1)... Comme ils furent de retour à Besse, ils se crurent obligés

---

(1) Pierre Get, après son vœu, recouvra la vue.

de ne pas cacher les merveilles que Dieu avait opérées sur la sainte montagne de Vassivière... et firent une déclaration authentique devant les magistrats et les principaux habitants de la ville de tout ce qui s'était passé en la personne de Pierre Get. C'est le premier acte juridique qui ait été fait des miracles de Notre-Dame de Vassivière, et le premier miracle qui donna occasion à la translation de l'image miraculeuse dans la ville de Besse...

» .... C'est pour cela qu'on délibéra dans un conseil de ville de l'agrément de messieurs les prêtres de la communauté d'aller en procession visiter cette sainte image de Vassivière deux fois chaque année, le 25 mars, jour de l'Annonciation de la Vierge, et le second de juillet, fête de la Visitation, afin de donner par là des preuves de leur reconnaissance...

» .... Cependant le bruit du miracle qui s'était fait à Vassivière en la personne de Pierre Get commençant à se répandre partout, la dévotion des peuples commença aussi à s'accroître envers la sainte image ; chacun même s'étonnait que les habitants de la ville de Besse, qui avaient tant d'intérêt à la conserver comme une chose qui leur appartenait, l'eussent laissée, l'espace de tant d'années, dans un lieu si peu conforme à la grandeur de la mère de Dieu... Messieurs les prêtres de l'église de Saint-André de la même ville, qui étaient dans ce temps au nombre de soixante, entrèrent les premiers dans des sentiments si justes..; ils crurent pour lors que ce serait manquer de respect et de religion envers la mère de Dieu, de laisser plus longtemps son image dans un lieu si peu décent, et même inaccessible la plus grande partie de l'année à cause de l'abondance des neiges... Ils retirèrent la sainte image de la muraille où elle était et la portèrent dans l'église de Saint-André... Mais tout l'honneur qu'on avait rendu à cette sainte image n'empêcha pas qu'on ne la trouvât le lendemain dans la niche de la muraille de Vassivière, où on l'avait prise ; on la rapporta avec les mêmes cérémonies une seconde et troisième fois dans l'église de Besse, et on apporta toutes les précautions imaginables pour se conserver un si précieux trésor ; mais elles furent toutes inutiles, parce qu'autant de fois elle fut trouvée sur la montagne de Vassivière, toujours au même endroit, le ciel s'étant servi, sans doute, d'une main invisible pour opérer une si grande merveille (1). »

Depuis cette époque, Notre-Dame de Vassivière n'a cessé d'être en grande vénération, à cause des miracles nombreux qui s'y sont opérés et qui s'opèrent encore de nos jours. On nous montra la relation d'un fait miraculeux arrivé depuis peu d'années sur la personne de Mme Dumas, supérieure du couvent de la Miséricorde de Besse, fait qui fit beaucoup de bruit et dont la renommée ne contribua pas peu à augmenter la dévotion et la confiance des pèlerins (2).

(1) D. Cladière, hist. de la chapelle de Notre-Dame de Vassiv. — Ce Bénédictin n'a fait que relater les nombreux miracles que raconte Dom Branche, prieur de Pébrac, dans sa vie des saints d'Auvergne.

(2) Voici deux attestations authentiques de ce miracle, copiées sur les archives de l'église de Besse :

« Le 2 juillet 1842, jour de la visitation de la sainte Vierge,
» Mme Dumas, supérieure du couvent de la Miséricorde, résidant à
» Besse, a été guérie subitement et radicalement d'une paralysie qui
» la privait, depuis longtemps, de l'usage d'une partie de ses mem-
» bres. C'est en présence d'une multitude de fidèles que ce fait a eu
» lieu, au moment même où la procession, arrivée à la chapelle, où
» se trouve la fontaine dite miraculeuse, chantait le *Te Deum*.
» Mme Dumas, après sa guérison, s'est promenée pendant une partie
» de la journée et a pu faire à pied, sans éprouver la moindre fatigue,
» le voyage de Vassivière à Besse. » Suivent les signatures de

Mais ce qui nous intéressa le plus à Vassivière fut l'image miraculeuse de Notre-Dame. Elle ne ressemble à aucune de celles que nous avions vues dans les différentes églises d'Auvergne, qui sont de forme plus ou moins récente, selon les modules de l'art byzantin ou ogival. Celle de Vassivière est noire, dans le genre de Notre-Dame du Port de Clermont, de Notre-Dame du Puy ou du Passet à Rodez, faites en bois de cèdre ou d'ébène. C'est là la cause de leur conservation, à travers les siècles, car ces

MM. Combes, supérieur du grand-séminaire et vicaire-général de l'évêché de Clermont; Floret, curé de Besse; Baffeleuf, curé d'Espinchal; Suchaire, curé de la Godivelle; Rougheol, curé de la Cellette; Tourin et Gravières, vicaires; les sœurs de la Miséricorde; Morin, officier de santé, adjoint de la mairie de Besse; Chauveau, Huguet, Lollier, membres du conseil municipal; Papon, maire de Picherande; etc.

A cette relation est joint le rapport du médecin qui avait traité Mme Dumas, pendant sa maladie; en voici la teneur : « Je soussigné,
» Hippolyte Brindel, ex-chirurgien au 8me régiment des cuirassiers,
» docteur en médecine de la faculté de Paris, auteur d'un ouvrage
» médico-philosophique, résidant à Besse (Puy-de-Dôme), déclare
» que Mme Dumas, sœur Saint-Louis, née à Mezel, supérieure de la
» communauté de cette localité, fut atteinte, le deux avril dernier,
» d'une attaque d'apoplexie, qui donna lieu à une demi-paralysie du
» bras gauche, et à une paralysie complète de l'extrémité inférieure
» du même côté; qu'une seconde attaque ayant eu lieu, le bras sus-
» relaté perdit entièrement la faculté d'agir. Aux phénomènes précités
» se joignit une surdité assez prononcée. Les secours de l'art furent
» prodigués sans résultat. Les vertus éminentes de Mme Dumas lui
» ont acquis de nombreux admirateurs : parents et amis éprouvaient
» de vives alarmes sur sa position, lorsque Mme Dumas se vit soudai-
» nement délivrée par la plus agréable des surprises, de cette redou-
» table affection, le 2 juillet, à Vassivière, près Besse. »

« Besse, ce 8 juillet 1842. »   *Signé* : Brindel, D. M. P.

Vu pour *légalisation de la signature* de M. Brindel (Hippolyte), *docteur en médecine de cette ville*, par nous Pierre-Antoine-Emile Juillard, *maire de la ville de Besse*.

Besse, en mairie, 1er mars 1843.   *Signé* : Emile Juilhard.

bois sont à l'abri des insectes rongeurs qui détériorent, et, à la longue, réduisent en poussière toutes les statues faites en tilleul, en noyer et même en chêne. Une pieuse tradition, sinon fondée, du moins respectable, en attribue l'invention à l'apôtre saint Luc, versé dans les sciences bibliques et les arts profanes qu'il possédait à un très-haut degré.

Chaque saison d'été on transporte, en procession, cette statue miraculeuse, de Besse à Vassivière, où elle reste pendant trois mois : on agit avec les mêmes cérémonies pour la rapporter à la ville lorsqu'arrivent les frimas. — La fête se célèbre le 2 juillet, selon l'antique usage, et attire, chaque année, un concours considérable d'étrangers. On y voit des baigneurs du Mont-Dore, des pèlerins accourus de toute l'Auvergne, qui viennent invoquer celle que l'Eglise appelle, avec raison, « le secours des chrétiens, le » refuge des pécheurs, la consolation des affligés, » la gardienne du malheur, l'étoile des mers! »

Depuis les premières lueurs de la foi en Auvergne, le culte de Marie a été en honneur : c'est un pays d'antiques traditions, comme la Bretagne. Dans maintes occasions, nous avons pu constater ce fait, et remarquer de nombreux sanctuaires dédiés à la Reine du ciel; et, quand ils sont sous l'invocation d'un autre patron, on remarque toujours l'autel de la Vierge près de celui de son divin Fils. Au fond des vallées où s'écoule la vie paisible du laboureur, elle siége sur un trône de mousse; dans les plaines de la fertile Limagne, elle bénit les moissons; sur les montagnes glacées et stériles, elle protége les voyageurs, elle console les malheureux, elle enseigne la résignation; tandis que, pauvre et simple, comme elle le fut pendant sa vie, elle orne et sanctifie partout la chaumière du montagnard auvergnat, toujours prête à écouter ses humbles prières. Au moyen-âge, de preux chevaliers placèrent son image vénérée sur leurs étendards, et la montrèrent de leur rude épée à leurs soldats invincibles. Des rues, des maisons, des palais et des villes se placèrent sous son patronage. Dans Clermont et dans les différents lieux que nous avons parcourus, on trouve encore des traces de cette pieuse coutume. Et, pour ne citer qu'un fait qui date encore d'hier, lors de la proclamation du *dogme de l'Immaculée Conception*, par la Cour de Rome, cette lumière infaillible des consciences, n'a-t-on pas vu l'Auvergne entière tressaillir d'allégresse et se pavoiser comme au temps des croisades, pour célébrer une fête déjà chère à tous les cœurs?...

Après un modeste déjeûner à une des auberges de Vassivière, nous essayâmes d'escalader le puy de Montchalme, l'un des volcans les plus élevés de l'Auvergne, où se trouve le lac Pavin. Les pentes que nous eûmes à gravir étaient couvertes de broussailles. L'orifice du cratère a formé un immense lac à son sommet. C'est un bassin circulaire rempli d'eau limpide et glacée, dont la profondeur lui donne, à la première vue, une teinte noire et effrayante. Une espèce de corniche, formée de fragments de laves et de rochers éboulés, entoure le lac et semble se prolonger dans l'eau; mais tout-à-coup on la perd de vue par la teinte foncée des ondes qui accusent une grande profondeur. Nous suivîmes quelque temps cette corniche, mais le vertige qui s'emparait de nous, nous força bien vite à l'abandonner, en présence de l'abîme que nous avions sous nos pieds. Nous cherchâmes alors à nous élever à travers les buissons qui en recouvrent les parois escarpées. La pente est si rapide et la chaussée si élevée en certains endroits, qu'il semble y avoir plus de deux cents pieds de la surface de l'eau au sommet de la rampe. L'encaissement des eaux, le ciel tranquille, la verdure qui tapissait les bords abruptes de cet immense réservoir volcanique, tout présentait un spectacle plein de beautés sauvages qu'un silence absolu rendait encore plus imposant.

Nous avions entendu dire que ce lac était sans fond; cependant, un des aïeux de M. Godivel, juge de la ville de Besse, s'y transporta, le 9 mars 1726, avec plusieurs de ses amis, pour en mesurer les dimensions. « Ils trouvèrent, du nord au midi, mille
» pas géométriques, ou 5,000 pieds de longueur;
» du levant au couchant, neuf cent vingt-sept, ou
» 4,635 pieds de largeur; et trois mille de circon-
» férence, ou 15,000 pieds de tour (1). »

Dans le fort de l'hiver, on avait essayé de percer la glace et de sonder la profondeur de ce lac extraordinaire; mais ce moyen dangereux n'eut pas de succès, à cause des cordeaux qui furent sans doute trop courts. M. Chevalier, ajoute Delarbre, vénérable curé de la cathédrale de Clermont, n'attendit pas l'hiver pour faire cette expérience. « Le 28 sep-
» tembre 1770, ce savant géomètre fit porter deux
» claies de parc sur les bords du lac; il les ajusta
» avec des cordes, et les couvrit de fagots, de bran-
» ches: muni de rames, il monta cette espèce de ra-
» deau avec un globe de plomb assez pesant, atta-
» ché à de longs cordeaux. Il vogua sur le lac, en fit
» plusieurs fois le tour afin de découvrir les sources
» qui l'alimentent; il le croisa, jeta la sonde en
» plusieurs endroits, d'espace en espace, et décou-

---

(1) Delarb., notice sur l'Auv. — Ceci diminue un peu la plaisanterie de Legrand d'Aussy qui ajoute: « C'est, pour un lac de province, » une assez belle proportion. »

» vrit que la plus grande profondeur était de qua-
» rante-huit toises, ou de 288 pieds (1). »

Pendant longtemps on avait cru que le lac Pavin était entretenu par des canaux souterrains, néanmoins M. Chevalier avait vu jaillir la grande source qu'il présumait dériver du creux de Soucy qui est dans le voisinage : de plus, il avait remarqué, dans le contour du lac, d'autres sources abondantes qui devaient l'alimenter.

D'après une ancienne tradition, lorsqu'on jetait une pierre dans ce lac, il en sortait aussitôt des vapeurs accompagnées de tonnerre et d'orage. Le souvenir de quelque explosion volcanique avait pu donner lieu à cette croyance. L'étymologie assez naturelle qu'on peut donner au nom de ce lac, dit Dulaure, servirait à appuyer cette conjecture ; Pavin peut dériver de *Pavens* (qui cause de l'effroi) (2).

Nous voulûmes en faire l'expérience, bien persuadés que tout cela n'était qu'une chimère. Les pierres que nous lançâmes, aussi loin que possible, dans le lac, n'eurent d'autre effet que celui d'un corps pesant jeté dans un vaste bassin ; elles produisaient des ondes circulaires qui prenaient, en s'éloignant du

---

(1) Notice sur l'Auv., pass.

(2) « Plusieurs écrivains parlent de ce prétendu phénomène. Abel
» Juan, dans la relation du voyage que Charles IX fit en Auvergne,
» après l'assemblée de Moulins, parle d'*un grand gouffre, duquel*
» *sort ordinairement une grande foudre de grêle et de tonnerre, qui*
» *gâte les blés et les vallées.*

» Le père Fodéré, dans sa narration de l'ordre de Saint-François,
» dit en parlant de la Limagne, que ce lac est admirable et épouvan-
» table ; *admirable*, dit-il, parce qu'il est sans fond, au moins il n'y
» a personne qui l'ait encore pu trouver, et d'ailleurs on ne sait d'où
» l'eau peut venir d'un lieu si haut ; car on n'y en voit point tomber
» d'aucune part ; *épouvantable*, d'autant que si vous y jetez une
» pierre, vous êtes assuré d'avoir bientôt du tonnerre, des éclairs, de
» la pluie et de la grêle. » (Dul., note descript. de l'Auv.)

centre, des proportions immenses pour venir mourir au rivage : c'était tout. Mais pour les coups de feu tirés sur les bords, vis-à-vis le côté le plus élevé, l'effet en était surprenant. Amédée arma un de ses pistolets de voyage ; le coup partit : aussitôt on entendit plusieurs échos qui se répercutaient, se croisaient dans tous les sens, et nous donnèrent quelque chose de semblable au fracas de la foudre. Plusieurs fois nous répétâmes cette expérience qui finit par se traduire en amusement après avoir commencé par une surprise. Le bruit en était si sonore, si terrible, à l'extrémité du lac, qu'il causait une émotion frémissante : tout le terrain tremblait sous nos pas; il semblait que les parois du lac s'écroulaient et que nous allions être engloutis dans l'abîme.

Dans les environs du volcan de Montchalme, se trouvent des cavités profondes formées par une coulée de lave qui s'étend dans la direction du lac de Montsineire : c'est là qu'existe le creux de Soucy, profond soupirail formé par les produits gazeux lors du refroidissement de la coulée. Selon M. Chevalier, le creux de Soucy a 54 pieds de profondeur et six pieds d'eau, en tout 60 pieds. Comme la surface de l'eau est élevée de plusieurs mètres au-dessus du lac Pavin, il n'y aurait rien d'étonnant qu'elle se déversât dans ce dernier par des conduits souterrains.

Pendant que nous étions occupés, les uns à dessiner le lac Pavin, d'autres à herboriser, un orage vint nous avertir d'abandonner ces loisirs. Quelques gouttes d'eau commencèrent à tomber ; nous pliâmes à la hâte armes et bagages. Mais telle diligence que nous fissions, la pluie nous prit assez loin de Besse. Ignorant le chemin, nous nous égarâmes au milieu des prairies tourbeuses qui dominent la ville. A chaque instant nos pas glissaient sur un sol détrempé. Ne pouvant mieux faire, nous nous abandonnâmes à notre destinée, et nous nous laissâmes bravement tremper sur toutes les coutures jusqu'à notre hôtel, en fumant des pieds à la tête : nous en étions quittes cette fois pour un bain de vapeur.

La journée du lendemain fut consacrée à parcourir les environs de Besse ; du côté du levant nous remarquâmes le rocher de Saint-Pierre-Colamine, qui se détachait des vapeurs azurées dont la Limagne paraissait couverte. C'est un immense bloc de basalte qui s'élève au milieu du paysage comme un pic isolé : c'est là que se trouvent les fameuses *grottes de Jonas*. D'après la tradition, les Templiers qui possédaient de grandes terres en Auvergne, entreprirent cet ouvrage gigantesque, et transformèrent le rocher de Colamine en citadelle. Ils creusèrent le roc dans le vif, et, à force de travaux et de patience, ils parvinrent à en faire la plus redoutable place d'armes de l'Auvergne. C'était la retraite la plus curieuse et la merveille la plus étonnante qui fût au monde. On y arrivait jadis par un pont-levis qui devait avoir trente pieds au-dessus du sol, à en juger par les ouvertures de l'entrée principale. Quatre étages superposés les uns sur les autres communiquaient entr'eux par un escalier tournant, taillé de main d'homme dans la masse du rocher. Les appartements étaient éclairés par des ouvertures rondes qu'on avait pratiquées dans le basalte. On voit encore la salle d'armes, le réfectoire, les cuisines, les écuries avec les auges pour les chevaux. Mais ce qu'il y a de plus remarquable et de mieux conservé, ce sont les chambres des chevaliers et la chapelle : elles portent encore des traces de leur destination primitive. Depuis des siècles, cette forteresse, qui semble l'œuvre des Titans, est déserte, et personne n'a songé à l'utiliser, si ce n'est pour en faire des greniers à foin.

14

Le lendemain, après avoir quitté Besse, à six heures du matin, nous suivimes le chemin du Mont-Dore, et nous nous arrêtâmes un instant à la chapelle de Vassivière. Encore tout pleins des douces émotions qu'avait fait naître en nous cet antique sanctuaire, nous saluâmes une dernière fois la Madone de ces lieux, la conjurant de protéger notre voyage : « Viens-nous en aide, étoile du voyageur, que ta main puissante éloigne de nous les dangers ! notre course sera plus tranquille, ton souvenir parfumera nos cœurs ! » Oh ! qu'ils sont à plaindre ces hommes qui, nés aujourd'hui, mais dont le vent emportera dans quelques jours la stérile poussière, dédaignent de confesser par un mot, par un geste, par un signe, Dieu qui les a créés, et de nommer celle qui les protége sur la terre ! Ignorent-ils que la prière ne fut jamais inventée ? Elle naquit de la première inspiration du cœur humain. Le cri d'amour que l'homme élève vers Marie, remonte à l'oreille de Dieu comme un reflet de sa bonté, comme un écho de sa miséricorde et de sa puissance.

Nous remontâmes ensuite à cheval pour traverser d'immenses pelouses interrompues çà et là par des cônes volcaniques et des bouquets d'arbrisseaux. Ces plaines s'étendent jusqu'aux montagnes du Cantal que nous laissions à gauche, et devant nous s'élevait le pic de Sancy pour fermer l'horizon. Arrivés au col qui sépare cette montagne du puy Ferrand, nous mimes pied à terre et laissâmes nos chevaux à la garde du guide et de Jasmin. Au dire de tous les voyageurs, c'est le lieu le plus tourmenté de l'Auvergne par les vents. Ils sont quelquefois si violents qu'ils rendent, surtout en hiver, ces parages impraticables.

Nous gravimes lentement la plus élevée des montagnes de l'Auvergne. Parvenus au sommet de Sancy, nous étions à 1,870 mètres au-dessus du niveau de la mer. Nous dominions toutes les régions habitées ; car personne, même en France, n'était au-dessus de nous.

Au nord, s'étendait la plaine de la Limagne comme un vaste lac de moissons, au milieu de laquelle apparaissent des îles nombreuses recouvertes de touffes d'arbres et de gracieuses habitations ; au sud, la chaîne du Cantal occupant une ligne sinueuse à l'horizon ; à l'ouest, les montagnes du puy de Dôme venaient aboutir aux Monts-Dores ; dans la direction de Besse, on entrevoyait les Alpes se confondant avec le ciel dans un lointain bleuâtre. Autour de nous et sur une ligne immense, se développaient des pics, des plateaux parsemés de lacs scintillant à la réverbération du soleil, des herbages à perte de vue, animés par de nombreux troupeaux ; et, dans des gorges profondes, nous apercevions des bois de sapins qui tachaient de noir le flanc des vallées. Des burons où se confectionnent *les fromages du Mont-Dore*, des hameaux, des villages dispersés sur la pelouse ou se cachant dans les plis du terrain, donnaient de la grâce à ce grandiose panorama. Le plaisir que nous éprouvions à contempler le spectacle qui s'offrait à nos regards étonnés, nous avait presque fait oublier le retour.

Nous descendîmes du sommet de Sancy en longeant le bord de la vallée de l'Enfer : c'est un précipice dont l'œil mesure avec effroi la profondeur, et, suivant une inclinaison gazonnée, nous nous trouvâmes dans la vallée du Mont-Dore.

CHAPITRE XVII.

Village des Bains du Mont-Dore. — Sources thermales. — Le rocher du Capucin. — La grande cascade. — La vallée de l'Enfer. — Le salon de Mirabeau. — La Bourboule, ses eaux thermales. — La petite ville de Latour ; les comtes de la Tour-d'Auvergne. — Les Anglais en Auvergne. — La Roche-Vendeix. — Aimérigot Marcel. — Robert de Béthune. — Saint-Sauve. — Bourg-Lastic. — La Cellette ; les Franciscains ; légende pieuse. — Herment ; un orage. Incident. — Baronnie d'Herment. Le Puy-saint-Gulmier. — Louis de Bosredon. — Rochefort. — Orcival, ancien prieuré casadien. — Pèlerinage d'Orcival. — Pontgibaud, mines de plomb argentifère. — La Chartreuse du Port-Sainte-Marie. — Réflexions.

ARRIVÉS au Mont-Dore, notre premier soin fut de chercher un gîte pour héberger notre caravane : tous les hôtels étaient occupés par un grand nombre de malades, accourus de toutes les contrées de l'Europe pour demander la santé à ses eaux thermales.

L'établissement des bains est en harmonie avec l'usage de sa destination. La toiture est faite avec les mêmes laves qui ont servi à sa construction, afin de mieux résister à la puissance corrosive des frimas. Les sources thermales sont au nombre de six : deux autres sont froides, mais de peu d'importance (1).

(1) Température et abondance des eaux :

		Lit. par min.
La Fontaine Caroline.........	45° cent.	43
Les Bains de César..........	45°	44
Le Bain Ramond............	42°	15
Le grand Bain..............	41°	58
La source Rigny............	42°	12
La Fontaine de la Magdeleine..	45° 5′	100
La Fontaine Sainte-Marguerite..	*froide.*	
La source du Tambour.......	*froide.*	

(M. Bertrand, Rech. sur les eaux du Mont-d'Or.)

Toutes ces sources sortent des fissures des rochers qui composent la montagne de l'Angle. Après avoir été recueillies dans des réservoirs, elles vont se distribuer dans l'établissement pour les divers usages des malades. Les bains de César sont les plus renommés, soit à cause de l'abondance et de la haute température de la source, soit à cause de leur antiquité. — La source de la Magdeleine est la fontaine principale : avant 1817 elle alimentait une espèce de bourbier au milieu du village ; mais depuis cette époque elle a été restaurée, et ses eaux prises en boisson ont fait la réputation du Mont-Dore : c'est là qu'on puise l'eau qu'on expédie dans toute l'Europe. — Ces eaux sont salutaires aux pulmonaires, aux asthmatiques, aux paralytiques et autres affections de ce genre.

En sortant de l'établissement des bains on trouve, sur la place, des tronçons de colonnes sculptés, des corniches et des chapiteaux qui semblent remonter à une haute antiquité. Ce sont les restes d'un monument antique qui portait encore en 1760 le nom de Panthéon, indices évidents que ces lieux ont dû être connus du temps de la domination romaine en Auvergne. Ces eaux sourdent d'une grotte de trachyte au-dessus de l'établissement thermal (1).

---

(1) « Les Romains ont autrefois connu ces eaux minérales, et en
» ont fait usage ; la dénomination de Bains de César, conservée à une
» de ces sources, des inscriptions romaines, et les restes d'un monu-
» ment antique appelé Panthéon, en sont des preuves incontestables.
» — Le Panthéon subsistait encore en partie il y a une cinquantaine
» d'années ; à cette époque, on acheva de le détruire, il n'en existe
» plus que quelques fragments épars, comme des tronçons de colon-
» nes, et l'emplacement qui en porte encore le nom, sur lequel on a
» bâti une maison qui sert de café. » (Dul., descript. de l'Auv.)

« Des bains romains avaient été construits sur les lieux mêmes où
» existe le bâtiment actuel. Les eaux du bain de César sourdent encore

Comme nous n'étions pas venus au Mont-Dore pour y prendre les eaux, mais pour en connaître les sites, nous employâmes le reste de la journée à nous mêler aux groupes des baigneurs qui se promenaient sur la place. Nous ne rentrâmes à l'hôtel qu'au soleil couchant.

Le lendemain nous étions sur pied de bonne heure. Nous commençâmes notre première visite par l'église du village, et nous employâmes le reste du jour à parcourir les environs. Nous n'en ferons pas la description : le Mont-Dore est trop connu pour nous y arrêter. Toutefois nous rappellerons ici sommairement les principaux lieux que nous avons visités pendant notre séjour passager, pour servir d'itinéraire à nos jeunes lecteurs.

Au-dessus du village des bains s'élève le fameux pic de Sancy que nous avions escaladé la veille; puis, viennent les sommets déchirés de la montagne de l'Aiguiller au pied de laquelle se trouve l'horrible vallée de l'Enfer ; Cacadogne et Cuzeau qui s'arrondissent en demi-cercle, et portent à leur sommet des traces profondes de l'action des feux souterrains; de l'autre côté de la vallée, se dessine le puy Gros, avec son sommet en dôme; en face se dresse le rocher du Capucin qu'on distingue de loin à sa forme bizarre et capricieuse : il ressemble à une énorme statue informe d'un religieux de ce nom, couvert

» dans un petit pavillon qui date de cette époque. La source de la
» Magdeleine qui est plus abondante, répand aussi ses eaux dans un
» aqueduc romain, et de là se distribue à volonté dans les piscines....
» Nous engageons les personnes qui désirent connaître avec détail
» toute la distribution intérieure de l'établissement, la composition
» des eaux, leurs phénomènes, et surtout leurs propriétés médicinales,
» à se procurer l'ouvrage du docteur Bertrand. Nous ne pourrions
» ici que répéter ce qu'il a dit mieux que nous et ce qu'il connaît
» parfaitement. » (M. Lecoq, le Mont-Dore et ses environs.)

de son capuchon. Une belle forêt de sapin en décore les abords et descend jusqu'à la rivière qui roule ses eaux limpides dans un ravin tapissé d'arbres et de verdure. Cette rivière est la *Dore* qui va se jeter plus loin dans la *Dogne*. Ces deux courants, confondant ensuite leurs eaux et leur nom, forment la *Dordogne*. Après avoir arrosé le Puy-de-Dôme, la Haute-Vienne, la Dordogne et une partie de la Gironde, elle se jette dans la Garonne et va se perdre dans l'Océan.

Nous visitâmes ensuite successivement la grande cascade, en face du Capucin, et dont les eaux ont plus de vingt mètres de chute; le ravin des Egravats, grand éboulement, situé du même côté que la grande cascade; le rocher de Cuzeau, colossal filon de trachyte qui s'élève à une grande hauteur; la cascade du Serpent, dans un bois de sapins chenus; le marais de la Dore et sa cascade près du pic de Sancy; le vallon de la Cour; puis le val de l'Enfer, affreuse gorge où l'on n'aperçoit que des débris volcaniques, des ravins, des éboulements, au fond desquels prend naissance un ruisseau sous une arcade de glace. C'est une nature désolée et bouleversée de fond en comble par les commotions plutoniques et les ravages des hivers. A la vue des ondes glaciales et fangeuses de ce ruisseau qui charrie des débris de cendres ponceuses détrempées par des neiges éternelles, sur un lit de tourbe noirâtre, on dirait les bords du Styx : on se figure ce fleuve des enfers que les anciens nous représentent avec ses rives désolées et ses ombres plaintives.

Nous n'eûmes garde d'oublier le salon de Mirabeau, belle enceinte d'arbres touffus située dans une forêt du côté de Murat. Enfin, sur la route du Mont-Dore à Tauves, les bains de la Bourboule, modeste établissement thermal, où viennent se guérir tous les ans bon nombre de malades atteints de rhumatismes, de maladies cutanées, de chloroses, de paralysies, et de tumeurs scrofuleuses. Ces eaux sont peu abondantes, mais on les dit très-efficaces; elles ont les plus grands rapports avec celles de Saint-Nectaire et diffèrent beaucoup de celles du Mont-Dore dont la réputation est faite et presque européenne. Ceci soit dit en passant : nous ne sommes que l'écho de ce que nous avions entendu répéter à côté de nous. Nous n'avons pas pour but de faire un livre médical : ces questions ne sont pas de notre compétence; nous les consignons seulement comme simple renseignement.

A la Bourboule nous eûmes quelques difficultés à nous procurer un guide. La plupart des hommes valides se trouvaient employés aux bains ou engagés pour le lendemain par les buveurs d'eau qui avaient formé le projet de parcourir les environs. En traversant le village, Jasmin avisa un des naturels du pays qui se laissa embaucher par l'appât d'une forte prime : nous partîmes donc pour Latour. Mais avant d'y arriver, nous eûmes à franchir des vallées, des gorges, des bois et des pelouses interminables. Cette petite ville est un chef-lieu de canton où résident tous ses magistrats civils. Elle avait jadis donné son nom à une des plus puissantes maisons d'Auvergne, d'où sont sortis les ducs de Bouillon et de la Tour. Les premiers seigneurs que l'on connaisse de ce nom, sont Bernard et Géraud qui donnèrent des coutumes à la ville de Besse, au xe siècle.

Géraud de la Tour, après avoir doté les monastères de Brioude et de Sauxillanges, se retira dans ce dernier pour y prendre l'habit de moine, en 984. Un de ses successeurs, Géraud II, fit présent à l'abbaye de Cluny des églises de St-Pardoux, de Saint-Donat, de Chastreix et de la chapelle même de la Tour. Bertrand V fut le premier qui prit le titre de *comte de la Tour d'Auvergne*, parce qu'au dire de Chabrol, sa femme Marie, héritière de Jeanne, comtesse d'Auvergne et duchesse de Berry, décédée sans postérité, lui apporta cet apanage. A l'époque du voyage de Charles VI en Languedoc, *le sieur de la Tour* alla recevoir le roi à Gannat, *avec les dames du païs qui le festoyèrent liément*. Ce seigneur combattit plusieurs fois les Anglais qui s'étaient emparés de plusieurs places en Auvergne, et en particulier de son château de la Roche-Vandeix, sous la conduite du plus célèbre de leurs partisans, Aimérigot Marcel. Son fils ajouta à son titre celui de *comte de Boulogne*. Dans les troubles qui désolèrent le royaume, il se distingua par son courage. Il savait allier la bravoure à la magnificence, comme il en donna plusieurs fois la preuve dans les joûtes et les tournois qui eurent lieu à Nancy, lors du mariage de la fille du roi de Sicile avec le roi d'Angleterre Henri VI. Jean III fut le dernier des seigneurs qui terminent la série des *comtes de la Tour d'Auvergne et de Boulogne*. En 1494, ayant épousé Jeanne de Bourbon, il échangea avec Louis XI le comté de Boulogne en celui de Lauraguais. A sa mort il ne laissa que des filles qui s'allièrent aux princes de l'Europe. Une d'elles, appelée Anne, épousa Jean Stuart, duc d'Albanie, régent d'Ecosse; une autre, du nom de Madeleine, fut unie à Laurent de Médicis, duc d'Urbain et neveu du pape Léon X. Cette dernière eut pour fille la fameuse Catherine de Médicis qui monta sur le trône de France. Après la mort d'Henri II, et celle de son fils aîné François II, elle s'empara de la régence pendant la minorité de Charles IX, son second fils. Quoiqu'on puisse lui reprocher d'avoir été l'instigatrice du massacre de la Saint-Barthélemy, cette suprême raison d'Etat contre des religionnaires qui bouleversaient le royaume, on ne peut lui refuser d'avoir apporté en France le goût des arts qui régnaient en Italie. Ce fut elle qui ordonna de construire le château de Monceau et le palais des Tuileries, sur les plans de Philibert Delorme.

Il existait encore une autre branche de la maison de la Tour d'Auvergne, appelée la Tour d'Olliergues. Cette famille a survécu longtemps après la première. C'est de là que sont sortis les ducs de Bouillon. Bertrand III, seigneur de la Tour, qui vivait en 1275, en devint la souche par son mariage avec Béatrix d'Olliergues. Le fils puîné de Béatrix fut le chef de la maison de Bouillon qui a produit le célèbre vicomte de Turenne, premier tacticien de l'Europe au temps de Lous XIV. Né dans la religion protestante, il fut converti au catholicisme par Bossuet en 1668. Après avoir battu les impériaux dans plusieurs rencontres, remporté les victoires de Mulhausen et de Turkhein, il fut emporté par un boulet à la bataille de Saltzbach, le 27 juillet 1675. La France et l'armée le pleurèrent, et Fléchier le célébra dans une éloquente oraison funèbre que tout le monde connaît (1).

Près de la petite ville de la Tour, on nous montra, sur une butte volcanique, les ruines de l'ancien château des *seigneurs de la Tour d'Auvergne :*

---

(1) Baluze, hist. de la maison d'Auv., t. 1 et 2. — Chabrol, Cout. d'Auv., t. 4. — Hist. de France, Laurentie. — Vie de Turenne.
La maison de Bouillon possédait, en Auvergne, les terres d'Olliergues, de Montgacon, de Maringues, de Joze, d'Ennezat, qu'Anne de la Tour lui avait apportées par alliance. (Chab., t. 4. page 407.)

c'est tout ce qui reste de cette illustre famille dont plusieurs membres ont joué un si grand rôle sur le théâtre du monde!

Il fallut pourtant songer à quitter ce berceau d'hommes célèbres, dont les heureuses influences se sont perpétuées même de nos jours par des noms recommandables dans la vie civile, l'administration et la magistrature.

Ces réflexions nous amenèrent au vallon de la Roche-Vandeix qui est éloigné d'une lieue de la Tour. Partout des montagnes s'élevaient en amphithéâtre; des sapins et des hêtres touffus nous offraient leur verdure et leur forme variées. Le terrain, souvent raviné, présentait l'image de ces grands bouleversements du globe qui changèrent, à une époque reculée, la surface de l'Auvergne, et ajoutèrent un charme plus pittoresque, plus sauvage, plus intéressant, à sa beauté primitive.

Nous traversâmes ensuite des pelouses, des champs de seigle, et des parcelles de lin, aux jolies fleurs bleues, dont les tiges flexibles ondulaient sous un vent léger. Nous laissâmes nos chevaux au village de Vandeix, pour aller escalader à notre aise une masse énorme de basaltes prismatiques qui s'offrait à nos regards : c'était le rocher de Vandeix où la tradition place l'ancienne forteresse dont s'empara, par surprise, Aimérigot Marcel, appelé *le roi des pillards*. Ce monticule rocheux offre deux buttes inégales, réunies par une espèce de plate-forme, où l'on arrive par un sentier tournant, creusé dans le basalte même. Des pierres amoncelées et en désordre couvrent le pied de la montagne; mais quant aux traces de construction, on ne trouve rien qui indique qu'il y eut là, autrefois, une forteresse redoutable. L'histoire cependant raconte qu'un château-fort existait au sommet de Vandeix. On trouve dans Froissart des documents trop curieux et trop précis pour les passer sous silence et les révoquer en doute : que l'indulgence du lecteur nous permette de les rapporter.

C'était l'époque où *les routiers, les compagnies*, et comme les appelle Froissart, *ces preux et hommes d'armes Anglais pillards, moult travaillaient le païs*, à la fin du xive siècle. Retiré dans la forteresse d'Aleuse, située dans la Haute-Auvergne, sur les bords de la Doire, Aimérigot promenait la désolation, le pillage et l'incendie sur l'Auvergne et le Limousin : *et tenait en celui temps les Anglais en cette frontière et limites d'Auvergne, de Querci et de Limosin plus de soixante forts chasteaux : et si pouvaient venir de fort en fort* (1).

La France et l'Angleterre, après s'être longtemps fait la guerre, conclurent une trève en 1390, qui fut la source de grandes calamités pour l'Auvergne et les autres provinces. Les troupes n'ayant plus à guerroyer, s'organisèrent en compagnies, et, au nom des Anglais, dévastèrent les campagnes : c'était un ramassis de plusieurs nations. L'Auvergne eut beaucoup à souffrir de leurs rapines et de leur brigandage. Murat, Brioude, Cunlhat et d'autres villes et bourgs furent saccagés. L'aventurier limousin Aimérigot consentit néanmoins à déposer les armes moyennant une forte somme que lui payèrent les provinces qu'il avait dévastées. Il rendit le fort d'Aleuse, et promit de seconder le comte d'Armagnac dans la guerre contre Galéas-Visconti qui s'était emparé de Milan. Mais accoutumé à la vie d'aven-

(1) Hist. et chronique de Messire Jehan Froissart, imprimés à Lyon, en 1560, t. 2, ch. 4, 14, 15, 16 et 17.

tures et de rapines, il se moqua de ses promesses : l'Auvergne lui paraissait plus assortie à ses goûts de flibustier. Aussitôt qu'il trouva le moment opportun, il réunit ses anciens compagnons et s'empara de la roche Vandeix, forteresse qui dominait une montagne de difficile accès, dans un pays sauvage. Retranché là, comme dans une aire de vautour, il recommença ses déprédations. Mais laissons parler Froissart, dont le spirituel et naïf langage a quelque chose d'inimitable et de charmant :

« Si disait et imaginait ainsi en soy, que de piller et rober en la manière que devant la tresve il (Aimérigot) faisoit et avoit fait : tout considéré, c'étoit bonne vie.

» A la fois s'en devisoit aux compaignons et disoit, il n'est temps, ébattement, ne gloire en ce monde que de gens d'armes de guerre, par la manière que nous avons fait. Comment étions-nous réjouis quand nous chevauchions à l'aventure, et nous pouvions trouver sur les champs un riche prieur, ou marchand, ou une route de mulets chargés... tout était nostre ou rançonné à nostre volonté. Les vilains d'Auvergne et de Limosin nous pourveoyoyent, et amenoyent, en notre chastel, les blés, les farines, le pain tout cuit, l'aveine pour les chevaux, les bons vins, les beufs, les brebis, moutons tout gras, la poullaille et la vollaille. Nous étions gouvernés et étoffés comme roys : et quand nous chevauchions, tout le païs tremblait devant nous. Tout était nostre allant et retournant. Quand les compaignons qui servez avaient Aimérigot Marcel et luy ouyrent dire telles parolles, ils voyent bien qu'il lui ennuayait, et qu'il parlait de bon cœur, et tout à certes. Si luy disaient ainsi, Aimérigot, nous sommes tout prest à votre commandement. Si renouvellons guerre et advisons quelque bon fort en Auvergne ou du Limosin, et le prenons et le fortifions. Si manderons aux vilains des villages (mais que nous ayons trouvé fort pour nous tenir) qu'ils nous payent ou autrement nous leur ferons guerre. Or avant, dit Aimérigot, où nous pourrons nous à ce commencement loger, pour nous recueillir? Là il y en eut aucuns qui respondirent et dirent ainsi : nous savons un fort désemparé, sur l'héritage du Seigneur de la Tour que nul ne tient en garde. Trayon nous là tout premièrement, et quand fortifié l'aurons, nous le garnirons : et courrons légèrement à nostre aise en Auvergne. Et où gist ce fort? demande Aimérigot? à une lieue de la Tour, respondirent ceux qui là advisé l'avoyent. On le nomme la Roche de Vandais. Par ma foy, dit Aimérigot, vous dites vray : La Roche est un droict lieu pour nous.

» Quand Aimérigot et sa route fut là venu, il le voulut encore adviser. Si le prirent de fait : et le fortifierent petit à petit, avant qu'ils courussent, ne qu'ils feissent nul contraire sur le païs, et quand ils veirent qu'il estait assez fort pour eux tenir contre siége et assaut, et que tous les compaignons furent montés et pourveus, ils commencerent à courir sur le païs et à prendre prisonniers, et rançonner et pourvoir leur fort de chairs, de farines, de cires, de vin, de sel, de fer, d'acier, et toutes choses qui leur pouvoyent servir. Rien n'estait qui leur venist à point s'il n'estait trop chaud ou trop pesant. Le païs de là environ et les bonnes gens (qui cuidaient être en paix, et en repos parmi la trève qui estait donnée entre les rois et les royaumes) se commencerent à esbahir : car ces robeurs et pillards les presnoient en leurs maisons et partout où ils les pouvoyent trouver aux champs et aux labourages, et se nommoient les aventureux.

» Le sire de la Tour (quand il sentit qu'il avoit tels voisins si près de luy, qu'à une lieue de sa meilleure ville de la Tour) ne fut pas bien assuré ; mais fit garder fortement et étroitement ses villes et chasteaux.

» Quand toutes les manières de gens aventureux (qui cassés estaient de leurs gages) entendirent qu'Aimérigot Marcel faisoit guerre, si en furent tous réjouis, et s'en vindrent plusieurs bouter en sa route et compaignie : et eut tantôt des pillards et des robeurs a foison. On ne parlait d'autre chose en Auvergne et en Limosin que de ceux de la Roche-Vandais ; moult en estait le païs effrayé.

» Les bonnes gens d'Auvergne et par espécial ceux de Clermont, de Montferrand et de Riom (qui en message alloyent devers le roy de France et le duc de Berry), vindrent à Paris, et trouverent là le roy, le duc de Berry, le duc de Tourraine, le connétable de France, messire Olivier de Clisson, et remonstrèrent ce pourquoi ils étaient venus et comment Aimérigot Marcel guerroyait et destruisait tout le païs d'Auvergne, et comment les gens (qui mal y faisoient) se multipliaient tous les jours, et priaient pour Dieu qu'on y pourveust. Car, s'on les laissait longuement convenir, ils honniroyent le païs d'Auvergne.

» Quand les nouvelles en furent venues au roy et au duc de Berry, ils en furent grandement couroussés. Car ils cuidaient le païs avoir trève. Donc respondirent le roy de France et le duc de Berry son oncle ; or, allez bonnes gens, pensez de vous. Car nous y pourvoyerons de brief et retournez au plustôt que vous pourrez en vos lieux et maisons et dites vos réponses à ceux qui cy vous envoyent. Ces bonnes gens du païs d'Auvergne se tinrent moult contents.

» Le roy fit appeler Robert de Béthune, vicomte de Meaux, et lui dit : Vicomte, exploitez-vous, et assemblez gens d'armes de votre retenue. Car il vous faut aller en Auvergne. Il y a là des pillards (desquels Aimérigot Marcel est le chef), qui destruisent et travaillent les bonnes gens. Faites tant que tous soient boutés hors : et si vous pouvez attraper iceluy Aimérigot Marcel, si le nous amenez : et nous en aurons grand ioye. Le vicomte respondit qu'il estait tout prest, et exploita tant par ses iournées qu'il arriva à Clermont avec ses chevaliers et escuyers.... Car s'ils eussent encores attendu six jours, Aimérigot et ceux de sa suite avaient guetté leur visée de venir courir en ce plain païs d'entre Clermont et Montferrand, et mesme sur Allier, tout environ Riom et jusqu'à Ganap : et sachez s'ils eussent fait ce voyage, ils eussent porté dommage au païs, de cent mille francs : car en la marche que je vous dy gist toute la gresse d'Auvergne....

» Si furent arrivés à Clermont et passèrent outre, et vindrent à Notre-Dame-d'Orcival, à quatre lieues de la Roche-Vandais. Là s'arrestèrent le vicomte de Meaux et ses gens. Là estait fait le mandement des chevaliers et escuyers d'Auvergne et de Limosin.... Eux assemblés ils se trouvèrent plus de quatre cents lances et environ cent vingt arbalaitriers genevois (1).... Près de la Roche-

(1) « Faisaient partie de cette expédition, les seigneurs de Montaigut et de Vermandois ; les sires de Dommart et Bernard de la Rivière, Guillaume Boutiller ; les seigneurs de Domme, de la Roche, le sire de la Tour, Louis d'Aubière et Robert, dauphin d'Auvergne. » (Froissart, t. 2, localité citée.)

Vandais durement fortifiée estait un autre fort appelé Saint-Souppery, où Aimérigot avait envoyé une grande partie de sa chevance.... La Roche-Vandais est divisée des montagnes qui sont à l'environ moult hautes et dures : et c'est une roche à part, et sur l'un de lez il y a un pan de roche qu'ils avoient fortifié et fait leurs manteaux et leurs attournements pour eux garder et deffendre : et ne les pouvait-on assaillir de nul costé, fors que par devant et par escarmouche.... Or, advint que quand le siége estait devant la Roche-Vandais, Aimérigot (qui estait moult imaginatif) regarda à son faict, et considéra toutes choses, et voit que point n'avoir bien fait. Mais pour tourner son fait en droit, et afin que cette roche de Vandais lui demeurast, il advisa qu'il enverroyait en Angleterre un sien varlet bien anlangué et bien besongnant, et porterait lettres au roy d'Angleterre et au duc de Lancastre. De ce propos il en parla à un sien oncle qui s'appeloit Guyot du Sel, en l'âge de soixante ans, mais moult estait usité d'armes (1). »

Aimérigot se voyant trop faible pour résister au vicomte de Meaux, sortit secrètement de Vandeix pour aller demander du secours aux Anglais. Il fit de grandes tentatives auprès du roi d'Angleterre pour que le siége traînât en longueur et que le duc de Berry lui abandonnât cette forteresse. Avant son départ il confia le commandement de la place à son oncle, avec la recommandation expresse de ne pas se rendre quoi qu'il arrivât. Après six semaines de siége, Guyot du Sel fut pris dans une embuscade et forcé de livrer Vandeix aux troupes royales qui firent capituler la garnison. A cette nouvelle, Aiméri-

(1) Froissart, Hist. et Chron., t. 2, l. 4., page 67 et suivantes.

got s'écria : « Haa, du traiste vieillart, par Saint-Marcel, si je le tenoye icy, je l'occiroye : il m'a déshonoré et tous les autres compaignons aussi. Je lui avois à mon département si étroitement enjoint que pour assaut, ne pour escarmouche que les François fissent, nullement il ne s'en avançat d'ouvrir la barrière, et il a fait tout le contraire. »

» Aimérigot à part soy était tout triste et pensif et ne savait quel chemin tenir, ne s'il devoit retourner en Auvergne ou aller à Bordeaux. En ses plus grandes tribulations, se rappella qu'il avait dans la Haute-Auvergne, un sien cousin-germain, escuyer gentilhomme, lequel on nommait Jean de Tournemine; et qu'il irait devers luy et lui monstrerait toutes ses besongnes et prendroit conseil de luy ; si comme il devisa il fit. »

Mais le gentilhomme cousin-germain avait besoin de se réconcilier avec le duc de Berry, dont il avait encouru la disgrâce, pendant la longue maladie de Charles VI. Il profita de cette occasion pour faire oublier ses torts et délivrer l'Auvergne d'un aventurier qui ravageait la contrée depuis 12 ans. Il fit arrêter Aimérigot et l'enferma dans un donjon sous la garde de ses serviteurs. En même temps il dépêcha un courrier au duc de Berry, lui offrant de lui livrer le plus redouté partisan des Anglais, en échange de ses bonnes grâces. « Il prit donc, continue Froissart, un de ses varlets, le plus affidé et le plus loyal, et lui dit : Va-t-en en France devers monseigneur de Berry, et lui baille ces lettres, et me recommande bien à lui et ne retourne point que tu n'ayes réponse. Le varlet prit les lettres et monta sur un cheval bon et appert ; si se despartit du chastel, et exploita tant par ses journées, qu'il vint à Paris. Le duc de Berry s'y tenoit pour le temps. Il vint devers lui et lui bailla les lettres de son maistre Tournemine. Le duc prit les lettres et les leut, et quand il les eut leues, il commença à sousrire, et à dire aussi à ses chevaliers qui estoient près de luy : Voulez-vous ouïr des nouvelles? Aimérigot Marcel est attrapé. Son cousin germain Tournemine le tient en prison.... Les chevaliers qui ouïrent ces nouvelles respondirent : Monseigneur, ce sont bonnes nouvelles pour le païs d'Auvergne et de Limosin. Car en Aimérigot ils ont eu longtemps un mauvais voisin. »

Le seigneur de Tournemine obtint ce qu'il demandait : quant au roi des pillards, le sénéchal d'Auvergne fut chargé de le conduire à Paris sous bonne escorte. Quelque temps après il fut livré au prévôt du Châtelet et exécuté aux Halles : « Bien et vérité qu'il offroit pour sa rançon soixante mille francs, mais nul ne voulut y entendre; on lui respondit que le roy était assez riche et que de son argent il n'en avoit que faire.... Il fut jugé à mourir honteusement comme un traite à la couronne de France. Si fut mené un jour en une charrette sur une place qu'on dit aux Halles, et là tourné au pilory plusieurs fois : depuis on lisit tous ses forfaits, pour lesquels il recevait la mort.... On luy trancha la teste, et puis fut écartelé.... Mis et levé sur une attache aux quatre souveraines portes de Paris (1). »

Avec Aimérigot disparurent de l'Auvergne toutes ces bandes qui couraient la contrée pour vivre de pillage. Ce fut aussi la fin de cette longue guerre qui avait duré cent ans. Sous Charles VII la lutte se prolongea encore dans quelques provinces. Mais

(1) Froissart, Hist. et Chron., loc. cit.

Jeanne d'Arc parut : cette héroïne suscitée de Dieu pour sauver la France, battit les Anglais dans plusieurs rencontres et les força à déposer les armes. Ils finirent par ne conserver que la ville de Calais.

Après la prise de la Roche-Vandeix, les habitants du pays, qui avaient longtemps souffert des ravages de ce nid de bandits, démolirent la forteresse, « Tellement, ajoute l'historien que nous avons cité, qu'il n'y demeura muraille entière, n'habitation nulle, ne pierra nulle sur l'autre : tout fut renversé et porté à terre. »

Pendant que nous étions occupés à deviser sur les Anglais, les routiers, la Roche-Vandeix et le roi des pillards, Jasmin nous ramena nos chevaux. Après avoir traversé plusieurs ravins couverts de forêts et de rochers volcanisés, nous chevauchâmes sur la route de St-Sauve, situé dans une vallée pittoresque qu'arrose la Dordogne. Dans les anciens titres, cette bourgade s'appelait *Sanctus-Silvanus:* c'était un fief de la maison de la Tour. Au commencement du xive siècle, cette terre entra dans le partage de Bernard et de Bertrand, seigneurs de la Tour. Plus tard elle sortit de cette maison pour passer dans celle de Rochebaron, et fut dans la suite vendue à Jean de Lévy; enfin, elle devint l'héritage de la famille de Castries, dont le dernier possesseur devint ministre et secrétaire d'Etat de la marine sous Louis XVI (1).

De St-Sauve la grand'route conduit au Bourg-Lastic, dernier chef-lieu de canton, à l'extrémité du département. C'était autrefois une seigneurie qui a donné son nom à une noble et ancienne maison d'Auvergne. Elle a donné un grand maître à

(1) Cout. d'Auv., t. 4, page 560.

l'ordre de Malte, un grand prieur à la province et un ambassadeur des chevaliers de Malte auprès du Pape, au XVe siècle. Cette maison s'est divisée en plusieurs branches dont la principale subsiste encore en l'honorable personne de M. le comte de Lastic de Parentignat (1).

Si l'on se dirige vers l'ouest, on marche longtemps sur un terrain élevé et parsemé de bois, de pelouses monotones, et de quelques champs semés de seigle et de lin. Aux limites du Limousin s'ouvre une vallée froide et profonde, arrosée par deux ruisseaux. L'un descend de l'ouest et l'autre du nord, et, après avoir mêlé leurs eaux, ils forment la petite rivière de Chavanon qui va se jeter dans la Dordogne. — On appela d'abord ce lieu Celle-des-Hermites ou l'Hermitage, Celle-Sainte-Marie, d'où l'on a fait par diminutif Cellette. C'était un affreux désert où se retira en 1144 un moine de Marsac, de l'ordre de St-Benoit, pour y vivre en solitaire. A son retour du pèlerinage qu'il venait de faire en Terre-Sainte, il s'égara sur les confins de l'Auvergne, avant de se rendre à son monastère. Le vallon solitaire et sauvage où il se trouvait lui donna la pensée de se faire ermite ; mais il lui fallait le consentement de son supérieur. Eustache de Montboissier, abbé de Mozat, près de Riom, comme collateur de Marsac, lui accorda cette permission. Dès ce moment le pèlerin revint à son désert et y fit bâtir une cellule sur le modèle de celle de Notre-Dame-de-Nazareth, qu'il avait vue en Terre-Sainte.

(1) Vertot, hist. des chev. de Malte, t. 2. — Chabrol, Cout., loc. cit. art. Bourg-Lastic.

Après la mort de l'ermite, l'abbé de Mozat annexa cette chapelle à son monastère et y envoya quelques-uns de ses religieux qui furent renouvelés de temps en temps, mais qui finirent par l'abandonner *comme trop rude.*

Lorsque les Anglais s'emparèrent de la ville de Murat, sous Charles VII, en 1445, les Franciscains de cette ville, plus connus sous le nom de Cordeliers, abandonnèrent leur couvent, et vinrent demander asile à l'hermitage du pieux croisé. Après bien des refus et des instances, Louis de Banson, abbé de Mozat, consentit à cet établissement, à la prière du comte de Beaufort, vicomte de Turenne; du comte de Vantadour et de Blain-le-Loup, sire de Beauvoir, à condition de payer au couvent de Mozat, le cens d'une livre de cire, d'y bâtir un appartement pour eux, de leur laisser les offrandes du peuple et de demeurer sous leur juridiction. Dès ce moment les Cordeliers se crurent excommuniés pour s'être rendus tributaires et sujets d'un autre ordre que le leur, contrairement à leurs statuts, et pour avoir bâti le couvent de la Cellette sans la permission du Saint-Siége. Pour se tirer du mauvais pas, ajoute Audigier, ils eurent recours au pape Sixte IV, qui leva l'interdit (1474) et les exempta de la juridiction de Mozat, en payant aux abbés cinq livres de rente, que Jacques-le-Loup, sire de Beauvoir, se chargea d'acquitter annuellement.

Mais une autre difficulté s'éleva parmi les enfants de Saint-François : la province de Bordeaux et celle de Saint-Bonaventure de Lyon disputèrent entr'elles pour savoir à qui serait le couvent de la Cellette, à cause de sa situation sur les confins de l'Auvergne et du Limousin. Sixte IV délégua deux officiers de

Clermont et de Limoges, qui l'attribuèrent à l'Auvergne (1).

Ces discussions réglées, les Franciscains ne tardèrent pas à donner un vif éclat à la Cellette, qui acquit en peu de temps un grand renom de sainteté et de miracles. Ils construisirent de vastes bâtiments et les ouvrirent aux infirmités humaines, aux misères de la société. Ils fondèrent un pénitentiaire pour les repris de justice et un hôpital pour les aliénés. La Cellette devint une maison de force et de correction, sous l'influence des bons religieux qui consacrèrent leur existence à régénérer des hommes perdus de mœurs et d'esprit, à les instruire sur les préceptes évangéliques, à les adoucir par les pratiques de la charité.

Aussi les habitants des environs, touchés des bons exemples des pères, de leur vie de sacrifice et de bonnes œuvres, leur attribuèrent-ils plus d'un miracle. Ils racontaient dans leur naïf langage « qu'un jour une pauvre fille faisant paître ses chèvres sur le versant opposé au monastère, un loup affamé s'élance de la forêt, s'empare de l'une d'elles; et, non content de cette proie, il se jette aussitôt sur la gardienne épouvantée. Ses cris attirent un des religieux qui venait de faire la quête au village voisin. Il vole à son secours et trouve le loup tenant la chèvre entre ses dents et la pauvre fille entre ses pattes. Le bon religieux lève alors la main et dit au loup : Je te défends de la part de Dieu, de faire aucun mal à ces créatures, *ains de t'en retourner*

---

(1) Audigier, hist. manuscrite, description des vill., villag. et châteaux de la Basse-Auv. XV⁰ cah. — Branch., hist. des Monast. au Moy.-Âg. — J. Fodéré, narrat., hist. des couvents de l'ordre de Saint-François.

dans les bois. Et aussitôt le loup laisse la chèvre et la chevrière et se retire dans la forêt voisine. Mais les pieds du religieux, de la bergère, du loup et de la chèvre, laissèrent leurs traces imprimées sur le rocher où le drame venait de se passer. » Les populations du voisinage s'empressèrent de visiter ces empreintes miraculeuses que le temps n'a pas encore effacées (1).

Depuis longtemps la Cellette a changé de maîtres sans changer de destination. C'est aujourd'hui un hospice ouvert aux aliénés, desservi par des religieux et un chapelain qui nous fit les honneurs de l'établissement.

Nous n'eûmes pas de regret d'avoir prolongé notre voyage du Mont-Dore jusqu'à la Cellette, quoique nous fussions sur cette partie abrupte de l'Auvergne et du Limousin où toute tentative de grand'route paraît impossible, à cause de la déclivité des pentes, nous étions bien aises de connaître des sites sauvages, si communs encore hors de notre vieille Europe, mais que la civilisation aplanit et fait disparaître avec la promptitude effrayante des chemins de fer.

De la Cellette, nous allâmes coucher à Herment, chef-lieu de canton, au moment où un orage allait éclater. La côte, au sommet de laquelle est flanquée la ville, fut franchie rapidement. Il était temps, car à peine étions-nous installés dans une auberge que la pluie transforma les rues en ruisseaux. Cet orage nous rappela qu'en 1822 Herment avait été ravagé par un fléau bien opposé. On aurait eu besoin alors de cette averse diluvienne pour éteindre l'incendie qui dévora la ville, pendant que les habitants étaient à une foire du voisinage.

(1) Fodéré et Branche, localités citées.

C'était autrefois une seigneurie qui avait fait partie du comté d'Auvergne et passa aux dauphins de cette maison. Guillaume, baron d'Herment, la donna à sa fille lorsqu'elle épousa Guischard de Beaujeu, seigneur de Montpensier. Humbert de Beaujeu, issu de ce mariage, fut seigneur d'Herment et connétable de France. Dans la suite cette terre passa dans la maison de Dreux, par le mariage de Jeanne de Beaujeu avec Jean, comte de Dreux, grand chambrier de France. Vers 1337, elle fut vendue à Louis de Bourbon; puis elle devint successivement la propriété des familles de Bosredon, de Lévis-Ventadour et de Soubise (1). Enfin, en 1755, cette terre rentra dans la maison de Bosredon par la vente qu'en fit le maréchal de Soubise au comte de Bosredon, lieutenant des gardes du roi. Cette famille de Bosredon était fort ancienne; elle possédait jadis un superbe château sur le puy Saint-Gaulmier, près d'Herment, où l'on ne retrouve plus que des ruines. Elle a eu le mérite de fournir plusieurs chevaliers au célèbre ordre de Malte. Louis de Bosredon ou de Bourdon, que les auteurs du temps qualifient de *chevalier vaillant*, *personne d'esprit et de grande intelligence*, était le favori de la fameuse Isabeau de Bavière, femme de Charles VI. Un soir revenant de Vincennes, alors résidence royale, où il était allé rendre une visite à la reine, il rencontra le roi sans presque daigner le saluer. Charles VI le reconnut et ordonna au prévôt de Paris de l'arrêter. Après avoir été interrogé, « il fut

---

(1) Cette seigneurie d'Herment passa dans la maison de Soubise par le mariage de la veuve du vicomte de Turenne, qui épousa, le 19 février 1694, Hercule Mériadec, duc de Rohan, prince de Soubise. (Chab., cout. d'Auv.)

mis, dit un historien, par le commandement du roi, en un sac de cuir et jeté à la Seine, sur lequel sac était écrit : *Laissez passer la justice du roi* (1). » La reine, soupçonnée d'une intrigue avec Bosredon, fut exilée à Tours, *ainsi que la duchesse de Bavière, sa belle-sœur, avec son simple et petit État.*

En quittant Herment nous cherchâmes à nous rapprocher de Clermont. Nous suivimes la grand'-route de Rochefort, petite ville située dans les montagnes du Puy de Dôme et chef-lieu de canton. Rochefort était autrefois une seigneurie qui faisait partie du comté d'Auvergne. Elle fut comprise dans l'abandon que fit Guillaume-le-Vieux à son neveu Guillaume-le-Jeune, chef de la branche des dauphins d'Auvergne. Depuis cette époque, elle resta dans la maison des dauphins d'Auvergne ; plus tard elle passa dans celle de Chabannes qui en jouit longtemps.

De Rochefort, situé dans une gorge étroite et resserrée, d'où la vue n'aperçoit que le ciel, un chemin de traverse conduit dans un vallon formé des montagnes d'Ambrousse et de Bourcelles qui sont presque à égale distance du mont Dore et du puy de Dôme. Du sommet de cette colline le voyageur aperçoit la flèche aérienne qui termine le clocher d'une église dont l'élégante architecture captive l'attention et réveille des souvenirs : c'est celle de Notre-Dame d'Orcival, où existe depuis des siècles une image très-vénérée par le peuple auvergnat. Ce sanctuaire est célèbre par le bruit des miracles qui s'y sont opérés et qu'attestent les nombreux *ex-voto* suspendus à la voûte du parvis.

---

(1) Chabrol, cout. d'Auv. — Mézeray. — Le Laboureur, hist. de Charles VI, édit. de Paris.

Des auteurs ont prétendu qu'Orcival tirait son nom d'*Orci vallis*, qui signifie *vallée d'Orcus*, divinité des anciens Gaulois, que l'on nommait aussi *Pluton* ou *Dis*, d'où ils se disaient descendre, au témoignage de Jules César. D'autres, au contraire, le font venir d'*urcis vallis* (*vallée aux ours*), pour rappeler sans doute qu'à une époque reculée, et lorsque les montagnes qui l'environnent étaient couvertes de forêts, les ours choisissaient ce lieu pour leur retraite; mais peut-être, avec plus de raison, pour désigner une gorge sauvage où s'arrêta le premier pèlerin qui vint y bâtir un autel à Marie. Cette époque est incertaine; cependant les caractères d'architecture romane qu'on retrouve encore dans une partie de l'église actuelle semblent en faire remonter la construction au VIIe ou au VIIIe siècle. Elle était autrefois desservie par des moines bénédictins sous un prieur qui relevait de la Chaise-Dieu. Son chapitre était très-ancien, puisqu'il en est parlé dans un titre de 1242, où Gilbert de Chabannes, marquis de Courton, et Françoise de Boulogne, son épouse, donnèrent ce qui était nécessaire pour la fondation. Le nombre des chanoines fut réduit à treize par une bulle de Sixte IV.

Du temps de la guerre avec les Anglais, le comte d'Auvergne, Guillaume VII, et son fils dauphin, à la tête d'une compagnie de Routiers, commirent de grands ravages sur les terres de l'abbaye de la Chaise-Dieu. Il n'y eut pas de vexations qu'ils ne fissent endurer aux moines, et de pillages qu'ils ne commissent sur les plus riches prieurés de la Limagne. Pour réparer ces désordres que parvint à apaiser Bertrand, abbé de la Chaise-Dieu et habile négociateur, les deux seigneurs lui donnèrent de grands biens sur leurs terres de Rochefort, de la montagne du puy de Dôme et sur le prieuré d'Orcival (1). Ils accordèrent en outre au prieuré le droit de posséder librement et en toute franchise tout ce qu'il pourrait acheter et recevoir. Mais, en raison de ces donations, le prieur d'Orcival était tenu d'aller tous les ans en procession avec son clergé à la Chaise-Dieu, le jour de l'anniversaire de la mort du comte Robert, père de Guillaume, afin d'y prier pour le salut de son âme et de celle de ses aïeux.

D'illustres personnages vinrent visiter cette église comme les simples fidèles, et bientôt Orcival devint un pèlerinage renommé. Sans parler du vicomte de Meaux, de Robert, dauphin d'Auvergne, et d'autres gentilshommes, qui, avant d'aller assiéger la Roche-Vandeix, s'y donnèrent rendez-vous, je rappellerai Louis II, duc de Bourbon, qui, en 1387, vint offrir à Notre-Dame son pennon d'argent qu'il lui avait voué au siége de la Roche-Sanadoire dont il s'empara. Que dirai-je de Robert de Chabannes et de sa noble épouse qui l'entourèrent de leur protection et l'enrichirent de leurs offrandes? Qui ne connaît le pèlerinage de l'illustre Savaron dont les enfants recouvrèrent la santé par l'intercession de Notre-Dame d'Orcival? et qui ne connaît aussi le vœu

---

(1) « Dederunt etiam quintam partem ecclesiæ S. Mariæ Orcivalhe,
« quam videlicet tenebat Matheus et Pontius cognatus, ejus.... et
« quartam partem sacristaniæ totius ecclesiæ, et quartam partem
« capelaniæ liberè et quietè perpetuò possidendam sine mudagio et
« omni aliâ conditione...... Dederunt finaliter quidquid fratres
« ecclesiæ casæ Dei in eâdem ecclesiâ poterunt acquirere... Quæ om-
« nia liberè habenda et possidenda concesserunt.... pro his omnibus
« debet prior de Orcivalhe singulis annis conventui casæ Dei solemnem
« processionem facere in die anniversarii bonæ memoriæ comitis
« Roberti, patris præfati Guillelmi, pro anima ipsius et aliorum pa-
« rentum suorum. » (Baluze, t. 2, p. 63, extrait des archives du prieuré de Saint-Robert de Montferrand.)

qu'avait fait jadis la ville de Clermont, vœu fidèlement acquitté chaque année par ses échevins?

Lorsqu'on parcourt cette église si riche de décors aux jours de solennités, en admirant sa belle architecture, la grâce des ogives du chœur, la pensée se reporte vers ces époques où la foi bâtissait à Dieu d'impérissables demeures. Alors les pèlerinages étaient en honneur et entraient dans le détail de la piété populaire. Chacun apportait sa pierre et des aumônes à des églises où la piété de tous devait venir se rallumer. Chacun entreprenait un de ces pieux voyages à des sanctuaires aimés, d'où l'on revenait meilleur et consolé. Partout où la foi a bâti, elle a créé des monuments et en a fait des témoins de la pensée chrétienne, qui, passant par des milliers de bras, se transfiguraient dans les airs en œuvres d'art et d'inspiration (1). Notre-Dame d'Orcival est un de ces témoins toujours vivants, et sous ces voûtes à nervures la mémoire de ses antiques visiteurs apparaît encore comme un perpétuel encouragement. La maison de Marie dresse toujours sa tête majestueuse au-dessus du village qu'elle protége, et qui est venu se grouper à son ombre comme une ceinture de respect, de vénération et d'honneur.

Malgré les malheurs et l'indifférence des temps, on voit encore de nos jours l'habitant des montagnes venir réclamer de la *bona vierja d'Orchivau*, des consolations dans son rude labeur, et celui de la plaine gravir de longs et pénibles sentiers pour solliciter de Marie un regard favorable qui protége ses moissons. Cette foi naïve du peuple auvergnat lui est si agréable qu'elle ne cesse de prouver, d'une manière éclatante, combien cette douce

(1) M. De *** obl. de Mar., frag. litt.

confiance a touché son cœur maternel, par les bienfaits divins qu'elle ne cesse de répandre sur les malheureux qui l'implorent (1).

Après avoir rendu nos hommages à Notre-Dame-d'Orcival, nous cherchâmes à gagner les rives de la Sioule, et nous fûmes de couchée à Pontgibaud. Cette petite ville est un chef-lieu de canton, à l'extrémité d'une coulée de lave qui est partie du puy de Côme et s'est perdue dans le lit de la rivière où elle a formé les sites les plus bizarres et les plus fantasques. Si l'on regarde du côté du puy de Dôme, on voit une montagne qui présente une large plaie béante, par où le bain de matières fondues a dû se répandre, par la pente naturelle du sol, dans le bassin de la Sioule.

Pontgibaud était une ancienne baronnie avec un château-fort qui fut longtemps possédé par les dauphins d'Auvergne. Lorsque Philippe-Auguste eut dépouillé le comte Guy II, il s'empara de cette forteresse. Le dauphin se plaignit au roi de cette violence; mais ses réclamations furent sans effet. Plus tard saint Louis la fit rendre à son maître légitime par Archambaud de Bourbon. La famille de Lafayette a longtemps possédé ce château qui a fini de nos jours par devenir la propriété de M. le comte de Pontgibaud. Ce fut dans cette ville que nous vîmes en exploitation des mines de plomb argentifère. Nous visitâmes les usines, les pilons pour broyer le minerai, les lavoirs, les fourneaux à haute température. La proximité des eaux de la Sioule a favorisé cette industrie, en servant de moteur à un

(1) Audigier, hist. manuscr., biblioth. de Clermont, art. Orcival. — Branche, vie des saints d'Auv. — Branche, hist. des mon. — Baluze, hist. de la mais d'Auv., t. 2. — Coutum. d'Auv., t. 4, art. Orciv. — Dulaure, descript de l'Auv. — Froiss., t. 2.

grand nombre de machines qui centuplent les bras humains. Les mines sont situées à une lieue au-dessous de Pontgibaud, sur les bords de la rivière.

En suivant le cours de la Sioule, on arrive dans une vallée profonde et pittoresque. Au milieu des bois qui ornent ce désert, l'œil découvre de loin les ruines d'un célèbre monastère. On raconte qu'un seigneur de Saint-Quentin, près d'Ebreuil, étant à la chasse dans ce lieu dépendant de la paroisse des Ancises et du territoire de Riom, saint Bruno lui apparut et lui commanda d'y fonder un monastère de son ordre. Peu de temps après cette vision, le sire de Beaufort-Saint-Quentin appela les Chartreux dans cette solitude, qu'il nomma le *Port-sainte-Marie*. Il les établit dans un beau monastère, (1147), en leur imposant cette condition que si l'aîné de sa maison tombait dans l'indigence, les religieux seraient obligés de *le loger, nourrir et habiller, de lui fournir heaume, cuirasse et bonne lance, de lui entretenir un écuyer, un cheval de bataille, deux lévriers et trois faucons.*

Les moines de la Chartreuse acquirent bientôt de grandes richesses, grâce aux donations que leur firent les comtes d'Auvergne et les évêques de Clermont. Mais ces richesses, disent les historiens, refluèrent sur les pauvres du voisinage dont ils étaient les pères, les protecteurs et les gardiens (1). — C'était l'époque où la vie monastique était en honneur en Auvergne; car le XIIe siècle voyait chaque jour s'élever un monastère et surgir un nouveau fondateur. Alors des hommes de foi, poussés par un irrésistible attrait

---

(1) Domin. Branche, monast. d'Auv. — Dulaure, t. 5, descript. de l'Auv. — Audig., hist. mss. d'Auv., art. la Chart.-sainte-Marie. — Piganiol de Laforce, descript. de la Limag., t. 2. — Baluze, t. 2, p. 84. — Gall.-Christ., eccles. Lemov.

vers la solitude, emportaient au désert les mœurs primitives et les traditions des apôtres. Les communautés religieuses furent, dès leur origine, comme autant de foyers lumineux qui faisaient briller autour d'eux les préceptes et les conseils de l'Évangile. Ces hommes de prière, isolés du monde, étaient placés dans l'Eglise comme ces sources limpides qui jaillissent des flancs obscurs d'un rocher, loin de la poussière des routes, et où le voyageur altéré vient avec une avide confiance étancher sa soif. Au moyen-âge, que serait devenue la littérature de Rome et d'Athènes, alors que l'imprimerie, cette sublime invention qui multiplie les forces de la pensée, en la reproduisant à l'infini, n'existait pas encore? Ce furent des moines qui recueillirent ce magnifique héritage des belles-lettres qui sont le cachet vivant d'une époque civilisée. Dans le silence du cloître, ils copiaient minutieusement des ouvrages originaux, obscurcis par la poussière des siècles, et nous transmirent les vieux manuscrits et les langues de l'antiquité. Mais tandis que les uns étaient plongés dans leurs laborieuses veilles, d'autres descendirent dans la lice pour combattre les ennemis de la foi. Ils se groupèrent autour de l'unité catholique pour la défendre, lorsque Martin Luther soumettait la parole divine à la raison humaine. L'histoire est là pour dire les nombreux services que le clergé et les religieux ont rendus au catholicisme outragé. Sans doute ils ont pu s'attirer la haine des hérésies et de la philosophie moderne, mais cette aversion (qui fait leur éloge) n'a pu les décourager; d'autres, enfin, en ramenant les mœurs sauvages des siècles mérovingiens, fécondaient la terre de leurs sueurs, invitaient les peuples par leur exemple à la pratique de l'agriculture, cette source intarissable de paix et de bonheur pour la société. — Voici maintenant plus d'un demi-siècle écoulé depuis la suppression des monastères. Qui de nous se rappelle encore des moines? leurs cloîtres, leurs abbayes, leurs églises, ces beaux monuments de l'art chrétien, après avoir symbolisé toutes les croyances de la religion, sont tombés à leur tour comme ceux qui les ont élevés. Aux dévastations révolutionnaires a succédé le terrible marteau des bandes noires, et la main rapace et inintelligente de l'homme des champs achève d'enlever, chaque jour, quelqu'une de ces pierres sanctifiées jadis par la voie de la prière et la main de la religion.

En quittant la vallée de la Sioule, nous prîmes la route de Pontgibaud à Clermont. Bientôt nous nous retrouvâmes au pied du puy de Dôme qui se dressait dans les airs pour fermer l'horizon. Nous descendîmes la côte de la Barraque dans l'obscurité. Nous n'apercevions Clermont qu'à la lueur de ses becs de gaz qui semblaient sillonner les rues d'une traînée de lumière. Il serait difficile de peindre le plaisir que nous éprouvâmes en traversant les barrières de Fontgiève, après un voyage long et pénible qui avait dépensé nos forces et fatigué nos chevaux.

CHAPITRE XVIII.

Encore Cebazat. — Fabriques de Blanzat, sources de Saint-Vincent. — Combronde, monuments druidiques. — Menat. Antique abbaye, légende de saint Bravy. Dévastation de l'abbaye en 1793, restauration de l'église actuelle. — Château du Rocher, curieuse description. — Artonne, anciens tombeaux. — Vic-le-Comte; les comtes d'Auvergne; siéges de Vic. — Château de Buron. — Eaux thermales de Sainte-Marguerite. — Le puy Saint-Romain. — Curieux tombeaux des Martres. — Billom. — Chapitre de Saint-Cerneuf; états de la Ligue. — Thiers, origine, baronnie, chapitre de Saint-Genès; fabriques, couvents; les Pinon-Guittard. — Départ de l'Auvergne. — Montbrison. — Lyon. — Conclusion.

A fin de nos vacances approchait : nous avions hâte d'utiliser les derniers jours qui nous restaient encore pour visiter bien des lieux que nous étions jaloux de connaître. D'un autre côté, nous avions trouvé des lettres pressantes de notre excellente mère qui nous engageait à rentrer au foyer domestique. Avant notre départ pour l'Auvergne nous l'avions laissée souffrante ; mais nous étions loin de pressentir alors le malheur qui devait si inopinément plonger notre retour dans le deuil et les larmes.

Nos dernières promenades se ressentirent des préoccupations que nous avaient causées les nouvelles récentes de Dijon. Nous éprouvâmes alors une de ces terribles luttes qui abattent l'homme par le cœur. Rester encore quelques jours de plus en Auvergne, ou nous rendre auprès de notre mère chérie, telle était l'alternative qui nous oppressait sans cesse. Au milieu de ces perplexités, nos courses recommencèrent et notre journal de voyage fut continué, suspendu, repris, avec des lacunes irréparables.

Pour nous distraire, M. D*** nous proposa une promenade à Blanzat, situé dans les environs de Clermont. Nous traversons de nouveau Cebazat, dont nous avons déjà parlé. Ce village conserve encore des restes de remparts et de fossés qui datent probablement des guerres religieuses. On nous montra, dans une des salles de la Mairie, une couleuvrine et une espèce de fauconneau de la même époque. Du temps de la Ligue, cette place a soutenu plusieurs siéges, mais le plus mémorable est celui où périt Jean de Montmorin-Saint-Hérem (1593).

Lorsqu'on s'éloigne de la belle plaine de Cebazat, on arrive par un chemin ombragé au village de Blanzat situé dans un magnifique vallon. Au-delà de cette bourgade, l'industrie moderne a élevé deux grands établissements mécaniques : l'un est une filature de caoutchouc, l'autre une papeterie. Mais ce qu'il y a de plus curieux, ce sont les belles sources de Saint-Vincent qui alimentent les deux fabriques. Les eaux sourdent en abondance de dessous une couche épaisse de lave au-dessus du dernier établissement. Réunies dans un long conduit en tôle, elles tombent d'une grande hauteur sur une turbine qui imprime le mouvement à toutes les machines de la fabrique.

Nous ne fûmes pas peu frappés de la rapidité avec laquelle se confectionnent ces feuilles de papier, qui servent à converser d'une extrémité du monde à l'autre, en réunissant le passé au présent : admirable invention ! où se dépose la pensée de l'homme, pour se transmettre de siècle en siècle, par l'écriture et l'imprimerie. — Les lambeaux de chiffons sont broyés, puis blanchis au chlore et mêlés à d'autres substances glutineuses, pour leur donner de la consistance. Après avoir suivi une longue toile métallique, cette pâte délayée dans une grande quantité d'eau, s'enroule dans des cylindres chauffés à la vapeur, qui sèchent le papier et le rendent prêt à être livré au commerce.

Le lendemain de cette délicieuse promenade, nous montâmes dans la diligence qui fait le service de Clermont à Montluçon. Après avoir traversé Riom, et salué en passant le village de Davayat où se trouve le plus beau *Ménhir* de France, nous arrivâmes à Combronde, que Grégoire de Tours appelle *oppidum cambidobrense*, petite ville qui avait autrefois une châtellenie et un monastère, que les auteurs de la Gaule chrétienne regardent comme un des plus anciens de l'Auvergne, une pierre branlante et d'autres roches druidiques disséminées dans cette partie du département, supposent, sinon, une habitation gauloise, du moins un lieu fréquenté par les druides, qui avaient dû chercher dans l'isolement de ces montagnes jadis couvertes de forêts de chêne, un refuge contre la persécution des empereurs de Rome et des rois mérovingiens.

Après que le postillon eut changé de chevaux au relais de Combronde, nous partîmes pour Menat, situé dans une contrée pittoresque où le génie de l'industrie a su utiliser le tripoli et les pyrites, ainsi que la houille, qu'on trouve dans le bassin de Saint-Eloy. Ce bourg, environné de montagnes entre la Sioule et la Bouble, avait été le siège d'une antique abbaye de Bénédictins, dont l'établissement remonte aux premiers siècles de la monarchie française. Ce vallon jadis couvert de forêts de chêne, attira un pieux ermite, du nom d'Æmilianus, qui fuyait le monde pour se dérober au voisinage des barbares.

Dans le même temps vivait, dans la cité des Arvernes, le comte Segivald que Thierry leur avait envoyé. Or, ce comte avait près de lui, comme leude, un jeune Thuringien appelé Bracchio (ou Bravy) qui allait chasser dans les bois le gibier pour les festins. Un jour qu'il poursuivait un sanglier, dans la forêt qu'habitait Æmilianus, sa meute le conduisit jusqu'à la cellule de l'ermite. Le solitaire va au-devant de Bracchio, le salue, l'embrasse et l'invite à se reposer. Le vieillard lui parle ensuite de Dieu et l'engage à quitter le monde pour son service. Le leude de Segivald écoute les paroles du saint ermite et s'en retourne sans rien lui dire. Quelque temps après, sous prétexte de chasser, il revient plusieurs fois trouver Æmilianus, lui demande ses conseils et désire entrer dans la cléricature Dans cet intervalle, Segivald mourut, et Bracchio, libre désormais, se retire auprès du solitaire qui lui enseigne les saintes Écritures et passe trois ans à lui apprendre le Psautier. Mais en 538, l'ermite meurt à son tour et laisse son héritage à son disciple, qui obtient de Ramichild, fille du comte d'Auvergne, un grand espace de terre dépendant de son domaine de *Vindiciacum* (Vensat), où il fonde un monastère.

Quant à Menat, on ne connaît rien de son histoire avant le jour où Bracchio (*saint Bravy*), que Grégoire de Tours appelle *abbas cellulæ Menatensis*, quitte Vensat et vient y établir la discipline régulière, dans le vi⁶ siècle. Le moine Meneleus (*saint Ménélée*), qui lui succéda, est regardé comme un second fondateur. Ce fut lui qui fit bâtir l'église du monastère que consacra saint Bonnet, évêque de Clermont, environ vers 688. A sa prière, la reine Brunéchilde (*Brunehaud*) épouse de Sigebert, roi d'Austrasie, donna de grands biens à cette fondation.

La piété et le savoir de saint Ménélée acquirent bientôt au nouveau monastère une grande célébrité, par son école florissante, où l'on enseignait les écritures, la grammaire, la musique et le chant. En 733, les Sarrasins le ruinèrent, mais Louis-le-Débonnaire le rétablit. Ce prince qui aimait beaucoup Benoit d'Aniane, en Languedoc, le grand réformateur de la vie monastique à cette époque, lui confia la direction de Menat. Benoit y envoya douze religieux, sous la conduite d'Andouaire, religieux d'une grande piété. Au XIIe siècle, la ferveur ayant diminué, des moines de Cluny furent appelés pour la rétablir. Ce fut là, sans doute, ce qui donna lieu dans la suite aux abbés de Cluny de regarder Menat comme feudataire de leur abbaye. Le pape Innocent III nomma des commissaires pour décider la question : ce furent Raynaud du Forez, archevêque de Lyon ; Pons, évêque de Mâcon, et Etienne de Saint-Amour, doyen de Lyon. L'affaire fut jugée en faveur de Cluny.

L'église, autrefois dédiée à saint Martin de Tours, possédait, avant 93, les corps de saint Ménélée, de saint Myon et le chef de saint Bravy. Elle figurait dans le pouillé d'Auvergne parmi les riches abbayes de cette province. Le dernier abbé titulaire fut M. de Sartiges, qui dut émigrer en 93. Après le décret qui supprima les maisons religieuses, Menat fut pillé, les bâtiments vendus, le cloître en partie démoli et les pierres dispersées. Les nombreuses statues qui décoraient l'église furent livrées aux flammes. Les archives du monastère éprouvèrent le même sort et disparurent sous le vandalisme de quelques habitants de Neuf-Eglise qui les brûlèrent aux deux extrémités du bourg. Que de documents précieux pour l'histoire disparurent dans cet incendie! L'église fut convertie en dépôts de cloches du district, qu'on destinait à la refonte. Lors de la réorganisation du culte (1802), Menat devint chef-lieu de paroisse. Sa belle église qui avait subi toutes les dévastations des révolutionnaires, a été restaurée dans ces derniers temps par les soins de l'un de ses dignes curés, M. M*** (1).

Les Bénédictins ont disparu de cette contrée où il ne reste qu'une église moderne; mais le voyageur trouve encore dans les environs d'antiques ruines de ces donjons que protégeaient de hautes murailles et des tours crénelées, lorsqu'il se transporte sur le territoire de Saint-Rémy-de-Blot.

Un touriste du dernier siècle nous a laissé la curieuse description de cet antique château féodal. Dès 1780, il était abandonné : « Tout ce vaste édifice, dit-il, est tellement désuni dans son entier, les différentes parties qui le composent sont si disparates, quoique réunies sans qu'on puisse dire comment, que, dans un des accès de ma verve poétique, je me suis imaginé qu'elles avaient formé un village du temps d'Amphion, et que les divers bâtiments qui composent aujourd'hui le château s'étant mis en danse, ils se sont rapprochés, et jusqu'à ce jour sont restés immobiles comme des rochers, encore tout étonnés de se voir les uns auprès des autres. En vérité, je ne saurais dire de quel côté est la façade. Après avoir traversé le vestibule, on aurait raison de s'attendre à arriver dans la salle. Hélas! rien moins que cela; on se trouve au milieu de l'of-

---

(1) Grég. de Tours, l. 4, ch. 12. — Acta SS. ord. Bened., p. 404. — Gall. christ., t. 2, col. 367. — Audig., Hist. mss., art. Menat. — D. Branche, l'Auv. au moy. âg. — Manuscrit sur Menat, communiq. par l'oblig. de M. S***.

fice. Ouvrez une porte revêtue d'énormes clous, au bruit des ailes d'oiseaux qui s'envolent, au nuage de poussière qui vous aveugle, vous vous apercevez sur-le-champ que vous êtes dans le colombier. Si vous allez dans la chapelle, vous y trouvez des autels comme ceux des anciens, continuellement enfumés. » Pour le guider dans ce labyrinthe solitaire, il avait le vieux concierge à cheveux blancs, « qu'au premier coup-d'œil, continue-t-il, on aurait pris pour un ancien portrait de famille qui se promenait détaché de son cadre. Les murs de la grande salle sont ornés de cornes monstrueuses d'animaux, d'une vingtaine de piques brisées, de dix à douze mousquetons et d'une ou deux arquebuses à rouet. On a soin de vous instruire que toutes ces armes ont servi dans les guerres civiles. » En effet, la châtellenie de Blot, qui possédait le rocher, a donné son nom à une ancienne et illustre maison de la province, connue sous le nom de Chauvigny, dont plusieurs membres se sont signalés dans les troubles religieux, jusqu'à la journée de Cros-Rolland, où un de Blot se distingua par sa bravoure. « Cette salle, ajoute le voyageur, est percée d'une vaste fenêtre cintrée, superbement obscurcie par différents écussons peints sur les vitraux. Sur un des panneaux de verre, on distingue la date de 1286. C'est le seul reste de la mémoire d'un chevalier, dont l'armure de fer est depuis bien longtemps dévorée par la rouille, et dont la figure d'albâtre, placée sur son tombeau, a été mise en poudre par le temps. L'effigie de dame Éléonore, que l'on voit peinte sur un autre panneau, doit plus à ce simple carreau de verre qu'à tous les miroirs qu'elle a consultés pendant sa vie. Jadis dans cette salle dînèrent des chevaliers, des dames desservies par leurs écuyers, et hier au soir encore, un malencontreux hibou vint par méprise s'y réfugier. La salle conduit dans le grand parloir. Les meubles consistent dans une vieille épinette, dont la caisse est défoncée; une couple de fauteuils en velours plus que râpés, avec deux ou trois tableaux de famille, presque effacés par la moisissure. Ces figures gothiques font une aussi laide grimace que si elles s'échappaient des chaudières de l'enfer, le visage encore plein de soufre. La cuisine est bâtie en forme de rotonde. Sa large voûte s'élève jusqu'au faîte du bâtiment. Elle se termine par une large ouverture destinée à laisser sortir la fumée, et entrer la lumière. A l'aspect des murailles noircies, des brasiers disposés circulairement, des immenses chaudières, des bouches énormes de ces fours et de ces fourneaux, on se croirait transporté dans les forges de Vulcain, l'antre de Polyphême ou le temple de Moloch. L'horreur que ce lieu inspire fait une telle impression sur les gens du pays, qu'ils sont persuadés que les sorcières tiennent là leur sabbat. On sait par tradition que le diable les y régale chaque année de gibier infernal, leur faisant servir un tigre rôti au feu d'enfer, et lardé de clous de charrette (1). »

Ce château, jadis placé près d'une ancienne voie romaine, avait pu servir de retraite aux barons qui détroussaient les passants et guerroyaient dans les provinces. Quoi qu'il en soit de ces temps reculés et de cet antique manoir dont il ne reste plus que des ruines éparses sur le sol, on arrive de là dans les bois de la Courier, traversés par la grand'route de Menat à Aigueperse.

Avant d'arriver dans cette dernière ville que

(1) Voy. au Mont-Dore, par Sallaberry, édit. de Paris, an x (1802).

nous avions déjà vue au début de notre voyage, on aperçoit de loin, au pied de riches coteaux, le bourg d'Artonne qui est d'origine romaine et suppose un autel élevé à Jupiter tonnant (*ara Tonantis*). C'était autrefois une grande ville, peuplée de gens riches, et qui s'étendait au loin dans la plaine. Près de là, au domaine des Forges, en 1782, on trouva des squelettes, des urnes et d'autres vases en terre fine avec des médailles, objets qui semblent indiquer un champ d'inhumation.

Deux ans auparavant, d'autres fouilles avaient procuré, à l'ouest d'Artonne, une découverte d'un genre nouveau et bien autrement important. On trouva un tombeau, creusé dans le roc, qui renfermait sept cadavres. Il ne restait des corps que les ossements et le crâne; tous avaient été déposés là enchaînés. On vit même pendant quelque temps la forme des chaînes; mais elles étaient tellement rongées par la rouille, que l'action de l'air les fit tomber en poussière. La seule partie qu'on trouva fut la menote du poignet; encore celle-ci, rouillée comme tout le reste, se trouvait-elle réduite à la grosseur d'un fil d'archal. Or, maintenant, à qui appartenaient ces cadavres? Furent-ils ceux de captifs sacrifiés à la vengeance du vainqueur? ou ceux de victimes immolées à quelque divinité du pays? ou des esclaves qui, selon la coutume des Gaulois et d'autres peuples barbares, avaient été inhumés près de leurs maîtres morts, pour aller les servir dans l'autre monde? « Tout ce que je peux présumer, ajoute Legrand d'Aussy, c'est qu'ils avaient été enfouis là vivants (1). »

De retour à Clermont, Jasmin s'occupa de nos

(1) Legrand d'Aussy, Voy. en Auv., t. 1.

préparatifs de départ : il lui tardait de revoir sa chère Bourgogne ; et nous-mêmes nous étions impatients de retrouver Dijon où nous rappelaient les affections les plus vives. Déjà nous avions pris racine en Auvergne ; il nous en coûtait de nous séparer de cet océan de beauté, de sensibilité et de grandeur d'âme qui s'entr'ouvrait chaque jour dans les entretiens intimes de M. de ***. Mais enfin il fallut céder et sacrifier le plaisir au devoir. Avant de quitter l'Auvergne, il nous restait à connaître Vic-le-Comte, Billom et Thiers.

Un beau matin, nous prîmes le chemin de fer de Longue : nous voici à Vic-le-Comte. C'est une jolie petite ville, assise dans un bassin entouré de vergers et de vignobles, et jadis agrégée *aux treize bonnes villes d'Auvergne*. Mais à quelle époque remonte l'origine du *vicus* primitif : est-il gaulois, franc ou latin ? on l'ignore. Ce qu'il y a de certain, c'est que les comtes, descendants de cet infortuné Guy II que Philippe-Auguste dépouilla de ses Etats, vinrent y fixer leur séjour et lui conservèrent son antique dénomination. Après le dénombrement du comté d'Auvergne, Vic devint leur résidence habituelle. De là des fortifications et un ancien château dont on voit encore quelques vestiges. Les seigneurs firent bâtir une chapelle remarquable à qui ils donnèrent le nom de Sainte-Couronne. Ce beau monument, chef-d'œuvre du style ogival, forme aujourd'hui le chœur de l'église paroissiale, fondée par les soins intelligents de son digne pasteur (1). Malgré les dégradations que lui firent subir les troubles de 1793, elle conserva son revêtement intérieur

---

(1) Vic-le-Comte possédait jadis un couvent de cordeliers et un monastère de religieuses de Fontevraud.

en marbre de Nonette, ses statues représentant les douze apôtres, ses vitraux d'une belle exécution : ce sont de belles vitrines, représentant, celles de droite, les mystères de la Passion, et celles de gauche, les figures de l'ancien Testament (1).

A côté de la Sainte-Chapelle, était l'ancien palais des seigneurs, qui fut embelli au commencement du xve siècle par Jean Stuart, duc d'Albanie et comte d'Auvergne.

Pendant la période de l'invasion anglaise, et durant les guerres de la ligue, cette ville eut beaucoup à souffrir des bandes ennemies. On trouve dans les Annales d'Auvergne des documents précieux sur les ravages de nos voisins d'outre-Manche. Au fléau des armes et aux pillages des *Routiers* se joignirent la famine et la peste qui moissonnèrent les quatre cinquièmes de la population, et firent de Vic-le-Comte, de Vollore, de Séchalle, de Châtelguyon, de Lupsac et de plusieurs autres paroisses du diocèse, une espèce de solitude.

Au nombre des siéges que cette place a soutenus du temps de la ligue, on cite ceux de 1589 et 1592, où plus de quatre cents maisons du faubourg furent démolies, les unes par les assiégeants, les autres par les assiégés. En septembre (1589), le célèbre ligueur Larochefoucauld-Randan, après avoir pillé Mirefleurs, Busséol, Saint-Maurice, Laps et les Martres-de-Veyre, vint battre les murailles de Vic avec six pièces de canon. Mais les habitants se défendirent résolûment et le forcèrent à se retirer au bout de

---

(1) Dans la chapelle des anciens cordeliers, on voit le tombeau de Jeanne de Bourbon, comtesse de Boulogne et d'Auvergne, qui mourut en 1511 : il rappelle celui d'Inès de Castro. On la voit avec ses yeux creux et ses joues enfoncées, la tête recouverte d'un suaire, et le corps rongé par les vers…..

treize jours. Deux ans après ils ne furent pas si heureux contre un autre agresseur; voici ce qu'on lit dans le procès verbal d'enquête :

« Au moys d'octobre 1591, le sieur duc de Nemours, tenant mesme partie de la ligue, arriva en ce dit pays d'Auvergne avec une grosse armée et deux pièces de canon. Où estant fut encore assiéger la dite ville de Vic, la quelle il auroit fait battre avec les dites pièces de canons de si grande furie, que lesdits habitants.... pour éviter l'entière ruyne et pillage de la dite ville, furent contraints de composer avec ledit sieur de Nemours à la somme de 2,500 escus, qui lui furent dès lors par eulx payés.

» Au moys de mai 1592, la compagnie du capitaine Sénéghoux, estant lors pour le service du roy, au village de Parent, paroisse dudit Vic-le-Comte, fut assiégé par le sieur d'Andelot, lieutenant dudit sieur de Nemours. Auquel lieu de Parent, lesdits gens de guerre, tant d'un parti que d'aultre, auraient mis en feu et ruyné les bastiments et édifices d'icelui, comme maisons, granges, estables et tous aultres édifices; tellement que les habitants du lieu ont esté contraints quitter et habandonner leurs demeures, pour estre de tout inhabitables. Par le moyen desquels siéges la dite ville de Vic, bruslement et démolitions desdits bastiments et grosse somme de deniers que lesdits habitans ont esté contraints de payer audit sieur de Nemours, iceulx habitans, tant dudit Vic que dudit Parent, sont ruynés et la plupart d'iceulx sont allés mendier leur vie ailleurs (1). »

Après la prise de Vic-le-Comte, les ligueurs s'em-

---

(1) Procès-verb. d'enq. sur le siége de Vic-le-Comte, par Blaise Cistel. — Annales d'Auv.

parèrent du château de Buron, situé dans le voisinage, au sommet d'une roche de basalte. Cette position occupée par une trop faible garnison, tomba au pouvoir des ennemis du roi, qui pillèrent la forteresse.

Près de Vic-le-Comte, sur les rives de l'Allier, on remarque les sources thermales de Sainte-Marguerite, qui ont eu jadis une grande vogue. « Des restes d'édifice existaient encore auprès de ces eaux : ils annonçaient qu'elles ont alimenté, à une époque inconnue, mais fort reculée, un établissement thermal d'une certaine importance. » Jean Banc nous a laissé, sur ce fait, des documents curieux. « La » masse de muraille toute cimentée, qui est en lieu » déclive de ce voisinage, marque plustôt avoir esté » adjencé autres fois pour un bain que pour un mo- » lin. Ce qui me faict juger ainsi est la découverture » des canaux qu'on voit tous les jours propres à » l'usage desdits bains naturels!...... »

« Comme le granit est presque partout à nu autour des fontaines de Saint-Maurice, on doit supposer que l'Allier a entraîné les constructions décrites par Jean Banc, car nous n'en avons pas trouvé la moindre trace (1). » Ces sources sont acidulées, et presque froides. Elles sourdent dans le lit même de la rivière au pied de la montagne de Saint-Romain, où l'on exploite des carrières de plâtre.

En nous promenant au milieu du petit groupe de personnes qui étaient venues, les unes visiter, d'autres boire les eaux de Sainte-Marguerite, dans un sentier ombragé, qui domine le cours de l'Allier, nous rencontrâmes un antiquaire. Il nous apprit que le plateau de Saint-Romain avait dû être occupé jadis

---

(1) Dict. des eaux min. du dép. du Puy-de-Dôme, par M. le dr Nivet. — J. Banc, méd. de Moulins (1603). *Merv. des eaux nat. de l'Auv.*

par une population considérable. «Il y existe, nous dit-il, des traces d'antiques habitations et un vaste champ de sépulture. On a découvert des sarcophages en grès de Montpeyroux, renfermant chacun deux ou trois squelettes. Dans trois tombes superposées étaient des corps ordinaires; la plus profonde contenait un personnage de grande stature, étendu sur un lit de cendre et de chaux, soutenu par des tuiles à rebords; à côté de lui était son épée réduite en poudre. Ces monuments qui appartiennent aux premiers temps du christianisme sont au sud et à l'ouest du mamelon principal, dans le voisinage de la chapelle dédiée à saint Romain, martyrisé en 258, sous Valérien (1). — Mais le plus curieux des tombeaux qu'on a découverts récemment (1852), dans cette contrée, est celui des Martres, sur la route de Vic-le-Comte, du côté de Corent. La bière en planches de chêne fort épaisses, était enfouie à deux mètres cinquante centimètres dans le sable. C'était la sépulture d'une femme de distinction, dont le corps avait été si bien embaumé qu'elle semblait disposée là de la veille, tant les formes étaient naturelles et bien conservées. Les cheveux d'un noir d'ébène et d'une brasse de longueur adhéraient à la tête. Elle avait aux pieds des babouches d'une étoffe tissue d'or et de soie; aux bras, des bracelets en cuivre ouvragé; le buste enveloppé d'une espèce de châle à frange. A côté du cadavre étaient des vases d'argile dont un contenait trois pièces de monnaie en billon, et un autre des noix et des noisettes. Ce genre d'inhumation s'éloigne des usages romains et des rites de la religion chrétienne. Mais si cette sé-

---

(1) D'autres disent que cette chapelle est dédiée à saint Roch. Le village de Saint-Maurice y va en procession le jour de la fête, 16 août.

pulture est romaine, elle démontre que le peuple-roi quand il ne faisait pas brûler les corps, connaissait aussi bien que les Egyptiens les préparations de l'embaumement. Près de ce tombeau, dans le premier déblai qu'a nécessité le tracé du chemin de fer, on a encore exhumé naguère un casque romain en airain jaune avec des ciselures. Il était à une grande profondeur, confondu avec les os d'un squelette : on le conserve maintenant dans le musée de Clermont (1). »

Après avoir salué notre savant, nous prîmes la direction de Manglieu, au sud-est de Vic-le-Comte : c'était jadis une abbaye de Bénédictins, qui doit son nom au prêtre Magnus. Au retour d'un pèlerinage qu'il fit à Rome sur le tombeau de saint Sébastien, il en rapporta des reliques, et s'arrêta en un lieu appelé Tudernense, devenu bientôt célèbre par les prodiges qui s'y opérèrent. Genesius (saint Genès), évêque de Clermont, en ayant eu connaissance, donna l'emplacement pour bâtir un monastère et un oratoire; il y plaça, pour premier abbé, au refus de Magnus, Evodius (ou Vosy), qui devint dans la suite évêque du Velai. Son successeur fut un moine franck du nom de Bobbo. Cette abbaye ne tarda pas à devenir un pèlerinage renommé, et changea son nom de Tudernense en celui de Manglieu (*Magni locus*, lieu de Magnus). En 698, saint Bonnet se démit de l'épiscopat, et vint se fixer dans cette retraite, alors école monastique la plus célèbre de la province, où l'on enseignait le calcul, la grammaire, les écritures et même le code théodosien, à l'exemple de celles de Clermont, d'Issoire et de

(1) M. Math., qui a publié depuis l'ouvrage intitulé : *Des Colonies et des Voies romaines en Auvergne.*

Cournon. — Les Normands ruinèrent le monastère; mais Charlemagne le fit reconstruire et lui donna de grands priviléges et des biens considérables (806). C'est là, sans doute, ce qui a porté quelques auteurs à regarder ce prince comme le fondateur. — Par lettres patentes de 1663, le prieuré de Vichel fut réuni à l'abbaye de Manglieu : ces mêmes lettres réduisirent le nombre des religieux à huit. — Ce monastère était chef d'ordre, et fut agrégé à Cluny en 1716 : saint Sébastien était le patron de l'église qui est encore une des plus belles d'Auvergne. Massillon supprima les moines, et réunit les biens de la maison à l'Hôtel-Dieu de Clermont.

Quand du lieu où Magnus s'arrêta, on se dirige à l'est, en suivant un sentier qui conduit à Saint-Julien-de-Coppel, on arrive dans un des plus fertiles bassins de la Limagne, au pied de coteaux que couronnent les ruines d'un grand nombre de manoirs féodaux. C'est là qu'est bâtie Billom, une des treize anciennes villes d'Auvergne, dont l'origine ne remonte pas au delà de l'époque mérovingienne. Un atelier de monnaies, une viguerie royale, qui s'y trouvaient établis, supposent sinon une place d'une certaine importance, du moins un bourg qui devait servir de résidence aux rois de la première et de la deuxième race ; car, sous le règne de Lothaire, Guy, prince d'Auvergne, cède à l'abbaye de Sauxillanges l'église de Saint-Saturnin, située dans le comté de Turluron, en un bourg appelé Billom (1).

L'église, autrefois collégiale de Saint-Cerneuf,

(1) Ego Wido, princeps Arvernorum, cedo Domino Deo et sancte Petro..... Ecclesiam unam quæ est sita in pago arvernico, in comitatu Tolornensi, in vico qui vocatur Billiomo. Et est ipsa ecclesia constructa in honore sancti Saturnii, martyris... Regnante Lothario rege Francorum. (Baluze, t. 2, p.41.)

est antérieure à Charlemagne qui la combla de libéralités. Elle possédait deux mausolées en marbre, l'un de Gilles Aycelin, de Montaigut, qui fut successivement archevêque de Narbonne, de Rouen, et chancelier de Philippe-le-Bel, et fonda, en 1314, à Paris, le célèbre collège de Montaigut; l'autre d'un second Gilles Aycelin, qui, d'évêque de Lavaur, puis de Térouanne, et chancelier de France, en 1356, après la bataille de Poitiers, accompagna l'infortuné roi Jean dans sa captivité en Angleterre. Un hôpital, une commanderie de Malte, une faculté de droit civil et canonique, établie par une bulle du pape Eugène IV, du 4 juin 1415; un collège de Jésuites, fondé par Guillaume Duprat, évêque de Clermont, qui créa une bourse *pour loger, nourrir, entretenir et enseigner dix-huit pauvres écoliers choisis dans le diocèse* (1); trois monastères, une subdélégation et un bureau de contrôle, montrent l'importance de cette ville qui dépendait de l'évêché de Clermont. La justice épiscopale comprenait les terres de Mozun, de Vertaizon, de Beauregard, de Courpière, de Cournon et de Lempdes.

En 1589, l'église du collège servit de lieu de réunion aux députés de la Ligue, qui vinrent jurer la *Sainte-Alliance*, sous la direction de Jean de Larochefoucauld, gouverneur d'Auvergne, et de son frère François de Larochefoucauld, évêque de Clermont. La province devint alors une arène qu'ensanglanta la fureur des partis.

De Billom, une route nouvellement construite, conduit à Lezoux et de là au Pont-de-Dore, d'où l'œil aperçoit la pittoresque ville de Thiers qui se

---

(1) Dulaure. — Chabr., t. 4. — Recueil des ordonn. des évêques de Clermont. — Annales d'Auv., t. 29.

développe en amphithéâtre sur la croupe d'une montagne que dominent les rochers de Margeride.

Thiers est une des villes de la province qui a le plus conservé son caractère du moyen-âge, avec ses rues étroites, montueuses, et ses maisons en bois, disposées en auvent. Ses fabriques de coutellerie, qu'elle possède de temps immémorial, ont transformé chaque maison, chaque étage en autant d'ateliers qu'il y a d'appartements. On n'entend partout que le bruit du marteau ou de la lime, sous la main des ouvriers. En descendant la rue de la Durolle, on traverse le pont de Séchal jeté hardiment sur les bords opposés de la rivière qui roule ses flots sombres et torrentueux dans une gorge affreuse, couverte d'énormes rochers de teinte noire aux reflets violacés. Cette rivière alimente une foule de fabriques, telles que papeteries, tanneries et martinets, etc. Tous ces établissements s'élèvent péniblement sur les deux rives sauvages et escarpées, où l'on arrive par des sentiers taillés dans le roc et souvent au moyen de petits ponts en bois au-dessus d'un précipice.

Dans les premiers temps de la monarchie, Thiers était un château-fort que Grégoire de Tours appelle *Thigurnum castrum (forteresse Thigurne).* A cette époque, un religieux recueillit, dans une boîte d'argent, trois pierres teintes du sang de saint Symphorien martyrisé à Autun, et les renferma dans une église construite en bois près des murs du château de Thiers. Lorsque Thierry, roi des Francs, vint ravager l'Auvergne, la modeste chapelle, le château et les maisons groupées à l'entour devinrent la proie des flammes (1). Dans la suite, un fait miraculeux qui procura, d'après le même écrivain, la décou-

(1) Greg. Turon., de Miracul., 1, 82.

verte du tombeau de saint Genès martyrisé en ces lieux, détermina les habitants à lui élever une église sur le même emplacement. Elle fut fondée en 580 par saint Avit, évêque de Clermont. Celle qui existe aujourd'hui est due à la munificence de Guy II, vicomte de Thiers, qui en fit jeter les fondements en 1016, sur les ruines de la première, et la dota d'un chapitre collégial. Un des descendants du vicomte Guy II, Etienne de Thiers, quitta la cour de son père, fonda le monastère de Grandmont, et après sa mort, l'Eglise le plaça au nombre des saints. Guillaume de Thiers, par son mariage avec Adélaïs, fille du comte Thibaud de Châlon, réunit le comté de Châlon à la seigneurie de Thiers (1). Un de ses descendants la donna à Jean du Forez, son cousin; mais de cette dernière famille elle passa dans celle des dauphins d'Auvergne; puis, dans celle de Bourbon; enfin, François Ier en gratifia le chancelier Duprat, après le jugement du connétable de Bourbon, dont tous les biens furent confisqués au profit de la couronne. En 1569, le duc de Montpensier ayant fait réhabiliter la mémoire du connétable, en obtint la restitution. Dès ce jour elle prit le titre de baronnie, comme fief du duché de Montpensier. Marie de Bourbon, duchesse de Montpensier, la porta dans la famille d'Orléans, par son mariage avec Gaston de France. Leur fille, la célèbre Mlle de Montpensier (1681), la donna au duc de Lauzun, dont s'est tant moquée Mme de Sévigné dans sa lettre du 15 novembre 1670 à M. de Coulanges. Le duc la vendit ensuite à Louis de Crozat, receveur général du clergé. Sa petite-fille, la comtesse de Béthune, la possédait à l'époque de la première révolution.

(1) Dulaure. — Chab., t. 4. — Lequien de la Neuville, Hist. des dauph. du Vienn. — Taillandier. — Annales d'Auv.

Mais indépendamment de sa seigneurie, Thiers possédait encore plusieurs couvents de religieux et de religieuses: Les bénédictins du Moutiers, fondés en 912 et sécularisés au XVIe siècle; une maison de l'ordre de Grandmont, établie en 1681; un couvent de capucins, en 1606, par Jeanne de la Fayette; des Ursulines, en 1633; des religieuses de la visitation, en 1666; enfin, un collége créé en 1677, par Louis d'Estaing, évêque de Clermont, et dirigés par des prêtres du Saint-Sacrement qui se retirèrent devant le flot révolutionnaire.

Il existait, il y a peu d'années, aux environs de Thiers, plusieurs familles de laboureurs, qui depuis longtemps vivaient en communauté sous un chef électif, qui portait le titre de *Maître:* c'étaient les Therme, les Baritel, les Taranteix; mais les plus célèbres étaient les Guitard-Pinons qui cultivaient leurs terres en commun. C'était une espèce de république champêtre où tous travaillaient pour le bien de tous, et vivaient sous le même régime, les mêmes lois, les mêmes coutumes, à l'exemple des anciens clans d'Ecosse.

Après avoir visité les principales curiosités des environs de Thiers, telles que la Pierre-qui-Danse, les rochers de Margeride, la cascade de Sailhein sur la Durolle, les villages pittoresques de Pont-Haut et de Dagoulas, nous prîmes la malle-poste pour Montbrison. En traversant la petite ville de Noirétable, ancien prieuré de Cluny, supprimé en 1783, et dont les biens furent réunis au chapitre royal de Lavesne, près de Maringues (1), nous saluâmes en passant le couvent de l'Hermitage qui se perdait dans les forêts de sapins de la montagne que nous laissions à droite.

(1) Le chapitre de Lavesne était composé d'une abbesse et de qua-

Trois heures après avoir quitté les frontières de l'Auvergne, nous nous trouvâmes aux portes du chef-lieu du département de la Loire. Cette ville doit son nom à la montagne (*mons*) sur laquelle était l'ancien château de *Briso*, qui, d'après l'historien La Mure, était une divinité païenne, adorée par les anciens Gaulois. Les anciens comtes du Forez y possédaient un château considérable qui existait avant le xie siècle. Louis-le-Jeune, à son retour d'Auvergne où il était allé pour châtier le vicomte de Polignac des brigandages qu'il commettait dans cette province (1165), vint loger au château de Montbrison, que possédait alors Guigues III, comte du Forez. Un des successeurs de ce dernier, par une chartre du mois de novembre 1223, donna des franchises et des privilèges à cette ville ; et, l'année suivante, fonda l'église collégiale de Notre-Dame, qui fut saccagée par les soldats protestants sous les ordres du baron des Adrets. Cet homme dur et féroce, qui ne cherchait, dit l'historien de Thou, que des prétextes pour répandre le sang, vint au mois de juillet 1562, mettre le siége devant Montbrison, pour venger les représailles des catholiques d'Oranges. La place était mal fortifiée ; Moncelar qui commandait la garnison voulut se défendre, mais le baron des Adrets, fit venir du canon, prit la ville d'assaut et passa les habitants par les armes.

Les rues n'offraient que des cadavres noyés dans le sang. Le chef des protestants, après son dîner, par manière de récréation, ajoute le même écrivain, fit monter sur la tour de l'horloge, qui était très-élevée,

---

torze chanoinesses ; elles pouvaient porter l'habit séculier, et avaient, appendue au cou, par un ruban bleu moiré, une croix d'or émaillée, avec cette légende de leur fondatrice : *Marie-Antoinette, archiduchesse d'Autriche, reine de France*, et sur le revers, le chiffre du cardinal de Larochefoucauld, abbé de Cluny.

tous ceux qu'il n'avait pas encore fait égorger, et les forçait à se précipiter en bas. Parmi les malheureux condamnés à ce supplice, il se trouva un soldat que le spectacle de sa mort n'intimida point. Deux fois il s'approche du précipice et deux fois il s'arrête. Le baron des Adrets se plaint du temps qu'il lui fait perdre. Le soldat, sans se troubler, lui répond : *Ce que vous me demandez de faire une fois, je vous le donne en dix.* Sa repartie et son sang froid lui sauvèrent la vie.

De Montbrison, on arrive, par le chemin de fer, à Saint-Etienne, célèbre par ses manufactures d'armes et de rubans, et de là à Lyon, la première ville de France où se soient fabriquées les soieries, et de temps immémorial l'alliée de l'Auvergne, par ses relations commerciales et sympathiques. Située au confluent du Rhône et de la Saône, Lyon est devenue l'immense entrepôt des marchandises du nord et du midi, du levant et de l'occident de la France et des pays étrangers. Les habitations somptueuses n'y sont pas rares. L'empereur d'Autriche, Joseph II, en se promenant sur le quai Saint-Clair, s'arrêta pour avouer que les marchands de Lyon étaient mieux logés que les princes de son pays. L'illustre voyageur aurait pu, à cette époque, reprocher à cette ville les rues étroites de son quartier central; mais aujourd'hui cette partie est traversée par deux belles rues qu'on vient de construire tout récemment. Les quais du Rhône et de la Saône offrent des aspects charmants. La Guillotière à l'est, la Croix-Rousse au nord, et Perrache au sud, qui semblent des faubourgs de la ville, sont cependant des communes indépendantes.

Lyon doit son origine à une colonie militaire qu'y envoya l'empereur Auguste : la ville reçut alors le nom de Léopolis (*ville du lion.*) Au temps de saint Irénée elle portait celui de *Rhodanusia*. La cité romaine occupait alors la pente des hauteurs de Fourvières, devenue depuis des siècles un célèbre pèlerinage par le sanctuaire élevé à Notre-Dame. Les empereurs romains la décorèrent d'un sénat, d'un forum, de plusieurs monuments. Claude lui obtint le titre de Colonie, par son fameux discours qu'on peut lire dans le onzième livre des Annales de Tacite. Vers le milieu du IIe siècle, une colonie chrétienne, partie de l'Asie-Mineure, sous la conduite de saint Pothin et de saint Irénée, disciples de saint Polycarpe, lui-même disciple de saint Jean l'Évangéliste, vint s'établir dans cette ville. C'était l'époque des persécutions : la 17e année de Marc-Aurèle, saint Pothin et ses compagnons subirent courageusement le martyre. Aussi l'église de Lyon est-elle fière de revendiquer la gloire d'avoir été fondée par des hommes qui n'avaient qu'un intermédiaire entre J.-C., c'était le glorieux martyr de Smyrne.

Il est peu de villes en France qui aient d'aussi belles places publiques que Lyon : les plus remarquables sont les Terreaux, où l'on vient de construire une magnifique fontaine ; la Place-Napoléon, ornée de la statue équestre du 1er empereur, et Bellecour sur laquelle s'élève la statue équestre de Louis XIV. — La fabrication des soieries de tout genre est la principale industrie qui occupe un très-grand nombre d'ouvriers. Dès le commencement de ce siècle, les métiers ont été simplifiés par le célèbre inventeur Jacquart, qui a réussi, par un procédé simple et facile, à faire confectionner les tissus les plus compliqués (1).

(1) Il existe à Lyon un autre genre d'industrie que peu de personnes connaissent : c'est la préparation de l'orseille pour la teinture. L'orseille est fournie par un lichen, ou croûte blanchâtre et grise, qui

Parmi les édifices qui décorent la ville, on peut citer avec avantage l'Hôtel-Dieu ; puis, l'Hôtel-de-Ville, qui n'a de rivaux en Europe que ceux d'Amsterdam et de Paris : sous le vestibule on voit deux magnifiques groupes en bronze, qui sont l'œuvre des frères Coustou ; l'un, représente le Rhône s'appuyant sur un lion rugissant, l'autre la Saône sur un lion paisible.

Les monuments chrétiens sont nombreux et bien tenus. La cathédrale, remarquable par son architecture gothique et ses vitraux, date du xiie siècle. Notre-Dame de Fourvières remonte aux premiers temps de la foi prêchée à Lyon : c'était autrefois une paroisse collégiale dont le chapitre fut fondé en 1193. De la plate-forme de cette église, qui a été, de temps immémorial, un oratoire en grande vénération, on découvre toute la ville de Lyon, le confluent du Rhône et de la Saône, le Dauphiné et les Alpes, enfin une perspective magnifique fort étendue. Sur le clocher de construction récente on a élevé une statue colossale à Notre-Dame qui domine et protège la ville. Ce fut dans ce pieux sanctuaire que nous allâmes nous recueillir avant de terminer notre pèlerinage de vacances. Daigne cette Mère de consolation bénir notre travail et répandre aussi ses plus suaves bénédictions sur les lecteurs indulgents, qui auront daigné nous suivre à travers les péripéties d'un long voyage en Auvergne !

tapisse les rochers de l'Auvergne. Ce lichen abonde sur les rochers granitiques de la Chambonie, de Lholade, de la Renaudie, etc. On le détache en le raclant avec des outils en acier. Après qu'on l'a purifié, on le broie en l'humectant avec de l'urine putréfiée, puis on en forme des pains qu'on livre au commerce pour la belle couleur violette.

FIN.

ERRATA.

Pages.	Lig.	Au lieu de :	Lisez :
8	2	bluettes que...............	bluettes, que.
12	13	frère du roi Jean...........	fils du roi Jean.
49	8	le crucifix à la main, le bâton de pèlerin...............	le crucifix à la main.
53	35	n'oublia pas	n'oublia-t-il pas.
58	3	Pierre d'Auvergne..........	enfin, Pierre d'Auvergne.
71	16	Arvernes qui	Arvernes, qui.
95	14	ce qui en reste.............	ce qui reste.
95	21	entrâmes dans le chemin......	suivîmes le chemin.
184	7	*(Note)* décembre 1788.......	décembre 1787.
185	24	*(Note)* anciennes poovinces...	anciennes provinces.
235	24	ce fut alors qu'il conçoit......	ce fut alors qu'il conçut.
242	19	par la piété des religieux.....	par leur piété.
247	24	trempa....................	et trempa.
253	32	contre ce prince............	contre le roi.
Id.	35	et alla habiter l'hôtel.........	et alla occuper l'hôtel.
254	1	était entourré...............	était entouré.
291	29	plantes aquatiques..........	plantes aquatiques.

Note : Au chapitre IX, p. 147, nous avons dit que le territoire de Chignore faisait partie de la justice du Forez, et que dès lors la colonne milliaire de Vollore avait pu servir de borne limitante entre la Lyonnaise et l'Aquitaine : puis, à la page 184 du chapitre XI, nous avons assuré que l'Hermitage, Noirétable et la Chambonnie dépendaient jadis de l'Auvergne. D'après cela on pourrait croire qu'il y a contradiction ; ce n'est pas une erreur : 1º. la première assertion n'est qu'une opinion fondée sur une probabilité que nous ne cherchons pas à soutenir ; 2º. la deuxième est fondée sur des faits, des écrits, et au besoin sur la tradition, au moins pour le **spirituel**, comme on peut s'en convaincre par la note de la page 184.

TABLE DES MATIÈRES.

Approbation.......................... v
Avant-Propos........................ 1
Introduction......................... 5
Chapitre Ier................ *pages* 9 à 28
Départ pour l'Auvergne. — Aigueperse. — Château de Montpensier. — Riom. — Mozat. — Montferrand.

Chapitre II......................... 29 à 45
Clermont. — Fontaines. — Places publiques. — Églises. — Origine de Clermont. — Domination romaine. — Domination wisigothe, franke et mérovingienne. — Les Comtes d'Auvergne.

Chapitre III....................... 46 à 58
Suite de l'histoire de Clermont. — Première croisade prêchée à Clermont par Pierre l'ermite. — Urbain II. — Révolte des bourgeois de Clermont contre l'autorité paternelle des évêques. — Commune de Clermont. — Les consuls, les échevins. — Les Anglais. — La Ligue. — Les Grands-Jours de 1665. — Evénements divers, jusqu'en 1815. — Hommes célèbres de l'Auvergne.

Chapitre IV....................... 59 à 68
Les environs de Clermont. — Village de Beaumont et sa vallée. — Pont de Ceyrat. — Ruines du château de Mont-Rognon. — Guillaume VIII, premier dauphin d'Auvergne. — Marie de Bourbon. — Un orage. — La chevalerie. — Légende. — Le chevalier de Mont-Rognon. — Morale de cette légende. — Silence des ruines.

Chapitre V........................ 69 à 94
Romagnat. — Montagne de Gergovia. — Royaume arverne. — Forteresse gauloise. — Luern. — Bituit. — Ambassade arverne au consul Domitius. — Bataille de Wénasque. — Trahison de Domitius. — Les Cimbres, les Tigurins, les Teutons. — Ravage de l'Auvergne. — Marius. — Arioviste. — Origine de la guerre des Gaules. — Les Arvernes. — César et Vercingétorix. — Siége de Gergovia. — Défaite de César : Il quitte l'Arvernie. — Seconde coalition. — Vercingétorix proclamé une seconde fois général en chef des confédérés. — Bataille meurtrière. — Retraite de Vercingétorix sur Alésia. — Fin de la guerre de la Gaule. — Ruines de Gergovia. — Réflexions.

Chapitre VI......................... 95 à 111

Chamalières et ses anciens monastères. — Reliques de sainte Thècle. — Vallée de Villars. — La Barraque. — Aspect du puy de Dôme. — Description de cette montagne. — Chapelle de Saint-Barnabé. — Les sorciers du puy de Dôme. — Cratère du Nid-de-la Poule. — Fontaine du-Berger.

Chapitre VII..................... 112 à 124

Les bains de Royat. — Pèlerinage de Saint-Mart, ancien prieuré. — Montagne de Châteix. — Château de Waifre, duc d'Aquitaine. — Greniers de César. — Village et Vallée de Royat. — Son église. — Célèbre grotte de Royat. — Sources de Fontanat. — Aqueduc romain. — Montjoli. — La poudrière. — Cebazat. — Eglise de Saint-Etienne. — Lanterne des morts. — Châteaugay. — Pierre de Giat. — Volvic. — Origine. — Carrières de pierres. — Légende de Saint-Priest. — Camp de Gaston d'Orléans. — Château de Tournoëlle, son histoire. — Crouzol.

Chapitre VIII.................... 125 à 139

Village de Theix. — Lac d'Aydat et ses environs. — Ruine du château de Montredon. — Episode du lac d'Aydat. — Maison d'A-vitac de Sidoine-Apollinaire. — Aspect des volcans éteints de Lassolas, de la Rodde, de Monjugheat, de la Vache, de Monchaud et de la Meye. — Village de Fontfreyde. — Jasmin.

Chapitre IX..................... 140 à 158

Le Pont-du-Château. — Siège de cette ville par Louis-le-Gros et Guy de Dampierre. — Les dauphins du Viennois. — Humber et Guillaume Roger. — Les Montboissier. — Les Canillac. — Vertaizon. — Beauregard. — Lezoux. — Châteaux de Fontenille, de Ligone, de Ravel, de la Garde, de la Gagère, de Haute-Rive. — Courpière. — Couvent des Bénédictines. — La Barge. — Vollore, son antiquité — Châteaux de Vollore et de Montguerlhe. — Colonne milliaire. — Communauté des Dunaud. — Ravin d'Aubusson. — Château d'Aubusson. — Augerolles. — Prieuré de Cluny. — Château de la Faye. — L'Hermite de la Faye. — Le Trévy. — Le village de Rossias. — La famille R***. — La Michon. — Réception généreuse.

Chapitre X..................... 159 à 183

Limites du Puy-de-Dôme et de la Loire. — Forêts de sapins. — — Vallon de l'Hermitage. — Couvent de l'Hermitage. — Rocher de Pérotine. — Légende. — Notre-Dame de l'Hermitage. — La prairie et l'orage. — Le village du Reculou. — Les moulins à scie du Goth. — La forêt et le plateau de Lholade. — Monuments druidiques. — Origine, lois, usages, mythologie, sacrifices des druides. — Fées. — Camp républicain de 1793. — Aspect des montagnes du Forez et de l'Auvergne. — Mœurs, coutumes, usages des habitants. — Une ancienne famille.

Chapitre XI................... 184 à 200

Le village de la Chambonnie. — Incident du voyage. — Caractère des habitants. — Aventure de la nuit. — Les moulins à scie. — Les forêts de sapins. — Pierre-sur-Haute, point de vue admirable. — Un dolmen druidique. — Les burons de la Chamboëte, de Couleigne, de la Grôle. — Usages, coutumes, mœurs des montagnards. — Episode de Madeleine.

Chapitre XII................... 201 à 222

Vallées des montagnes de Pierre-sur-Haute. — Les huguenots, leurs prédications; le village de Pailhat, dans la commune de Job. — Le duc d'Anjou. — Le comte de Saint-Hérem. — L'officier royal. — Incendie de Pailhat. — Ambert. — Origine. — Antiques traditions. — Le Livradois. Maison de Baffie. — Le comte de Merle. — Le seigneur du Lac. — Le capitaine Merle et Chavagnac. — Ravages des huguenots. — Reprise d'Ambert par les catholiques.

Chapitre XIII................... 223 à 247

Saint-Anthême. — Château de la Roue. — Petit-Séminaire de Verrières. — Plaines de Lachaux. — Viverols. — Fabrication de la dentelle. — Famille de Baffie. — Morinot de Tourzel. — La famille d'Allègre, — D'Aureilhe, — De Montagut. — Ruines du château de Montravel: — Opinions diverses sur Montravel. — François d'Auzon. — Marsac. — Les huguenots. — Combat de Marsac. — Ruffé, seigneur de Riols. — Défaite de Chavagnac et du capitaine Merle. — Viguerie de Marsac. — Arlanc, ancienne seigneurie. — Les familles de Vissac et d'Hostun. — Lesdiguières, maréchal de France. — Ancien prieuré d'Arlanc. — Abbaye de la Chaise-Dieu. — Description de l'église actuelle. — Origine de la Chaise-Dieu. — Légende de Saint-Robert. — Charte d'Henri Ier. — Rancon. — Urbain II. — Saint-Germain-l'Herm. — Ancien prieuré casadien. — L'abbé de Crillon. — Ruines du château de la Fayette, histoire.

Chapitre XIV................... 248 à 268

Nonette, ancienne viguerie. — Origine des vigueries. — Usson. — Marguerite de Valois. — Le marquis de Canillac. — Célèbre forteresse d'Usson. — Sauxillanges, ancien prieuré clunisien. — Chargnat. — Parentignat. — Ville d'Issoire. Origine. — Antiquité. — Établissement du Christianisme. — Les Vandales. — Les huguenots. — Le capitaine Merle, ses cruautés. — Infamies des huguenots. — Chavagnac. — Ravages des religionnaires. — Siège d'Issoire. — Le duc d'Alençon. — Prise et incendie de la ville. — Les Ligueurs. — Le comte de Larochefoucauld-Randan. — Église d'Issoire.

Chapitre XV..................... 269 à 298

Saint-Germain-Lembron. — Vodable. — Saint-Hérent. — Ardes. — Duché de Mercœur. — Odillon de Cluny. — Les Anglais. — Montagnes de Rentières et de Mercœur. — Village de Mazoires. — Légende de Sainte-Florine. — Perrier. — Pardines. — Champeix. — Marquizat de Tourzel. — Montaigut-le-Blanc, les chevaliers de Montaigut. — Bains de Saint-Nectaire. — Le mont Cornador. — Souvenirs druidiques. — Légende de Saint-Nectaire. — Magdeleine de Sénectaire et le baron de Montal. — Siège de Miremont. — Vallon de la Couze. — Cascade des Granges. — Volcan du Tartaret. — Murol, son lac, son château. — Lac de Chambon. — Aspect des montagnes. — Le hameau de Diane. — La Croix-Morand. — Accident. — Plateau des montagnes de l'Angle. — Bois de la Chaneau. — Épisode, périls. — Arrivée à Besse.

Chapitre XVI.................... 299 à 315

Besse. — Bertrand et Giraud de la Tour. — Église de Besse. — Notre-Dame de Vassivière, légende. — Lac Pavin. — Creux de Soucy. — Orage. — Prairies de Besse. — Saint-Pierre-Colamine, grottes de Jonas. — Pic de Sancy. — Vallée du Mont-Dore.

Chapitre XVII............. ...... 316 à 345

Village des Bains-du-Mont-Dore. — Sources thermales. — Le rocher du Capucin. — La grande cascade. — la vallée de l'Enfer. — Le salon de Mirabeau. — La Bourboule, ses eaux thermales. — La petite ville de Latour; les comtes de la Tour d'Auvergne. — Les Anglais en Auvergne. — La Roche-Vandeix. — Amérigot Marcel. — Robert de Béthune. — Saint-Sauve. — Bourg-Lastic. — La Cellette; les Franciscains; légende pieuse. — Herment; un orage. Incident. — Baronnie d'Herment. — Le Puy-Saint-Gulmier. — Louis de Bosredon. — Rochefort. — Orcival, ancien prieuré casadien; — Pèlerinage d'Orcival. — Pontgibaud, mines de plomb-argentifère. — La Chartreuse du Port-Sainte-Marie. — Réflexions.

Chapitre XVIII... .... 346 à 369

Encore Cebazat. — Fabriques de Blanzat, sources de Saint-Vincent. — Combronde, monuments druidiques. — Menat. — Antique abbaye, légende de saint Bravy. — Dévastation de l'abbaye en 1793, restauration de l'église actuelle. — Château du Rocher, curieuse description. — Artonne, anciens tombeaux. — Vic-le-Comte ; les comtes d'Auvergne; siéges de Vic. — Château de Buron. — Eaux thermales de Sainte-Marguerite. — Le puy Saint-Romain. — Curieux tombeaux des Martres. — Billom. — Chapitre de Saint-Cerneuf; états de la ligue. — Thiers, origine, baronnie, chapitre de Saint-Genès; fabriques, couvents; les Pinon-Guittard. — Départ de l'Auvergne. — Montbrison. — Lyon. — Conclusion

Errata..........................'..........,........ 370

FIN DE LA TABLE.

CLERMONT, TYP. F. THIBAUD.

www.ingramcontent.com/pod-product-compliance
Lightning Source LLC
Chambersburg PA
CBHW050535170426
43201CB00011B/1437